Unter dem Himmel Afrikas

Christina Dodwell

Unter dem Himmel Afrikas

Abenteuerreise mit dem Motordrachen

Aus dem Englischen von Elfi Groß

Mit 38 Abbildungen und Karten

Edition Erdmann in
K. Thienemanns Verlag

Die Abbildung auf dem Schutzumschlag zeigt die Autorin mit ihrem Ultraleicht-flugzeug bei Timbuktu.
Alle Fotos dieses Buches stammen von Christina Dodwell.

CIP-Titelaufnahme der Deutschen Bibliothek

Dodwell, Christina:
Unter dem Himmel Afrikas: Abenteuerreise mit dem Motordrachen / Christina Dodwell.
[Aus d. Engl. von Elfi Groß].
Stuttgart; Wien: Ed. Erdmann in K. Thienemanns Verl., 1990
Einheitssacht.: Travels with Pegasus. A microlight journey across West Afrika. <dt.>.
ISBN 3 522 60810 0

Originalausgabe: Christina Dodwell: Travels with Pegasus: A microlight journey across West Afrika.
Hodder & Stoughton, London – Sydney – Auckland – Toronto, 1989.

Aus dem Englischen von Elfi Groß.
Umschlag: Reichert Buchgestaltung, Stuttgart.
Satz: Steffen Hahn, Kornwestheim.
Reproduktion: Die Repro, Tamm.
Druck und Bindung: Graphischer Großbetrieb Friedrich Pustet, Regensburg.
Verlagsnummer 6081
5 4 3 2 1

Inhalt

Mein erster Dank geht an David Young vom Pegasus Flight Training für all seine harte Arbeit, für seine hervorragenden fotografischen Beiträge zu diesem Buch und ganz besonders auch dafür, daß er mir das Fliegen beigebracht hat.

Dann natürlich ein großes Dankeschön an alle, die unsere Reise finanziell unterstützt haben: an Solar Wings Ltd., die uns das Flugzeug und alles, was dazugehört, stellten; an Jacques Bonnard und Mobil Oil, die für uns in sicheren Depots Kraftstoff bereitgestellt und uns sehr geholfen haben; an David Hampshire und die Belegschaft von Guinness Cameroun für ihre große Unterstützung in Kamerun. Ferner danken David und ich der Firma Kodak für das Filmmaterial, Ozee für die Fliegerkleidung, die wir durch freundliche Vermittlung von Mike Osborne erhielten, sowie der Firma Icom UK (VHF-Flugfunkgerät).

Für ihre Zusammenarbeit und dafür, daß sie viel mehr taten, als ihre Pflicht war, danken wir: Rex Hammond vom Ministerium für Transport; Barry Cole vom Ministerium für Handel und Industrie; Barry Davidson von der AIS (Fluginformation); Michel Lagneau und Toby Dodwell von der PEI; Humphrey Muna von der Camair; Annie Brandt von der SCAC; der AOG in Paris; Jeremy Swift für die Routenplanung und allen, die uns freundlich beraten haben.

In Kamerun bedanken wir uns insbesondere bei: Alain und Noelle Lyonnet; Herrn Brun und dem Avia Service; dem Britischen Konsul Anthony Walter, Vizekonsul David Seddon sowie Bob Arrowsmith; Tony Hickin und Wem Mwambo vom CDC; Jean Guet, Christian Le Heron und J. Tchuente von Mobil in Douala; Roger Eymin von Foumbot; Jacques und Monique Duchene, SCTA, Ngaoundéré; der Katholischen Mission Tibati; Patrick Fonge in Maroua und Adamu M. Mohammadou auf dem Flughafen von Maroua.

In Nigeria: Colin Bunch und Chris Gray von British Caledonian; Chris Chimezie in Maiduguri und Okere Canice in Potiskum.

In Niger: dem Flughafenkommandanten von Zinder; Alain und Muller Frères in Tanout; Peter Tunley vom WWF in Iferouane; Amadou Sidibe, Chef de Poste in InGall; Herrn Chaibou und den Jungs von Tchin Tabaraden; dem Flughafenkommandanten von Tahoua; Aladdin und Regina in Dosso; Daniel und Marlene Trevidic sowie Wirguiss von Mobil in Niamey.

In Mali: Fiona Patrick von „Save the Children" in Douentze; Kommandant Diallo vom Flughafen Sevare; Hassan Bathily und Moctar Thiam von Mobil in Bamako; Richard Moorehead und seinem ganzen WWF-Team in Youvarou; Michele Stigliano und Tom Wijderveld in Timbuktu; Samba Apho Truaore in Goumou; Dr. Fousseni Sidibe in Goundam; dem lieben Ibrahim in Bandiagara; Robert und Nel van Bommelo, Ineko und Gerrit in Sokolo.

In Mauretanien: dem Präfekten Sarr Demba von Nema; dem Präfekten Djime Sow von Oualata; Scheich Ould Abdel, Mohammed Talib und dem Landwirtschaftsministerium von Ayoun; Ibrahim Wane und seiner Familie, und Felix in Nouakchott.

Im Senegal: dem St. Louis Aero Club; Philippe Neau, Chris Hudson und Michel Begtine vom CSS in Richard-Toll; Mbaye Fall und Seyni Diop von Mobil in Dakar; dem Aero Club Dakar; Jean Claude Mosser und seiner Familie in Dakar und dem Britischen Konsul Barry Williams.

Es gab noch viele, deren Namen hier fehlen, Menschen, die ich gerne kennengelernt habe und deren Freundlichkeit uns die Kraft gab, weiterzumachen.

CD

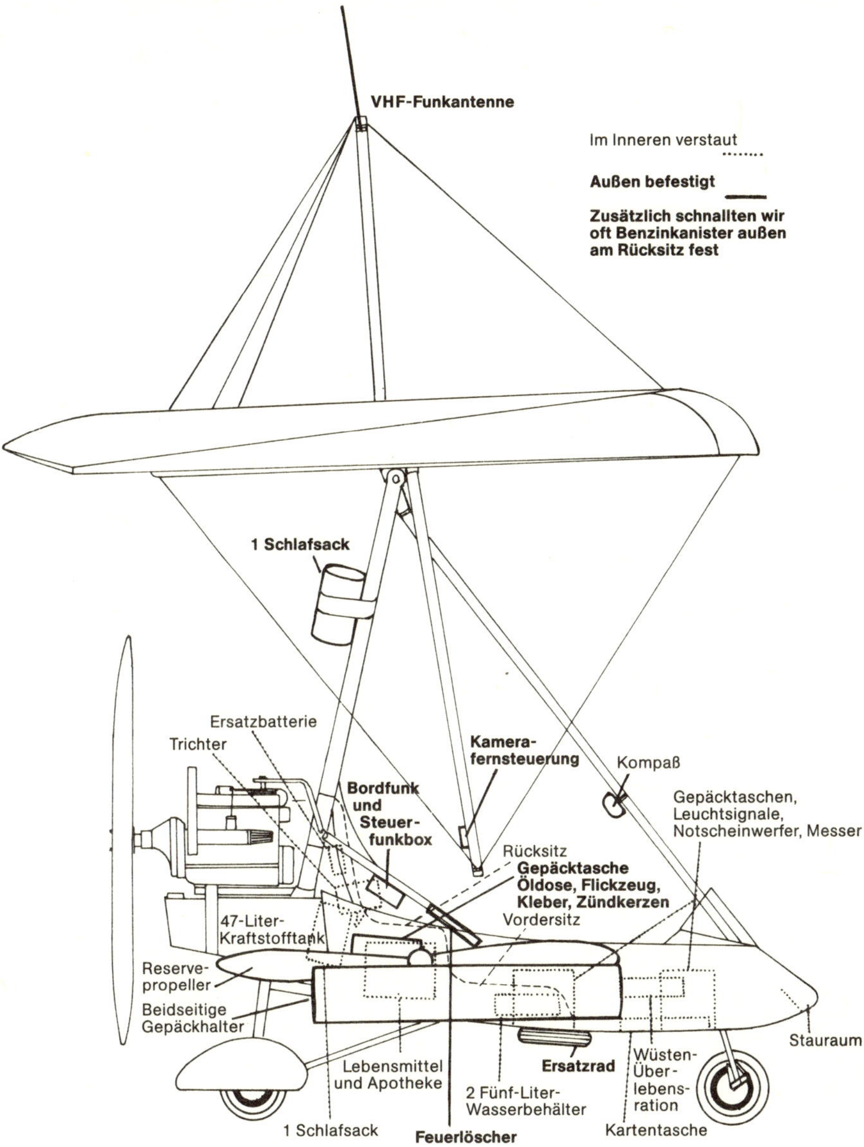
VHF-Funkantenne
Im Inneren verstaut
Außen befestigt
Zusätzlich schnallten wir oft Benzinkanister außen am Rücksitz fest
1 Schlafsack
Ersatzbatterie
Trichter
Kamera-fernsteuerung
Kompaß
Bordfunk und Steuer-funkbox
Gepäcktaschen, Leuchtsignale, Notscheinwerfer, Messer
Rücksitz
Gepäcktasche
Öldose, Flickzeug, Kleber, Zündkerzen
Vordersitz
47-Liter-Kraftstofftank
Reserve-propeller
Beidseitige Gepäckhalter
Lebensmittel und Apotheke
Ersatzrad
2 Fünf-Liter-Wasserbehälter
Wüsten-Über-lebens-ration
Stauraum
1 Schlafsack
Feuerlöscher
Kartentasche

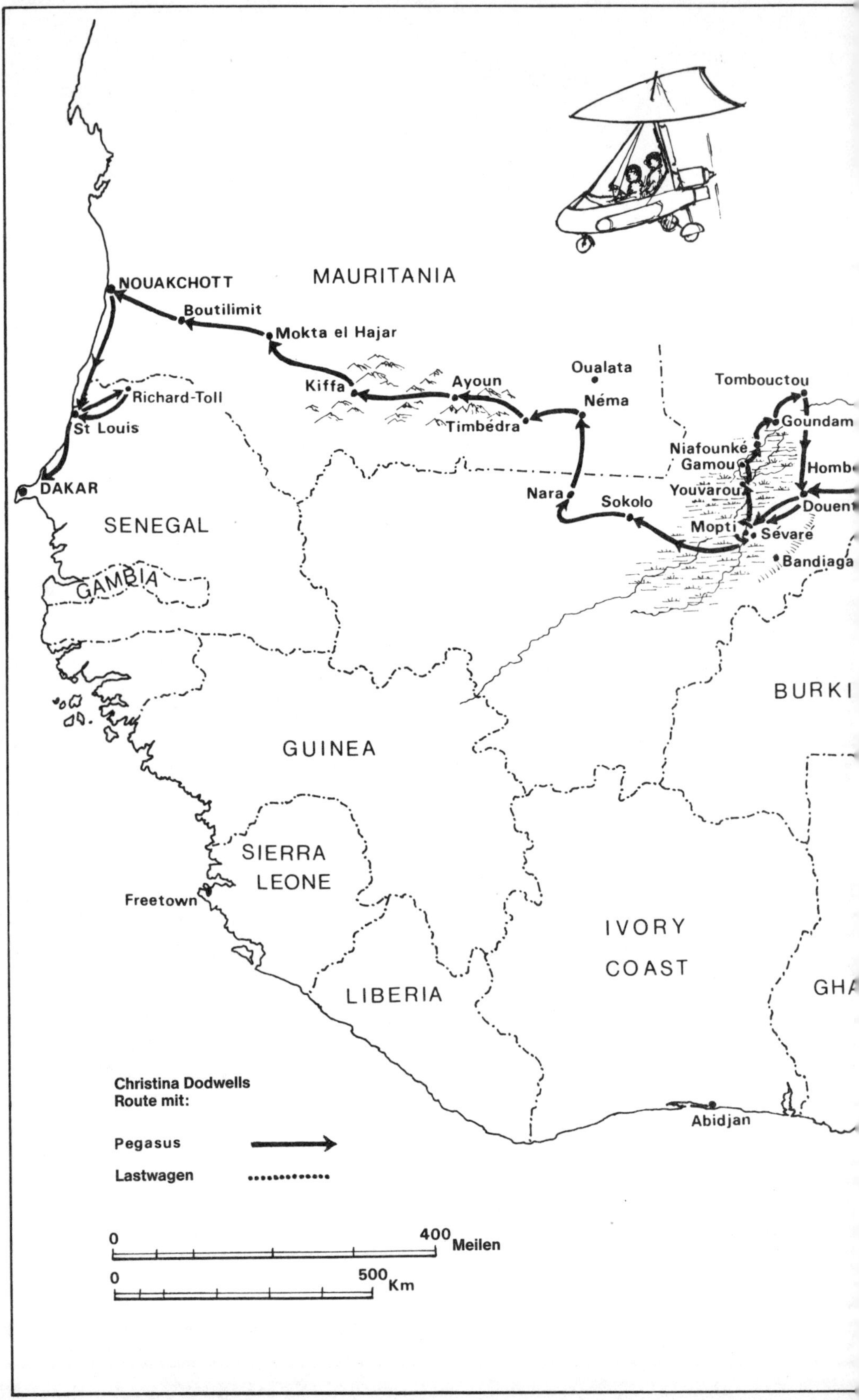
MAURITANIA
NOUAKCHOTT
Boutilimit
Mokta el Hajar
Kiffa
Ayoun
Timbédra
Oualata
Néma
Tombouctou
Goundam
Niafounké
Gamou
Youvarou
Mopti
Sévaré
Bandiaga
Nara
Sokolo
Richard-Toll
St Louis
DAKAR
SENEGAL
GAMBIA
GUINEA
SIERRA
LEONE
Freetown
LIBERIA
IVORY
COAST
Abidjan
Christina Dodwells
Route mit:
Pegasus
Lastwagen
0
400 Meilen
0
500 Km

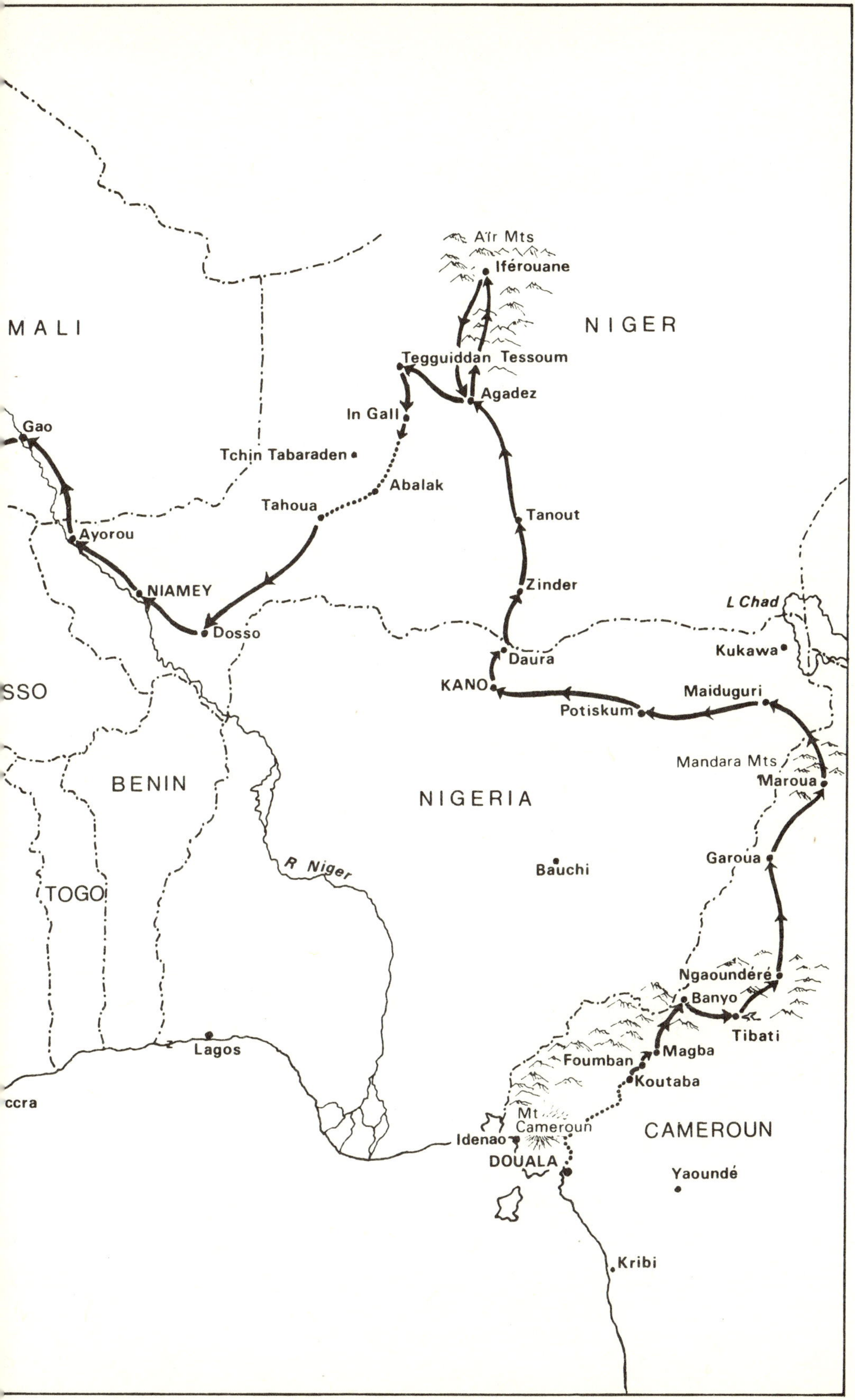

Aïr Mts
Iférouane
MALI
NIGER
Tegguiddan Tessoum
Agadez
In Gall
Gao
Tchin Tabaraden
Abalak
Tahoua
Tanout
Ayorou
Zinder
NIAMEY
L Chad
Dosso
Kukawa
Daura
KANO
Maiduguri
Potiskum
SSO
Mandara Mts
Maroua
BENIN
NIGERIA
R Niger
Bauchi
Garoua
TOGO
Ngaoundéré
Banyo
Tibati
Lagos
Magba
Foumban
Koutaba
ccra
Mt Cameroun
CAMEROUN
Idenao
DOUALA
Yaoundé
Kribi

Pygmäen und Palmwein

Es war ein Gefühl, als schwebte ich in einem Sessel 300 Meter über den Wiesen der Grafschaft Wiltshire mit nichts zwischen mir und der Autobahn als ein paar Drähten und geschickt aneinandergefügten Aluminiumstäben und einem rot-weiß-blauen Drachensegel. Der Propeller hinter mir trieb uns mit 70 Stundenkilometern vorwärts, und ab und zu, wenn wir in eine Turbulenz gerieten, sackten wir plötzlich wie in einem Lift nach unten. Wir hatten einen herrlichen Blick über welliges grünes Weideland mit Dörfern, die sich in Täler duckten; und an drei verschiedenen Stellen in den Kreidefelsen entdeckte ich die Umrisse eines großen weißen Pferdes, das irgend jemand dort hineingehauen hatte. Es war wie ein Symbol, denn ich unternahm gerade meinen ersten Flug in einem Pegasus-XL-Ultraleichtflugzeug.

Das Gefühl der Weite wurde dadurch verstärkt, daß wir offen flogen; nur Helm und Fliegeranzug schützten mich vor Wind und Wetter, und ein Gurt hielt mich am Sitz fest, während ich dem Piloten über die Schultern sah, der etwas tiefer vor mir saß und mit einem großen, A-förmigen Bügel steuerte und uns höher steigen ließ. Dann zog er die Stange an seine Brust heran, nahm den Fuß vom Gas, und wir tauchten im Sturzflug nach unten. Das winzige Instrumentenbord besaß nur wenige Anzeigen, darunter den Höhenmesser, auf dem ich sah, daß wir 90 m pro Minute fielen. Ein flaches Gleiten fing uns ab – der Motor tuckerte im Leerlauf, und das Dröhnen des Propellers wurde leiser.

Über die Sprechanlage im Helm wies mich die Stimme des Piloten an, über seine Schulter nach dem Steuerbügel zu greifen und es selbst zu versuchen. Es war aufregend, aber ich war mir nicht sicher, ob ich jemals gerne selbst fliegen würde.

Nach meinen Reisen zu Land und zu Wasser war Fliegen das einzige, was ich noch nicht ausprobiert hatte: mit dem Pferd hatte ich Tausende von Kilometern in Afrika und im Mittleren Osten zurückgelegt; mit dem Kanu war ich allein den Sepik – den größten Fluß in Papua-Neuguinea –, den Kongo in Afrika und den Gelben Fluß in China hinuntergepaddelt. Sobald man jedoch weiß, wie etwas geht, wird es Zeit, sich etwas anderem zuzuwenden, etwas Neues zu lernen. Selbstzufriedenheit ist eine Gefahr. Aber ein Leichtflugzeug – abgesehen davon, daß es zu teuer war – schien mir bis zu diesem Zeitpunkt mit zu vielen Einschränkungen verbunden. Ich konnte mir nicht vorstellen, hinter Fenstern eingesperrt zu sitzen und auf offizielle Landeplätze angewiesen zu sein. Es mußte möglich sein, so oft und so spontan, wie ich das bei meiner Art zu reisen für nötig hielt, zu landen. Ich bin viel zu wißbegierig – wenn ich unter mir etwas Interessantes entdecken würde, müßte ich unbedingt hinunter, um es mir aus der Nähe anzuschauen.

Ein Ultraleichtflieger aber schien für mich und meine Reisen wie geschaffen – was für ein glücklicher Zufall! Man fühlt sich nicht eingesperrt, kann niedrig und langsam fliegen, kommt in Gebiete, die man mit Landfahrzeugen nicht erreicht, und kann auf knapp 70 Metern Piste landen. Man kann sogar das Segel abmontieren und, wenn man der Sache überdrüssig ist, das ganze Ding zusammenfalten und zu zwei Paketen verschnüren.

Aber ich bin kein begeisterter Mechaniker, und ich wollte meine Reise nicht von einer Maschine abhängig machen. Für gewöhnlich reise ich zwar lieber allein, aber in diesem Fall gab es doch eine Menge guter Gründe dafür, einen zweisitzigen Pegasus zu erwerben und einen Berufspiloten mitzunehmen, der sich unterwegs um das Wohl und Wehe der Maschine kümmern konnte. Das war nicht etwa eine Ausrede, weil ich Angst gehabt hätte, fliegen zu lernen; ich bin nicht der Typ, der sich auf den Rücksitz verdrückt. Aber wenn der Pilot die ganze Zeit dabei war, warum sollte ich nicht während der Reise fliegen lernen und meine fünfundzwanzig Flugstunden unterwegs absolvieren?

Und wo sollte dies geschehen? Ultraleichtsegeln ist selbst bei schönstem Wetter ein frostiges Unterfangen, also wollte ich irgendwohin, wo es warm war. Es zog mich sehr nach Afrika, in jenen Teil Nigerias, wo ich geboren bin und den ich mit sechzehn Jahren verlassen hatte. Obwohl ich zwischendurch sechs Jahre in England gelebt und dort meine gesamte Schulausbildung absolviert hatte, waren mir die Bilder aus meiner Kindheit im Busch noch deutlich im Gedächtnis: Erinnerungen an riesige, vor Hitze flimmernde Ebenen, an Palmenwälder und große fette Häuptlinge, die mich auf ihren Knien schaukelten. Einige jener Häuptlinge waren damals noch Menschenfresser, aber das war nicht gefährlich, es war eben so Brauch. Mit vierundzwanzig war ich nach Nigeria zurückgekehrt und hatte von dort aus meine erste Reise zu Pferde begonnen: eine dreijährige Marathontour durch Afrika, die mich durch die Sahara hinunter in den Waldgürtel am Äquator, durch den Süden Afrikas und hinauf durch Ostafrika geführt und in Äthiopien geendet hatte, wo ich von der Revolutionsarmee samt Pferd und Lastkamel verhaftet und eingesperrt wurde, weil Bürgerkrieg im Land herrschte.

Für die nun geplante Reise empfahlen mir verschiedene Piloten, auf der Ostseite Afrikas hinunterzufliegen: das sei sicher und würde Spaß machen. Westafrika dagegen, so sagten sie, sei die Hölle. Kein Ultraleichtflieger habe sich jemals dort versucht, und niemand wisse, auf was für Schwierigkeiten man gefaßt sein müsse. Mich zog, wie immer, gerade das Unbekannte an.

Besonders reizte mich eine Reiseroute von etwa 11 000 Kilometern, die im äquatorialen Regenwald von Kamerun begann, von dort aus nach Norden zum Tschad-See verlief und dann durch Nord-Nigeria, durch Sahel und Wüste bis Agadez in Niger und zu den fernen Wüstengebirgen in der Mitte der Sahara. Von Niger führte sie nach Gao und Timbuktu in Mali, dann nach Mauretanien und hinunter über die Atlantikstrände nach Dakar in Senegal. Vielleicht überschätzte ich mich dabei etwas: aber um das herauszufinden, gab es nur eine Möglichkeit.

Was den gesuchten Mechaniker-Fluglehrer-Piloten anging, war ich von den Fähigkeiten und dem gesunden Menschenverstand David Youngs, des Piloten meines Einführungsfluges, so beeindruckt, daß ich ihn fragte, ob er diesen Job übernehmen wolle. Ich schlug ihm eine viermonatige Reise vor. Seine Aufgabe würde darin bestehen, den Ultraleichtsegler flugtüchtig zu halten, ihn als Pilot zu steuern und mir das Fliegen beizubringen. Er sagte begeistert zu – ein Mann ohne Furcht, bereit zum Abenteuer. Und er glaubte, es sei leicht, mich das Fliegen zu lehren.

Die Planung und das Einholen der Sonderfluggenehmigungen, die in Ländern mit Militärregierungen notwendig waren, gehörten zu meinen Aufgaben. Ultraleichtflüge über weite Strecken werden üblicherweise von einem Versorgungsfahrzeug am Boden begleitet, doch ich sah nicht ein, warum wir es nicht auch ohne einen derartigen Hemmschuh schaffen sollten. Wir wollten weder einen Rekord aufstellen noch ein Rennen gewinnen. Das Gepäck könnten wir am Flugzeugrahmen befestigen, so hätten wir stets alles dabei, was wir brauchten, sogar einen extragroßen Kraftstofftank, der etwa 320 Kilometer weit reichen würde. Der Motor, ein zuverlässiger Rotax 447 ccm, lief mit einer Zweitaktmischung aus Öl und Superbenzin.

Da ich befürchtete, daß man das in der hintersten Ecke von Westafrika nicht bekommen würde, fragte ich beim internationalen Büro von Mobil Oil um Rat. Sie sprachen von einem Alptraum und schlugen mir vor, einen offiziellen Antrag zu stellen und Mobil Oil als Sponsor für diese Reise zu gewinnen. Ich bewarb mich also und bot an, das berühmte Emblem mit dem fliegenden Pferd auf dem Segel anzubringen. Als Gegenleistung sagte Mobil zu, auf der gesamten 11 000 Kilometer langen Strecke für uns Kanister mit Benzin zu deponieren. An abgelegenen Orten würden die Benzinkanister in militärischen Außenposten oder bei den Häuptlingen der Dörfer untergebracht und versiegelt, so daß wir es bemerken würden, wenn jemand sich daran zu schaffen gemacht hätte. Damit war besonders dort zu rechnen, wo Benzin knapp war, denn man hätte ja die Kanister mit irgendwas wieder auffüllen können. Schlechtes Benzin im Auto ist eine Sache; aber es ist etwas ganz anderes, wenn man hoch in der Luft schwebt. Da ich realistisch bin, räumte ich der Idee mit den Benzinkanister-Depots keine großen Erfolgsaussichten ein, aber den Versuch war sie zumindest wert.

Unsere Abreise war für Mitte November angesetzt. Der Countdown lief: am fünften Tag vor dem Abflug lebhafter Telexaustausch mit einer Speditionsfirma in Douala/Kamerun, die behauptete, mein Ultraleichtsegler sei nicht angekommen. Ihr Londoner Büro versicherte mir, daß sie ihn ganz bestimmt abgeschickt hätten. Das Büro in Douala wiederholte, daß er nicht bei ihnen eingetroffen sei.

Vierter Tag vor Abflug: Pegasus wurde gefunden, aber nun fehlten die Frachtdokumente. Man sandte mit dem nächsten Flugzeug neue Unterlagen nach. Meine Visa für Nigeria wurden abgelehnt, weil ich keine behördliche Flugnummer oder militärische Freigabegenehmigung besaß. Dabei hatte ich die bereits vor drei Monaten beantragt und die Behörden beharrlich und wiederholt gebeten, sie mir zuzusenden. Westafrika ist ein bürokratischer Alptraum. Da ich fürs erste hier gescheitert war, beantragte ich Visa für Kamerun.

Dritter Tag vor Abflug: ein Freitag, der 13. dazu, mein letzter Arbeitstag in London. Die Kamerun-Visa wurden ausnahmsweise genehmigt, aber der unterzeichnende Offizier war mit unbekanntem Ziel ausgegangen und hatte unsere Pässe weggeschlossen. In der Zwischenzeit hatte auch das Nigerianische Oberkommissariat der Erteilung unserer Visa zugestimmt, aber ohne Pässe konnte ich wenig tun. Man erteilte freundlicherweise die Genehmigung, die Visa erst in Douala auszustellen.

Unsere Abreise selbst, sieben Uhr morgens Flug nach Douala, wurde fast über den Haufen geworfen, weil David feststellte, daß er seine Impfbescheinigung in einer Schublade 160 Kilometer weit weg hatte liegen lassen. Der Flughafenbeamte in Gatwick sagte, es ginge nicht ohne sie. Eine hilfsbereite Dame in einer Klinik stellte uns eine Ersatzbescheinigung aus, und wir kamen gerade noch durch die Sicherheitskontrolle.

In unserem Handgepäck stellte man sperrige Metallgegenstände fest. Wir mußten alles auspacken und auf dem Schalter ausbreiten. Sie sortierten unsere gesamten Notrufleuchtkugeln und Rauchsignale aus, erklärten sich aber bereit, uns alles durch den Chef der Kabinen-Crew nachzusenden. Wir rannten an Bord.

Das Flugzeug war fast leer, ich streckte mich der Länge nach aus und fiel vor nervöser Übermüdung in Schlaf. Als ich aufwachte, überflogen wir bereits die Sahara. Stunden später waren wir immer noch über der Wüste und bekamen so einen Begriff von ihrer enormen Größe. Der Boeing-Pilot lud uns ins Cockpit ein, damit wir einen Blick auf seine Instrumente werfen konnten. Für uns am wichtigsten war hier, daß das Funkgerät der großen Flugzeuge immer den Notrufkanal überwacht, den auch wir für eventuelle Notrufe benutzen würden.

In Douala wohnten wir bei Alain und Noelle Lyonnet, Freunden meines Bruders, die schon seit zwanzig Jahren dort lebten. Alain machte gerade den Pilotenschein für Leichtflugzeuge, deshalb gelang es ihm, für David und mich einen Platz in einem Hangar zu organisieren, an dem wir unseren Pegasus zusammenbauen konnten. Während wir auf die letzten Genehmigungen warteten, konnte ich die Gelegenheit, meinen Flugunterricht in einer Cessna zu beginnen, nicht vorübergehen lassen. Ich wollte unbedingt die

Küste hinunter nach Süden und in den Regenwald. Das wäre für unsere eigentliche Route ein Umweg gewesen, und außerdem hatte David dieses Gebiet für Anfänger im Ultraleichtflug kategorisch ausgeschlossen. Deswegen also die Cessna. Wir mußten für meine Flugstunde einen Polizisten mit an Bord nehmen, so wollten es die Vorschriften für Leichtflugzeuge. Wo der arme Mann dann im Pegasus wohl sitzen sollte? Hoffentlich erwarteten die Behörden nicht von uns, daß wir den vorgeschriebenen Wachtmeister unter unsere Sitze hängten. Aber nein, man bestätigte uns, daß wir eine Ausnahme seien. Ich hatte eine Sondergenehmigung für unsere Reise mit dem Ultraleichtflugzeug oder ULM (Ultra Léger Motorisé), wie es in französischsprachigen Ländern heißt.

Inzwischen zwängten sich David, der örtliche Fluglehrer, unser Gendarm und ich in die Cessna, wurden ordnungsgemäß vor dem Überfliegen militärischer Gebiete gewarnt und durften starten – „décoller“ in diesem frankophonen Teil Westafrikas, „abheben“.

Wir flogen über weiße Sandstrände nach Süden. Angespülte Baumstämme lagen darüber verstreut, schweres Holz aus den Wäldern, abgetrieben aus den riesigen Holzladungen, die flußabwärts zu den Sägewerken geflößt wurden. David dachte bei ihrem Anblick an den Schaden, den ein Ultraleichtsegler hier erleiden würde, wenn er notlanden müßte. „Auch darin unterscheiden wir uns von den anderen Leichtflugzeugen“, sagte er, „sie haben Doppelzündsysteme, Doppelmagnete, während bei uns alles nur einmal vorhanden ist.“

In der Zwischenzeit konzentrierte ich mich auf das Flugzeug, das ich steuerte, bog nach links, ging in Schräglage und betätigte das fußgesteuerte Ruder. Pegasus hatte weder Ruder noch Höhenflosse. Nun lag der Wald unter uns, ein dichtes farbiges Dach aus Baumkronen, kastanienbraun gesprenkelt von jungen Blättern, über denen neues helles Grün herauswuchs. Stattliche rotblättrige Bubingabäume überragten das Blätterdach, teures Holz für die Möbelherstellung. Hier hatte man sie nicht gefällt, denn direkt am Ozean galt das Holz nicht als das wertvollste. Der Wald sah unberührt aus, wie im Urzustand – es war ein Vergnügen, darüberzufliegen. Ich ging auf 2400 m hoch, um das Küstenpanorama zu genießen, dann wieder hinunter, um ein Schiffswrack am Strand zu betrachten. Das Flugzeug sprach leicht an, und ich fühlte mich ganz entspannt – wenn nötig, konnte der Fluglehrer ja jederzeit schnell eingreifen.

Wir flogen mit etwa 220 km/h, doch die Geschwindigkeit schien weniger vom Motor abzuhängen als davon, ob die Nase der Cessna nach oben oder nach unten zeigte.

Unser Ziel war Kribi, eine kleine Stadt 110 km küstenabwärts. Dort sprangen David und ich heraus und ließen den Fluglehrer nach Douala zurückfliegen. Fliegen konnte zwar sehr schön sein, und ich freute mich auf die sicher noch schöneren Rundblicke aus unserem Pegasus herab, aber ich wollte auch nichts von dem versäumen, was auf der Erde geschah. Ich hatte David von Beginn an klargemacht, daß das Ultraleichtfliegen für mich nur ein Mittel, nicht der Zweck meiner Reise sei. Ich kann Flüssen nicht widerstehen. Nun wollte ich einige Tage mit dem Kanu ins Land der Pygmäen reisen. Mein Wunsch wurde stärker, als ich auf dem Markt in Kribi, wo ich Lebensmittel kaufte, mehrere der scheuen Ngoumba-Pygmäen entdeckte. Also mieteten wir 25 km außerhalb der Stadt am Lobe-Fluß einen zerschundenen, lecken, aber im Grunde soliden hölzernen Einbaum. Man hatte Flicken aus Lastwagenreifen ausgeschnitten und draufgenagelt. Dafür hatten wir aber zwei Bootsführer.

Voller Ungeduld wollte ich so schnell wie möglich tief in den Urwald hinein, und der Motor brachte uns ganz gut voran. Die Bäume standen schon dicht, einige ragten weit auf den Fluß hinaus, und Vorhänge aus Schlingpflanzen hingen von ihren Zweigen herab. Große Teile des Waldes standen in Blüte, Tulpenbäume und Weihnachtssterne überragten ein verschlungenes Gewirr aus malvenfarbig blühenden Winden und flockigen Troddeln mit weißen Spitzen, die aussahen wie Faseroptik-Lampen. Der Fluß mäanderte, er fühlte sich wohl.

Hinter einer Kurve lag ein Baum halb im Wasser, und darauf saß ein Schwarm Silberreiher. Als sie uns erblickten, knickten sie die Hälse ein und flogen langsam flußaufwärts bis zum nächsten umgefallenen Baum, wo sie sich, aufgereiht wie weiße Kerzen, erneut niederließen. Jedesmal, wenn wir näher kamen, erhoben sie sich und flogen ein Stück weiter, ein prächtiges Schauspiel. Ein schwarzes Nashornvogelpaar mit grotesken Schnabelhöckern flatterte unbeholfen vor uns über den Fluß, über ihnen flog ein grauer Raubvogel mit breiten Schwingen.

Unser Kanu war, wie die meisten Einbäume, leicht kippelig. Einige, die uns auf ihrer Fahrt den Fluß hinab entgegenkamen, waren sehr schmal; die Leute saßen am Ende und ließen die Beine rechts und links herunterbaumeln oder balancierten innen auf dem Rand. Clement, der ältere unserer Bootsleute, zeigte auf ein Dorf und sagte, hier wohnten Pygmäen, die zwar freundlich seien, aber geldgierig und scharf auf jeden Touristen, der hier heraufkäme. Wir hielten nicht an.

Es wurde Nacht, und der Mond ging auf. Wir achteten ständig auf tote Bäume in unserer Fahrrinne. Die Bootsleute wollten weiterfahren bis zu einem Fußweg, der zu einem anderen Pygmäendorf abseits der Touristenroute führte. Ein plötzliches Plätschern sagte uns, daß wir fast auf einen unter Wasser liegenden Baumstamm aufgefahren wären. Wir schwenkten zur Seite und glitten daran vorbei. Die Strömung wurde stärker.

An dem Weg angekommen, banden wir das Kanu fest und wanderten in den Wald. Leuchtkäfer schossen aus dem Gras unter unseren Füßen empor, und ganz in der Nähe ertönte ein kehliger, knatternder, lauter werdender Ruf. Ich fragte Clement danach, und er erklärte mir, daß sei ein Luangala oder Galago, ein Tier mit einem hundeähnlichen Kopf, kurzen Beinen und drei Zehen, das in den Bäumen lebt, ein üppiges Fell hat und nachts zum Fressen herunterkommt. Clement sprach ganz gut französisch, denn er hatte eine Missionsschule besucht. Er war ein kluger Mann, der sein Kanu vermietete, wenn er es nicht zum Fischen brauchte.

Das Dorf war dunkel und still. Die Hüttentüren aus geflochtenen Rindenstreifen waren geschlossen. An einer der Türen hing der gelb und schwarz gestreifte Schwanz einer Wildkatze, ein „gri-gri“, ein magischer Fetisch, der das Dorf schützen sollte, und, wie Clement mir erklärte, das Zeichen dafür, daß hier der Medizinmann wohnte. Ein Dieb, der hier etwas stehlen würde, würde krank werden, und nur der Medizinmann könnte ihn wieder gesund machen. Weil das Dorf menschenleer war, nahmen unsere Begleiter an, daß die Pygmäen auf die Jagd gezogen waren, und die konnte Wochen dauern. Wir hängten also unsere Moskitonetze über die Stangen eines offenen Unterstandes und legten uns schlafen.

Am nächsten Morgen brachen wir früh auf und waren schnell wieder im Boot, um weiter ins Landesinnere vorzustoßen. Schon um acht Uhr morgens begann die Sonne heiß zu brennen. Der Fluß sah dunkel und schlammig aus. Allmählich wurde er schmaler, an seinen Ufern wuchsen überhängende Bäume mit verästelten Fangarmen, die auf das Wasser herunterhingen. Schmarotzerpflanzen wanden sich um ihre Wirtsbäume, manche davon waren abgestorben und verrottet, und die Schlingpflanzen hingen leer in der Luft wie ein Scherenschnittmuster aus verknoteten, silbrigen Luftwurzeln. Einige Bäume mit niedrigen Zweigen waren ganz von Spinnweben umhüllt, aus anderen wuchsen Antilopenhornfarne. Korkenzieherlianen baumelten von fast 50 Meter hohen Baumriesen herunter; eine davon war mehr als 30 Meter lang, und ein Farnbusch hing wie ein Schmuckkorb an ihrem Ende.

Ein heftiges Platschen neben dem Kanu – ich wurde naßgespritzt und sah gerade noch, wie der lange Schwanz eines wegtauchenden Krokodils das Wasser teilte. Wir hatten es vermutlich beim Dösen gestört. Nach Clements Einschätzung war es ein ausgewachsenes, etwa 1,80 Meter langes Tier gewesen.

Dann setzte plötzlich der Motor aus. Wir begannen abzutreiben und paddelten in eine sandige kleine Bucht, damit unsere Bootsführer ihn reparieren konnten.

Ich stieg aus. Auf dem Strand bemerkte ich fünfzehige Fußabdrücke, vermutlich von einem Gorilla, wie die Männer sagten. Ich glaubte, sie machten Spaß, bis ich genauer hinsah. Die Abdrücke, größer als ein menschlicher Fuß, führten durch eine Schneise in den Wald, die jedoch nur schwer begehbar war, voller Dornen und Schlingpflanzen. Ein großer Baum stand auf Wurzeln, die zweimal so hoch waren wie ich selbst; dazwischen ragten enorme, halb pilzförmige Ameisenhaufen in die Höhe. Der Rand dieser Pilze sah aus wie gekräuselt. Über seine Bogen und Spitzen konnte der Regen nach außen ablaufen, so war der Bau geschützt. Darunter standen in Reihen übereinander kleinere pilzähnliche Gebilde; aus ihnen führten Ameisenstraßen und aus Sand zementierte Tunnels heraus, die zu den hohen Baumwurzeln und weiter am Stamm hinaufliefen. Andere Tunnels führten um die überirdischen Wurzeln herum zum nächsten Ameisenbau.

Clement und sein Freund hatten den Motor wieder in Ordnung gebracht, und so knatterten wir weiter.

Die Männer plauderten, ihre Sprache klang melodisch und hatte viele lange Silben. In manchen Wörtern wiederholten sich die Laute, im längsten sogar sechsmal. Ich nahm an, das sollte dem Gesagten Nachdruck verleihen. Der Fluß verengte sich nun auf weniger als 50 Meter, und manchmal schlossen sich die Baumkronen über uns. Einer der Baumriesen war ins Wasser gestürzt, er ließ gerade noch so viel Platz, daß wir uns zwischen und unter seinen Ästen hindurchschlängeln konnten.

Ich hörte vor uns Stromschnellen rauschen. Die Bootsleute erklärten, daß wir nun knapp 100 Meter Wildwasser durchfahren müßten, daß es darin aber nur eine wirklich heikle Stelle gäbe. Wir gerieten in die Wellen, die höher wurden, als wir uns einem Engpaß näherten, wo der Fluß sich zwischen Felsen hindurchzwängte. An einer besonders tosenden Stelle begann der Motor zu stottern und lief nicht mehr mit voller Leistung. Es sah nicht gut für uns aus, aber Clement lenkte das Kanu geschickt auf einen Strudel zu, so daß wir ans Ufer getrieben wurden. Wir beschlossen, das Gepäck auszuladen, es zu einer kleinen Bucht oberhalb der Flußenge zu tragen und dann mit Motor und Paddel einen neuen Versuch zu starten. Aber erneut wurden wir von der wilden Strömung zurückgedrängt, also kletterten wir wieder ans Ufer und schleppten das Kanu mit einem Tau weiter. Alle vier mußten wir am Seil ziehen, immer dicht an den Felsen entlang, bis wir den Anfang der Stromschnelle erreicht hatten.

Am späten Vormittag sahen wir eine Rauchsäule, die aus einem Jagdlager der Pygmäen aufstieg. Wir machten halt und fanden einen schmutzigen Unterstand mit einem aus Blättern geflochtenen Dach. Davor saßen drei Kinder und eine Frau, die sich abmühte, den Panzer einer gekochten Wasserschildkröte zu öffnen. Das Fleisch sollte in den Eintopf, der auf dem Feuer simmerte. Das älteste Kind knackte runzlige Nüsse, die es vor sich gestapelt hatte. Zwei schwarzhäutige Samen waren darin, die auch in die Suppe kämen, wie die Frau sagte, und sie gab mir einige zum Versuchen. Sie schmeckten wie Erdnüsse. Dann reichte sie uns eine Honigwabe, die ihr Mann am Vortag aus einem Baum geholt hatte, nachdem er das Bienenvolk ausgeräuchert hatte. Der Honig war köstlich, obwohl er voller toter Bienen steckte, die darin ertrunken waren. Bevor wir in ein Stück hineinbissen, brachen wir deshalb die Zellen auf, damit eventuell noch lebende Bienen entweichen konnten.

Vom Jagdlager flußaufwärts kamen wir in eine breite Stromschnelle. Das Kanu befand sich auf der Mitte des Flusses, und der Motor schaffte es wieder nicht; also paddelten wir erneut alle vier mit voller Kraft Zentimeter um Zentimeter gegen die Strömung, bis wir die gefährliche Stelle schließlich hinter uns hatten. Bei der nächsten Stromschnelle schlug Clement vor, daß wir versuchen sollten, uns auf der Seite zwischen den Felsbrocken hindurchzumanövrieren, aber wir liefen sofort auf einem Felsen auf. Clement und sein Freund sprangen auf eine Felsbank im Wasser und versuchten, das Boot freizubekommen. Aber sie glitten aus und fielen in den Fluß. Glücklicherweise konnten sie sich am Kanu festhalten, so daß die Strömung sie nicht mitriß. Hartnäckig versuchten sie es noch einmal, aber der Kahn war einfach zu schwer. David kletterte hinaus. Hüfttief im Wasser, faßte er auf einem Felsen Fuß und half mit einem kräftigen Stoß; da löste sich das Kanu plötzlich, und David blieb allein mitten im Fluß zurück.

„Stehenbleiben!" gellte Clements Stimme über das tosende Wasser. Die Rettung würde nicht einfach: die Rinne war zu tief und die Strömung zu stark zum Schwimmen, und David war schon zu weit weg, um ihm ein Seil zuwerfen zu können. Verzweifelt ließen wir das Kanu zurückgleiten und paddelten wie wild, damit das Heck zu David herumschwang. Mit erschrockenem Blick kletterte er ins Boot zurück. Derartige Zwischenfälle gehören eigentlich nicht zum Aufgabenbereich eines Fluglehrers für Ultraleichtsegler, aber bald schüttelte er sich das Wasser aus den Ohren und lachte über den Vorfall.

Wir kämpften uns durch die Stromschnelle hindurch und erreichten das ruhige, tiefe Wasser oberhalb davon. Dort fanden wir ein Fischercamp, wo wir Rast machten. Es war kein Pygmäenlager, denn Pygmäen sind keine Fischer, sie meiden normalerweise den Fluß, da er zum Jagdgebiet eines anderen Stammes gehört. Das Fischercamp war verlassen, nur eine Frau war noch da, die Maniok schälte: eine Wurzel, die vier Tage im Wasser eingeweicht werden muß, ehe man sie schälen und zu Mehl zerstampfen kann. Das Abgeschälte benutzte sie als Köder für ihre Garnelenfallen. Am Räuchergestell über dem Feuer hing ein ganzes Sortiment kleinerer, schuppenloser Katzenfische oder Welse. Unsere Bootsleute kauften etliche, und wir aßen sie, während wir flußauf unseren Weg fortsetzten.

Eigentlich hatte ich nicht vorgehabt, so weit hinaufzufahren, aber ich wollte noch nicht umkehren, gab einfach der Versuchung nach, die mich vorwärts lockte. Clement wollte mich davon abbringen, indem er mir erklärte, der Wald weiter stromaufwärts sei völlig menschenleer, kein Fremder würde dort hingehen – was es für mich natürlich noch reizvoller machte. Aber als wir auf einem Saumpfad zu einem anderen halbverlassenen Jagdlager vordrangen und von einem Jäger dort hörten, daß die Pygmäen in ihr Dorf zurückgekehrt seien, in dem wir die Nacht zuvor geschlafen hatten, gab ich nach, und wir kehrten um.

Wir fuhren ohne Motor flußabwärts, denn Paddeln war viel friedlicher, man konnte dem Gesang der Vögel zuhören und ihren Flug beobachten. Da wir selbst mit dem Fliegen bald ernst machen würden, fing David an, mir die Grundbegriffe zu erklären: „Fliegen ist möglich, weil ein Flügel zwei Arten von Auftrieb erzeugt: durch den Winkel, mit dem er auf die anströmende Luft trifft, Anstellwinkel genannt, und durch seine Stromlinienform. Die Luft teilt sich beim Vorbeiströmen am Flügel, der an der Oberseite eine Wölbung besitzt. Siehst du den Flügel des Kormorans dort drüben? Er ist auf der Oberseite dicker." Er wies auf einen Vogel, der seine ausgebreiteten Schwingen in der Sonne trocknete. „Die Unterseite des Flügels ist kürzer als die Oberseite, das heißt, die Luftmoleküle müssen oben schneller strömen, dadurch entsteht ein Druckunterschied. Oben weniger und unter dem Flügel mehr Druck, das erzeugt Auftrieb, und je größer die Luftgeschwindigkeit, desto stärker der Auftrieb. Es ist ganz einfach." Dann versuchte er, mir die Wirkung des Luftwiderstandes zu erklären, den induzierten und den schädlichen Widerstand, Schubkraft gegen Gewichtskraft, gleichwirkende und gegeneinander wirkende Kräfte, und mir fing der Kopf an zu schwirren.

Ohne Motor konnten wir das Brausen der größten Stromschnelle schon von weitem hören. Clement warnte, sie sei aus dieser Richtung genauso schlimm, und deshalb erbot sich David, die wichtigsten Gepäckstücke, die wir nicht verlieren durften, am Ufer entlangzutragen, während ich mit den beiden Männern im Boot durch die Schnelle schoß. Es machte riesig Spaß, aber sie wollten mich nicht paddeln lassen; ich mußte mich hinsetzen und mich mit beiden Händen gut festhalten. Weiter unten stießen wir gegen einen Felsen und drei Baumstämme, die unter der Wasseroberfläche lagen, aber das Boot wurde nicht ernsthaft beschädigt.

Gerade noch vor Sonnenuntergang erreichten wir den Fußpfad zu dem Dorf. Ich war etwas erstaunt, daß keine Kanus am Ufer lagen, aber Clement erklärte mir, Pygmäen würden niemals Boote benutzen, sie durchquerten den Wald zu Fuß. Im Dorf trafen wir auf die Hälfte der Einwohner, fünfzehn Männer, die Vorhut der Jäger, die ein lebendes Krokodil mit zugebundenem Maul und gefesselten Hinterbeinen mit sich trugen. Auch ein Stachelschwein und ein Wildschwein hatten sie erbeutet, doch die würden von den anderen gebracht.

Das Stachelschwein und einige fleischige Waldratten hatten sie mit Jagdhunden gefangen, das Wildschwein mit Netzen, in die sie mit viel Geschrei die Beute hineintrieben. Sie zeigten mir ihre 1,80 m langen Jagdspeere. Sobald sie ein Tier erspähten, packten sie den Speer am Heft, schlichen sich an – und wenn sie nahe genug herangekommen waren, schleuderten sie ihn los. Aus weiter Entfernung trafen sie schlecht. Einige Männer trugen Bogen und Pfeile. Sie erzählten, daß sie auch Antilopen und Elefanten jagten, aber keine Gorillas, obwohl es hier welche gäbe, die aber Angst vor Menschen hätten und sich versteckt hielten.

Ich freundete mich mit dem einäugigen adoptierten Sohn des Häuptlings an, der etwas Französisch konnte. Jemand hatte ihm aus Mißgunst, weil er eine Missionsschule besuchte, das Auge ausgerissen. An Rache dachte der Junge nicht; er sei nicht so stark wie sein Gegner, erzählte er mir, und da sein Vater tot war, könnte er von niemandem Hilfe erwarten. Der Häuptling dieses Dorfes hier hatte seine friedliche Haltung und sein gutes Benehmen bemerkt und ihn mitgenommen, damit er wie ein Sohn bei ihm lebte.

Der Häuptling war gleichzeitig Medizinmann, und ich bemerkte, daß der „Gri-gri“ von der Tür verschwunden war. Sie setzten sich um die Lampe, und ich betrachtete ihre Silhouetten, während sie ihr Abendbrot aßen – der Häuptling, zwei große Männer, ein Hund mit Fledermausohren, eine magere Katze – alle saßen schön im Kreise. Die Männer aßen in Bananenblätter eingewickeltes Maniok und Schlangensuppe. Die Tiere bekamen die Knochen zum Nagen.

Man bat mich, für den Proviant des Dorfes etwas Geld beizusteuern, was ich erfreut tat, um mich für die Gastfreundschaft erkenntlich zu zeigen. Dieser äußerst wichtige „Proviant“ entpuppte sich als eine Kiste Bier. Mit Bier, erklärte Einauge, würden sie Tag und Nacht tanzen. Sie mußten den Geist eines Kindes ehren, das kürzlich gestorben war. Der Tanz würde ihren Kummer lindern, und vielleicht würde sich die Seele des Kindes ihrer erbarmen und ihnen ein neues Baby schicken. Ohne weitere Umstände sandte ich Clement und seinen Freund auf den Weg, um alles Nötige in einem knapp 10 Kilometer entfernten Dorfladen zu besorgen.

Einauges richtiger Name war Quoi, aber ich brauchte einige Zeit, um das herauszufinden, denn immer, wenn ich ihn nach seinem Namen fragte, antwortete er „quoi?“ (französisch für „was?“), und ich glaubte, er hätte meine Frage nicht verstanden.

Die Nacht war unruhig, denn die Pygmäen rührten die Trommeln, während sie ungeduldig auf die Rückkehr der Kanuleute warteten. Von Zeit zu Zeit wurde aus dem leichten Klopfen ein wiederkehrender Trommelrefrain. Ein Junge spielte auf einer sechssaitigen Gitarre, deren Saiten in unterschiedlichen Winkeln auf gekrümmten Aststückchen befestigt waren; er stimmte sie, indem er die Stöckchen auseinanderbog.

Bald nach der Morgendämmerung begannen die Trommeln ernsthaft zu dröhnen. Ich ging einen knappen Kilometer auf einem taunassen Pfad zum Fluß, um mich zu waschen. Es war ein wunderschöner Weg, ein Bogengang unter Bambus, die Lichtungen dazwischen von einem hohen, lichtgetupften Blätterdach wie von einer Kathedrale überwölbt. Als ich zurückkehrte, hatte unter einem großen Schutzdach aus Grasmatten, das so niedrig war, daß ich darunter nicht aufrecht stehen konnte, der fremdartige Tanz bereits begonnen.

Der Stellvertreter des Häuptlings – nur wenig größer als 1,20 m – zeigte mir, wie man mit einem Speer umgeht. Dann saß ich mitten unter den Leuten und sah dem Tanz zu. Manchmal sprang einer der Männer aus der Mitte heraus auf die Sitzenden zu und zog, kreiselnd und stampfend, einen davon mit sich zurück in die Gruppe. Die Frauen tanzten mit erhobenen Armen, wackelten mit den Hüften, klatschten und sangen, tiefe Stimmen überlagert von höheren, die nach dem Vorsänger in den Gesang einfielen.

Der Häuptling hob einen nackten Säugling hoch und ließ ihn in seinen Armen tanzen. Es war ein kleines Mädchen, das nur einen Talisman um das Bäuchlein geschlungen trug: drei Steine an einem Faden aus Baumrinde. Hinter dem Unterstand stieg der Morgennebel aus dem Wald empor. Da ich mir in dieser ergreifenden Familienszene eher wie ein Eindringling vorkam und außerdem wußte, daß meine Mannschaft an diesem Tag noch eine ganz schöne Strecke hinter sich zu bringen hatte, wählte ich einen passenden Augenblick, um den Tanz zu unterbrechen, denn es sah aus, als könne er noch stundenlang weitergehen. Ich verabschiedete mich und wünschte ihnen viel Fruchtbarkeit.

Nachdem wir das Dorf verlassen hatten, paddelten wir flußabwärts weiter, denn der Motor streikte. Ab und zu hielten wir an und holten die Fischnetze ein, die unsere Begleiter ausgeworfen hatten, als sie das Bier besorgten. Langsam verbreiterte sich der Fluß zwischen seinen mit Bambuspalmen bestandenen Ufern. Wir entdeckten viele Lagerstellen, die wir in der Dunkelheit auf unserem Weg flußauf nicht gesehen hatten. Gruppen von Kanus voller Garnelenkörbe lagen festgemacht da. Einmal sah ich auf einem der Fangkörbe ein Reptil herumklettern, das fast einen Meter lang war und eine lange, gespaltene Zunge aus dem Maul schnellen ließ. Krokodile haben keine langen Zungen, es mußte also ein Waran sein.

Der leichte Wind, der den Fluß heraufstrich, schmeckte salzig. Die Sonne brannte, und der jüngere Bootsmann setzte sich das Gehäuse des Außenbordmotors als Sonnenhut auf den Kopf. Das nenne ich Improvisation. Ich fragte ihn, ob man mit dem Kanu aus der Flußmündung aufs Meer hinausfahren könnte, aber er meinte, das würde man nicht heil überstehen, denn der Fluß ende in einem Wasserfall, der auf den Strand hinunterstürze.

Bei Clement zu Hause machten wir halt und deponierten unsere Sachen in einem Café am Ort, weil David und ich ans Meer wollten, um uns diesen Wasserfall anzusehen. Unterwegs erbot sich ein Mann, uns sein kleines, seetüchtiges Kanu zu leihen, mit dem wir bis unter den Wasserfall paddeln könnten. Es war allerdings ein Einer-Kanu, und wir mußten uns abwechseln. Ich ließ mich von den Ozeanwellen auf die weißen, neun Meter hohen Kaskaden zutreiben. Unter mir im Wasser entdeckte ich Felsen; mein Kanu stieß nur einmal dagegen, aber dann kippte ich auch gleich ins Meer. Doch es war leicht, wieder an Bord zu klettern. Der Wasserfall war breit und dreigeteilt; ich schaukelte eine Weile durch die wilden Strudel am Fuße der Kaskaden, ehe ich das Kanu wieder aus der Flußmündung aufs Meer hinaustreiben ließ.

In dieser Nacht kampierten wir am Strand, zum Abendessen gab es Garnelen. In der Nacht erwachte ich, lauschte der Brandung und tauchte in die Wellen, um zu schwimmen. Danach lief ich mich auf dem Strand wieder warm und sah mir den Wasserfall im Mondlicht an.

Am Morgen fachten wir mit trockenen Kokosnußschalen und Holzspänen von halb ausgehauenen Einbäumen, die oberhalb der

Flutlinie am Strand lagen, unser Feuer rasch wieder an. Wir frühstückten und wanderten dann in nördlicher Richtung den Strand hinauf. Ein Tag mit gischtender Brandung und donnernden Wellen: mehr konnte ich mir nicht wünschen.

Der erste Flug unseres Pegasus in Afrika war eine Vorführung für Journalisten in Douala, und der zweite – für das staatliche Fernsehen Kameruns – führte uns ins Landesinnere nach Jaoundé. Es war das beste, das Mißtrauen der Behörden von vornherein dadurch zu beschwichtigen, daß wir uns samt Fluggerät der Öffentlichkeit vorstellten und uns damit gleichzeitig bei unseren Sponsoren bedankten. Während des Fluges saß ich still auf dem hinteren Sitz; ich wollte nicht zugeben, daß ich noch nicht selbst fliegen konnte. Das Gefühl, hoch in den Lüften zu schweben, nur von einem Gurt auf dem Sitz festgehalten, war mir immer noch unangenehm. Es erinnerte mich daran, daß Menschen nicht fürs Fliegen geschaffen sind, ihre Füße gehören auf den Boden. „Was tu ich hier oben?“ fragte ich mich ständig.

Pegasus tuckerte gemächlich mit ca. 70 Stundenkilometern dahin und hüpfte in leichten Luftturbulenzen auf und nieder. Das Segel bog sich und änderte seine Spannung, als David in halber Schräglage eine Kurve drehte, genau berechnet, indem er mit der Mitte des Segels auf der Horizontlinie blieb. Die Flugsicherheit eines Ultraleichtflugzeugs beruht auf seiner Konstruktion. Bis diese Flugtüchtigkeit erreicht wurde, haben viele Menschen ihr Leben gelassen, sowohl in Amerika wie in England, wo es „Microlight“ genannt wird. Unser Pegasus XL war ein 1984er Modell, ein altes, zuverlässiges Arbeitspferd mit makelloser Vergangenheit. Unter uns lagen Hütten verstreut im Regenwald. Ich übernahm für einige Minuten den Steuerbügel. Er war irgendwie fast wie das Maul eines Pferdes, reagierte auf die leichteste Handbewegung. Aber ich fühlte mich äußerst unsicher.

„Sieh nach dem Kraftstoffanzeiger“, tönte Davids Stimme über die Sprechanlage. Ich beugte mich über unseren extragroßen Benzintank, die transparente Kunststoffröhre zeigte halbe Höhe, also war der Tank noch halb voll. Eine ganze 47-Liter-Tankfüllung reichte für etwa drei Stunden Flug.

Wald umgab Jaoundé. Für die Platzrunde, das erste, niedrige Überfliegen der Landebahn, zog David den Steuerbügel zu sich her. Dadurch wurde unser Flugwinkel steiler, was unsere Geschwindig-

Fahrt auf dem Lobe/Kamerun ins Land der Pygmäen. In einem Jagdlager lerne ich, wie man Schildkröteneintopf kocht.

Zwischenlandung zum Auftanken beim Flug nach Garoua. Wenn wenig Verkehr herrschte, konnten wir auf der Straße landen.

Wüstenberge in Niger stellten unser kartenleserisches Können auf die Probe und bescherten uns kräftige Turbulenzen.

keit erhöhte. Bei anderen Leichtflugzeugen geht das umgekehrt, man muß das Steuer nach vorn drücken, um herunterzugehen. Wenn man bei Ultraleichten nach vorn drückt, steigen sie hoch. Ein zweiter wichtiger Unterschied war natürlich, daß wir viel niedriger flogen, nur in etwa 300 m Höhe, während andere Leichtflieger zwischen 1800 und 2700 m blieben. Wir konnten sie über unser VHF-Funkgerät hören. Die Flugsprache ist Englisch, was David zustatten kam, der kein Französisch konnte. Unsere Route würde fast nur durch frankophone Länder verlaufen.

Das Fernsehteam verlangte noch eine Platzrunde, dann landeten wir und takelten rasch unser Flugzeug ab, um zu zeigen, wie schnell das Segel zusammengelegt werden konnte.

Ich muß allerdings zugeben, daß mich in diesem Stadium das Fliegen weniger interessierte, weil es unten am Boden so viel zu erleben gab. Als wir nach Douala zurückkehrten, gab es einen Aufschub, weil unsere Fluggenehmigungen für Nigeria und Niger noch nicht eingetroffen waren. Diplomaten in Douala und Lagos halfen mir, obwohl sie offensichtlich Zweifel an meiner geistigen Gesundheit und Angst vor den Schwierigkeiten hatten, die ich ihnen einbringen konnte. Wie einer der Attachés es ausdrückte: „Eher fliegt ein Schnellball durch Afrika als Sie mit Ihrem Segeldrachen."

In Douala war es ziemlich schwierig, ein bißchen herumzukommen, denn die Taxis streikten. In der vorhergegangenen Nacht hatte ein Polizist einen Taxifahrer erschossen, weil der sich geweigert hatte, ihm ein Schmiergeld zu zahlen. Man konnte allerdings nicht sicher sein, ob der Mörder tatsächlich ein Polizist gewesen war, denn es war bekannt, daß Leute sich wie Polizisten verkleideten, um Schmiergeld zu verlangen. Ich beobachtete, wie Lastwagen voller Soldaten in die Stadtmitte rasten, um eine Straßenschlacht zu beenden. David wollte an der Mechanik noch etwas nachstellen, deshalb nutzte ich die Gelegenheit, um einen Ort namens Idenao aufzusuchen, der mir, als ich ihn vor zwölf Jahren entdeckte, so gefallen hatte. Damals war ich zu Fuß unterwegs, diesmal lieh mir die Firma Guinness Cameroun einen Wagen mit Chauffeur.

Idenao liegt draußen im Westen hinter Limbe (der alten Kolonialstadt von Victoria), wo die Strände an die Hänge des Kamerunberges stoßen und der schwarze Sand vom Glimmer der Vulkanasche glitzert. Der Chauffeur zeigte mir den unteren Gipfel, der Hauptgipfel (4000 m hoch) war von Wolken verdeckt. Der letzte große Lavastrom 1982 hatte kurz vorm Strand halt gemacht. Wir fuhren über ihn hinweg nach Westen auf den dichten Palmenwald zu. Das saftige Grün überraschte mich; hier beträgt die jährliche Niederschlagsmenge erstaunliche 120 cm, die größte in Afrika.

Die Lagunen und Flußmündungen sind ein Paradies für Kanus, die fleißig Passagiere und Schwarzmarktgüter zur 80 km entfernten nigerianischen Küste und zurück bringen. Diese Region hatte nach dem Ersten Weltkrieg, als das deutsche Anbaugebiet unter britisch-nigerianische Verwaltung kam, zu Nigeria gehört. Jetzt war es ein Teil Kameruns, aber es war eine Unruhezone. Es gab oft Straßensperren durch Soldaten, die nach Schmuggelware suchten.

Drei Dinge wollte ich wiedersehen: erstens eine alte Palmölfabrik, die mir wegen ihrer wunderbar einfachen Flaschenzüge und Zahnräder so gefallen hatte. Die Energie lieferten die Palmkernschalen aus den Schraubenpressen. Die Deutschen hatten für die Fabrik ein Versorgungsnetz aus Schmalspurschienen gebaut. Teile davon waren noch in Betrieb, als ich das erste Mal hier war. Jetzt lagen nur noch verrottete Transportkarren, Schienenkipper und Plantagenloren herum, vom Urwald überwuchert. Die Pfeiler eines Aquäduktes standen noch, auch einige alte Wassertürme und das Schwimmbad, an dem die Deutschen das Datum seiner Einweihung angebracht hatten: zufälligerweise der Tag, an dem der Erste Weltkrieg ausbrach.

Die Fabrik lag verlassen und still da, die Dreschmaschinen, Mörser, Dampfkessel und Förderbänder waren geborsten und auseinandergebrochen; durch das halb zerstörte Dach sah der Himmel. Sie hatte ausgedient.

Vor einigen Jahren schon hatte man in Limbe eine neue Anlage gebaut, die im Augenblick aber nicht in Betrieb war. Und neulich war eine andere Palmölmühle wegen der Wirtschaftskrise bankrott gegangen: es war tragisch, wenn man überlegte, wie schnell die Plantagen irreparabel zuwucherten. Die Ölpalme, ein gedrungener, dorniger Baum, produziert fußballgroße Zapfen aus hellroten Palmkernen, bis zu zehn Zapfen auf einmal, die das ganze Jahr hindurch reifen und geerntet werden.

An einer Hütte auf einer Waldlichtung hielten wir an und tranken Palmwein. Der Weinverkäufer lud uns zu einer Ruhepause auf einer Bank aus Bambus ein, während er ein 3 m langes Bambusrohr holte und uns vorführte, wie er den Wein zapfte. Das eine Ende des Rohrs wird in einen Einschnitt im Baumstamm gesteckt, und innerhalb von 24 Stunden sickert dann etwa ein Liter Saft heraus. Der Palmwein, den er uns ausschenkte, war vom selben Tage; so frisch schmeckt er am besten, wie Limonade. Wenn man ihn drei Tage stehen läßt, fängt die Hefe an zu gären, so daß ein ziemlich alkoholhaltiges Getränk entsteht. Die Einheimischen behaupten, der hohe Hefegehalt sei gut für die Augen. Ameisen liefen mir über die Füße, und ich mußte sie ständig herunterstreifen, weil manche mich zwickten. Unser Gastgeber erklärte mir, Ameisen seien ein gutes Zeichen, denn wo sie herumkrabbelten, gäbe es keine Schlangen.

Zum zweiten wollte ich unweit von Idenao ein altes, zerfallenes Herrenhaus mitten im Palmenwald suchen. Schon vor zwölf Jahren war es gut verborgen gewesen, und tatsächlich konnte uns von den Leuten, die wir anfangs trafen, niemand sagen, wo es lag. Wir wanderten kreuz und quer durch den halbdunklen, vor Feuchtigkeit tropfenden Urwald; immer wieder mußten wir dichten Knäueln dorniger Palmwedel ausweichen. Aus den Stämmen der älteren Bäume wuchsen Farne und Orchideen.

Ein Palmkernpflücker, dem wir zufällig begegneten, zeigte uns den Weg und erzählte, das Haus habe einem der 58 Deutschen gehört, die hier Plantagen besaßen. Die alliierten Streitkräfte hätten ihn umgebracht, aber sein Geist würde noch hier herumspuken. Die Pfeiler der Veranda und die Hauswände standen noch, von wilden Reben und Kletterpflanzen überwuchert. Aber es war nicht die Ruine, die ich vor Jahren entdeckt hatte. Es mußte noch mehr solcher verlassenen und vergessenen Zeugen einer vergangenen Zeit geben. Durch den eingestürzten Türbogen des Vordereingangs trat ich ins Innere, draußen hörte ich den Ölkernpflücker zum Chauffeur sagen: „Wir haben Angst vor diesem Ort, das Gespenst geistert hier immer noch herum.“

Er erzählte uns, daß vor sechs Jahren ein deutscher Verwandter des früheren Besitzers das Haus aufgesucht habe. Niemand hatte ihm von dem Wagen erzählt, den der im Wald versteckt hatte, fast niemand wußte davon. Es war ein Chevrolet, einer der ersten, die gebaut wurden. Ich hatte ihn 1975 entdeckt, der Deutsche hatte ihn sorgfältig verborgen, als der Krieg ausbrach. Vielleicht hatte er gehofft, eines Tages zurückzukehren. Wir mußten uns den Weg freihauen, um ihn zu finden. Ich zog das wuchernde Grün weg, da kamen die rostigen Reste des Kühlers zum Vorschein. Das Chassis war zusammengebrochen, nur die Trittbretter waren noch zu erkennen, alles andere war zu Staub zerfallen. Die Zeit war darüber hinweggegangen.

Paläste und Kraterseen

Unsere Flugerlaubnisnummern für Nigeria und Niger trafen endlich ein. Wir verließen Douala samt Pegasus auf einem Lastwagen, weil David sich geweigert hatte, die ersten 160 Kilometer unserer Strecke zu fliegen. Er hatte allerdings gute Gründe: der Regenwald war für ein Ultraleichtflugzeug denkbar ungeeignet, und bei unserem Gesamtgewicht wäre es eine Dummheit gewesen, es trotzdem zu versuchen. Der Gebirgspaß hinauf nach Nkongsamba sollte auch sehr schwierig sein; selbst für stärkere Flugzeuge gab es dort gefährliche Turbulenzen. Wir konnten die ganze Reise nicht schon auf der ersten Etappe nur eines Prinzips wegen gefährden. Also packten wir kurz entschlossen unseren Motordrachen auf einen Lastwagen und fuhren nach Norden, wo sich der Urwald lichtete und die Savanne Notlandungen möglich machte. An Straßensperren fragten die Soldaten zwar, ob wir eine Rakete zum Abschuß auf libysche Stützpunkte im Tschad dabei hätten, aber sie ließen uns durch.

Der geeignetste Flugplatz für unseren Start war Koutaba. Er sah neu und noch unbenutzt aus. Zum Glück war die Start- und Landebahn in Betrieb, aber die Gebäude waren noch nicht fertiggestellt, und angesichts der herrschenden Wirtschaftskrise würde das vermutlich auch noch ein paar Jahre dauern. Der Ort wirkte verlassen. Wir suchten den Flugsicherungslotsen, dem wir unseren Flugplan vorlegen mußten, aber der Mann war zu irgendeiner örtlichen Veranstaltung gegangen.

Ich begab mich auf die Suche nach ihm. Sie führte mich auf einer unbefestigten Straße hinter der Stadt in den Busch hinein, bis zu einer Fahnenstange, um die sich eine Menge Leute versammelt hatten. Man feierte die Einsetzung eines neuen Bürgermeisters. Alle Häuptlinge und Würdenträger aus der Gegend hatten sich in Festkleidung eingefunden. Den Begrüßungsansprachen zollten sie mit Händeklatschen, Trommelwirbeln und Hornstößen Beifall. Ab und zu wurde sogar einer der Sätze eines Redners mit freudigen Zurufen oder dem Knarren von Bambusrätschen bedacht. Den neuen Bürgermeister schmückte man mit bunten Schärpen.

Männer mit Kopfschmuck aus Stachelschweinstacheln und Federn liefen singend und reich verzierte Schrotflinten mit langen Läufen schwenkend auf die Fahnenstange zu, warfen ihre Flinten in die Luft, fingen sie wieder auf und feuerten ohrenbetäubende Salven in den Himmel. Andere schwangen lange Macheten, deren Klingen sie gegeneinanderschlugen, während sie auf die Fahnenstange zustürmten.

Noch mehr Tänzer tauchten auf, einer mit einer hohen Holzmaske auf einem Kragen aus Palmenbast. Ihre bunte Vielfalt erinnerte mich daran, daß in Kamerun über hundert verschiedene Stämme leben. Die männlichen Zuschauer trugen reich bestickte Gewänder und Käppchen oder hohe Pillenschachtelhüte oder eine Art schlapp herunterhängender Nachtmütze. Die Frauen glänzten in Sarongs und schimmernden Kopftüchern. Neben mir stand einer der Hornisten: Wie er die Backen aufblies und wie seine Augen hervorquollen, wenn er ins Horn stieß! Ein anderer benutzte einen 60 cm langen Plastikschlauch als Trompete.

Ein Regierungsvertreter kam herbei, um mir zu sagen, daß ich mich auf militärischem Gebiet befände, Koutaba sei ein Militär- und Luftwaffenstützpunkt. Dann stellte er einen Polizisten dazu ab, mich auf dem Festplatz herumzuführen. Den Flugsicherungslotsen fand ich zwar nicht, dafür aber den Flughafenkommandanten, der sich sehr kooperativ zeigte und mich sogar zum abendlichen Ball anläßlich der Amtseinführung des neuen Bürgermeisters einlud.

Obwohl wir schon bei Morgengrauen aufstanden, brauchten wir lange, bis wir unser Gepäck an Pegasus befestigt hatten. Es bestand aus zwei Gepäcktaschen für Kleidung und Dankgeschenke, Ersatzteile und Öldosen, die rechts und links der Sitze festgemacht werden mußten. Obendrauf kam der Ersatzpropeller und unter meinen Sitz die eiserne Ration. Unsere Schlafsäcke schnallten wir an die Stange zwischen Gondel und Tragfläche; und Benzintrichter, Kartentasche, flexibler Benzinkanister, Wasserflaschen und alle sonstigen losen Gegenstände mußten besonders gut festgebunden werden. Denn wenn sich während des Fluges irgend etwas löste, würden wir es nicht nur verlieren, sondern es würde höchstwahrscheinlich in den

Propeller geraten und ihn womöglich zerbrechen. Erst um 9 Uhr vormittags waren wir fertig. Wir legten einen Flugplan vor, der uns mehrere Tage Spielraum für unvorhergesehene Zwischenfälle ließ, aber wir konnten keine Wettervorhersage bekommen. Eine große Menschenmenge sammelte sich um uns, die aber auf der riesigen geteerten Startbahn überraschend klein und verloren wirkte. Zum Glück hatten wir für den Start Platz im Überfluß, denn wir hatten um einiges mehr als das empfohlene Höchstgesamtgewicht von 192 Kilo; David und ich wogen ja allein schon 120 Kilo.

„Das erste Wort, das man sich einprägen muß, ist STAIP", sagte David und spielte trotz der gaffenden Zuschauer den Fluglehrer. „S für Sicherheit: also, kontrolliere, ob Helm und Anschnallgurte fest geschlossen sind. T für throttle oder Gaspedal: Betätigungsprobe, es muß weich ansprechen. A bedeutet: alles frei um das Flugzeug herum, I für ignition oder Zündung: bitte einschalten; und P bedeutet Propeller." Dann rief er laut „Propeller frei" und zog das Starterseil.

Es folgten noch weitere Checks, der letzte hieß: „power check zum Start". Wir sausten über die Rollbahn – David steuerte –, hoben schließlich vom Boden ab und stiegen langsam durch leichte Turbulenzen höher. Vom Kontrollturm fragte man dauernd nach unserer Position; sie waren redselig, wir waren ihr einziger Flug heute. Ich strengte meine Ohren an, um sie zu verstehen, aber eine plötzliche heftige Turbulenz verjagte alles aus meinem Kopf, bis auf den Gedanken, daß Menschen sicher für vieles, aber nicht fürs Fliegen geschaffen sind.

Die unruhige Luft hielt bis über 600 m an, deshalb gingen wir auf 1800 m hoch, und da oben war ich dankbar für meinen dicken Fliegeranzug und zog ihn enger um den Hals und über die Handschuhe. Unter uns lag welliges Hügelland mit hohem verdorrtem Gras und verkohlten Feldern, auf denen man das Gras abgebrannt hatte, damit frisches Grün für die Zebus, die Buckelrinder, nachwachsen konnte. Wir entdeckten eine Zebuherde, die einem Hirten folgte. Die Herden der Bororo werden nicht getrieben, sondern geführt, sie folgen dem Klang einer Stimme. Die Bororo sind keine negroide Rasse, es sind große, gertenschlanke Nachkommen eines Stammes, der aus dem Nahen Osten einwanderte und sich unterwegs mit den Berbern Nordafrikas vermischte. Gleichgültig gegenüber moderner Zivilisation zogen sie ihr Nomadenleben vor, und nur die Suche nach Weidegründen für ihr Vieh hatte sie so weit in den Süden geführt.

Pegasus flog ruhig, ohne Stottern, und David schien zufrieden. Wir schwebten in einigem Abstand an Foumban vorbei, trotzdem konnte ich das dreibogige Stadttor und den Palast der Bamoun-Könige, einer Negerdynastie, erkennen. Mbombo, ein König des 17. Jahrhunderts, war berühmt wegen seiner 700 Frauen; aber der bedeutendere war Njoya, der Erbauer der Hauptstadt, deren neuartige Architektur prächtig mit Holzschnitzereien verziert war, eine alte Handwerkskunst der Bamoun.

Als vorausschauender Mann hielt Njoya sehr viel vom Studieren. Lange bevor die Europäer kamen, hatte er bereits moslemische Bücher und eine Schule eingeführt, auf der ausgewählte Jungen erzogen wurden. 1895 erfand Njoya auch eine eigene Schriftsprache für sein Volk, eine Schrift mit Schnörkeln und Strichen, die er Shumom nannte.

David interessierte Foumban nicht, also ließ ich ihn bei seinen Kilometer- und Kraftstoffberechnungen auf dem Flugplatz außerhalb der Stadt zurück und fuhr mit einem Angestellten von Mobil, der den bezaubernden Namen Mama trug, in die Stadt. Mama erzählte mir, er habe sechsundfünfzig Geschwister. Sein Vater hatte sechs Ehefrauen gehabt, aber jetzt, da er tot war, war Mama das Oberhaupt der Familie. Er konnte Shumom sprechen, sein Vater hatte es ihm beigebracht.

Wir besuchten einen seiner Brüder, und während die beiden Neuigkeiten austauschten, plauderte ich mit der Ehefrau. Sie hatte ihr Haar in zweiundzwanzig dünnen Zöpfen nach oben geflochten, die sie über dem Kopf zusammengeschlungen hatte und dann als Schwanz zusammen nach unten fallen ließ. Auf ihre Schulter war eine doppelköpfige Schlange tätowiert, das Symbol von Foumban.

Am Palast trafen wir einen Bekannten Mamas, einen der Söhne des derzeitigen Königs, dem seine zweiunddreißig Frauen 107 Söhne und Töchter geschenkt hatten. Im Portal bemerkte ich eine Trommel, die größer war als ich selbst. Sie wurde nur geschlagen, wenn ein König starb. Die Balkone und Haupttüren aus geschnitztem Holz trugen ebenfalls das Motiv der Foumban-Schlange.

Die zwei größten Thronsessel im zentralen Raum waren der alte Thron Njoyas und der neue des derzeitigen Königs; sie waren aus Kaurischnecken gemacht, die früher in Westafrika als Zahlungsmittel dienten. Elefantenstoßzähne und mit Perlen geschmückte Sklavenstatuen beschützten ihn. Über dem Thron hing ein Foto des Königs, der zur Zeit auf Europareise war.

Nach Besichtigung des Palastes wanderte ich durch das Künstlerviertel. Foumban ist schon seit langer Zeit berühmt für seine Holz und Metall verarbeitenden Kunsthandwerker, besonders für die Bronzegußtechnik der „verlorenen Form“. In einem Atelier schaute ich eine Weile zu: ein Mann trennte aus einem fußballgroßen Klumpen Bienenwachs kleine und große Stücke heraus, ein anderer formte mit der Faust eine Mulde aus Ton, und ein dritter suchte das Metall aus, das geschmolzen werden sollte. Er hatte alte Wasserhähne und Laternenteile vor sich liegen.

Das Bienenwachs wurde zu einem Krug geformt, der dann innen und außen mit Ton umhüllt und neben die Esse gestellt wurde. Die Blasebälge, zwei an den Beinen zugebundene Ziegenhäute, betätigte ein Achtjähriger, das übliche Alter für einen Jungen, so sagte der Meister, um als Lehrling anzufangen. In den glühenden Kohlen standen seltsame Tonformen: kleine, die nur zwei oder drei Stunden gebrannt wurden; große, die 24 Stunden drin blieben. Die Glut brennt die Tonform und schmilzt das Wachs, dann wird die Form umgedreht, so daß das Wachs herauslaufen kann, und statt dessen Metall hineingegossen. Einer der Handwerker schlug gerade eine Form von einer Maske herunter, und zwei andere feilten die rohen Kanten von Bronzestatuen glatt.

Ich ging weiter, hielt gelegentlich an und schaute Holzschnitzern zu, die Geschichten aus dem Dorfleben in Tafeln schnitzten oder Gebrauchsgegenstände wie Siebe, Hocker, Schalen und Palmweingefäße herstellten. An einem Stand lud man mich ein, mich zu setzen und eine schnelle Partie Mbe mitzuspielen, ein Brettspiel mit Frinoir-Nüssen als Figuren. Mein Partner half mir, und obwohl ich die Regeln nie ganz verstanden habe, verlor ich nur knapp.

Von Foumban aus sollte uns ein kurzer Flug nach Banyo, 240 km im Norden, bringen. Zuerst folgten wir einer unbefestigten Straße, die sich in einem Flußtal in nördlicher Richtung an einem Gebirgszug entlangtastete; aber am wolkenlosen Himmel begannen sich bald überall bauschige Schönwetterwolken aufzutürmen. Das Problem war, daß wir nun nicht mehr genügend Bodensicht hatten, um unsere Position auf der Karte wiederfinden zu können. Immer mehr Wolken bauschten sich vor uns auf, und die Berge verschwammen.

Die nächste kleine Stadt hätte Magba sein sollen, aber wir wußten nicht, ob wir sie überflogen hatten oder nicht. David beobachtete die Bewegung der Wolkenschatten, um herauszufinden, aus welcher Richtung der Wind wehte. Es schien ziemlich starker Gegenwind zu herrschen. Ohne die Windgeschwindigkeit oder einen sonstigen Anhaltspunkt konnten wir unsere tatsächliche Geschwindigkeit über dem Boden nicht bestimmen. 70 km/h bei Windstille konnten mit Rückenwind 110 km/h sein. Es gibt kein Instrument, das uns hätte anzeigen können, wie schnell wir tatsächlich waren. Die anderen Piloten verlassen sich in der Regel darauf, daß die Wetterstationen ihnen die Meßdaten liefern. Wir jedoch flogen tiefer als sie, deshalb konnten wir für unsere Höhe keine genauen Werte erhalten. An klaren Stellen konnten wir die rote Lateritpiste unter uns wieder ausmachen und beobachten, wie der Schatten unseres Ultraleichtfliegers über die Hänge huschte. Es war eigenartig, ihn so weit unten zu sehen.

Nach Davids Berechnungen hatten wir Magba verfehlt. Aber wir mußten es finden, denn unser Motor fraß in alarmierendem Maße Benzin. Unser Normalverbrauch sollte zehn bis zwölf Liter pro Stunde betragen, und wir brauchten sechzehn. Es wurde immer unwahrscheinlicher, daß wir Banyo ohne Auftanken erreichen würden.

Gerade als ich anfing, die Situation unangenehm zu finden, kam über Funk die Stimme eines französischen Piloten, der ankündigte, er würde in zehn Minuten in Magba landen. David gab ihm unsere Höhe durch, damit wir ihm nicht in die Quere kämen, und fragte, wo wir seien. Einige Augenblicke später schoß er an uns vorüber. „Magba liegt acht Kilometer vor Ihnen. Und wie geht's Christina heute?"

Es war ein Pilot von Avia Service in Douala, wo unser Pegasus zusammengebaut worden war. Er brachte Inspektoren für den neuerbauten Damm nördlich von Magba hierher. Er landete und rollte rasch von der kleinen Staubpiste herunter, um uns Platz zu machen. Beim Landeanflug trafen wir auf absinkende Luft, und die Piste raste gefährlich schnell auf uns zu. Erst ein paar Meter über dem Boden zog David die Nase hoch und fing unseren Steilflug ab. Wir glitten noch ein Stück waagrecht und setzten perfekt auf.

Vom Avia-Piloten erfuhren wir, daß wir mit einem Gegenwind von 30 Stundenkilometern gekämpft, also für einen normalen Einstundenflug zwei Stunden gebraucht hatten. Unser Kraftstoff hätte also statt für 240 nur für 130 km gereicht. Weil es wenig Anzeichen dafür gab, daß der Gegenwind nachlassen würde, machten wir erleichtert Schluß für heute und nahmen die Einladung eines älteren Franzosen namens Roger an, der das örtliche Holzverarbeitungslager betreute. Roger lebte schon seit fünfzig Jahren in Kamerun und freute sich, Gäste zu bekommen. Aber ehe er uns zu einem ausgezeichneten französischen Mittagessen mitnähm, setzte er einen Wächter neben Pegasus. Im letzten Monat, erzählte er, waren Werkzeuge gestohlen worden, und er hatte einen Hexer rufen lassen müssen. Man hatte eine Liste mit Verdächtigen aufgestellt, und der Hexer hatte die heiße Asche bestimmter Kräuter auf die Liste gestreut, so daß nur noch drei Namen sichtbar blieben. Diese drei Männer hatte Roger dann gebeten, dafür zu sorgen, daß die Werkzeuge zurückgebracht würden, andernfalls müßte er den Hexer bitten, weiterzumachen. Am nächsten Morgen hatten die Sachen dann vor seiner Haustür gelegen.

Später, während David Zündkerzen und Filter reinigte, zeigte mir Roger das Sägewerk, und er erläuterte mir die Schwierigkeiten der Forstwirtschaft in einem Gebiet, in dem Dorfbewohner nach wie vor für den Getreideanbau nach Belieben mit Axt und Feuer roden und die dünne Ackerbodenschicht schnell auslaugt. Er zeigte mir Eisenholz, so schwer und hart, daß man keinen Nagel einschlagen kann, ohne vorher ein Loch zu bohren. Wir schauten uns auch Ebenholz an, und er erläuterte, daß die schwarze Farbe eigentlich eine Krankheitserscheinung im gesunden grauen Holz sei und daß mehrere Baumarten Ebenholz hervorbringen können.

Zum Abendessen gab es Couscous und Lammfleisch mit Bohnen und Nüssen, ein Rezept aus Kamerun. Hauptgesprächsthema an diesem Abend war unser Weiterflug nach Banyo. Bei starkem Gegenwind konnten wir zwar tief hinuntergehen und so vielleicht schwächere Winde finden, aber das wäre natürlich riskant, falls der Motor ausfiele. Ich fühlte mich zwar beteiligt, aber nicht verantwortlich. Die ganze Sache machte mich kribbelig, vielleicht nur deshalb, weil ich mich an das Gefühl, in einem offenen Cockpit zu fliegen, noch nicht gewöhnt hatte.

In dieser Nacht fand ich keine rechte Ruhe. Ich stand auf, ging hinaus und machte im Licht des fast vollen Mondes einen Spaziergang. Hinter dem Schein eines Buschfeuers erklang fernes Trommeln, das in Wellen herüberwehte, verebbte und wieder anschwoll. Als der Morgen heraufdämmerte, brachten mir die Vögel vor meinem Fenster trotz des nieselnden Taues, der von allen Blättern tropfte, ein lärmendes Konzert. Nach einem herzhaften Frühstück beluden wir Pegasus und manövrierten ihn ganz ans Ende der grasbewachsenen Landebahn, dann drehten wir ihn um zum Start.

David war besorgt, daß das nasse Gras und die feuchte Luft unsere Startstrecke noch länger werden lassen könnte, denn unser Übergewicht machte uns schon genug Probleme. Aber der wichtigste Faktor beim Abheben ist der Wind.

„Wir haben nicht genügend Wind“, sagte David, was mich verwirrte, da ich annahm, je windstiller, desto besser. „Wir rollen so lange am Boden, bis wir Fluggeschwindigkeit erreicht haben“, fuhr er fort. „Wenn wir die Nase in einen guten Gegenwind halten könnten, würde sich die Luftgeschwindigkeit über dem Segel zu unserer Rollgeschwindigkeit addieren, und wir würden sehr bald abheben. Wenn du versuchst, mit dem Wind zu starten, mußt du die Luftgeschwindigkeit abziehen, das bedeutet, daß sich der Anlauf um mehr als das Doppelte verlängern kann.“

„Und wie ist das beim Landen?“ fragte ich mich laut.

„Genau gleich. Beim Landen direkt gegen den Wind ist die erforderliche Strecke minimal, beim Landen mit Rückenwind braucht man ewig, bis man steht. Mach das ja nie und paß immer auf, daß du keinen Seitenwind hast – das kann die Hölle werden.“

Wir brausten die Startbahn hinunter, und ich klopfte David auf den Rücken, als wir nach 140 m, doppelt soviel wie unbeladen und mit Gegenwind, abhoben. Ich sah auf das wellige Buschland hinunter. Östlich von uns, wo früher ein Fluß mäandert hatte, gab es stellenweise dichten Wald. Wir hielten uns parallel zum Fluß und überflogen einen neuerbauten Staudamm, hinter dem der Wald in einem riesigen See unterging. Bäume ragten starr und kahl aus dem flachen Wasser. Die Inspektoren hatten erklärt, es würde ungefähr ein Jahr dauern, bis der Stausee voll sei, aber er sah schon jetzt sehr groß aus.

Die rote Straße nach Banyo kreuzte unsere Route westwärts. Wir flogen in gerader Linie über den Busch und überquerten in 2100 m Höhe eine Kette kleiner Berge. Die Hochebene bestand aus Grasland und Busch, es schien keine Hütten und kaum Menschen dort zu geben, nur hier und da Bororos mit ihren Viehherden.

Die Luft wurde böig, und David zeigte mir ein Phänomen, das er selbst noch nie gesehen hatte: eine doppelte Inversion mit einem Band blauen Himmels zwischen den Schichten aus warmer und kalter Luft. Sowohl die untere wie die obere Lage war turbulent, aber wir stellten fest, daß der blaue Streifen dazwischen ruhig war, und so flogen wir darin weiter. Wir schnurrten östlich an einer Bergwerksiedlung vorbei und näherten uns nach einem fast zweistündigen Flug Banyo.

Als wir hinter dem Berg von Banyo herschwebten, wurde unser Ultraleichtsegler von Windböen herumgestoßen. Der Landeplatz war schlecht erkennbar, er wurde selten benutzt und lag mehrere Kilometer außerhalb der Stadt. Wir kreisten über ihm, um einen Schäfer mit seinen Ziegen zu vertreiben; dann landeten wir. Sekunden vor dem Aufsetzen stieß ein Seitenwind eine unserer Flügelspitzen in die Höhe, und David hatte zu kämpfen, um das Segel wieder gerade zu kriegen. Aber die Seite ging erneut hoch. David beschleunigte und versuchte, in der Luft zu bleiben und das Gleichgewicht zum Landen zu halten. Auf einer Schwierigkeitsskala von 1 bis 6 hätte man diese Landung gut und gerne bei 5 einstufen können.

Bei traditionellen Flugzeugen lösen die Querruder das Problem der Seitenwinde. Ich mußte mich auf Davids lange Erfahrung mit Ultraleichtfliegern verlassen, und mein Vertrauen in seine Fähigkeiten wankte nie, obwohl ich merkte, daß er Zeit brauchte, um sich an das Fliegen mit vollem Gepäck zu gewöhnen.

Der Wind blies so stark, daß wir das Segel unseres Pegasus abmontieren und zusammenlegen mußten. Danach versuchten wir, mit dem flügellosen Trike in die Stadt zu fahren. Aber dafür ist es wirklich nicht geschaffen. Der Propeller wirbelte entsetzliche Staubwolken auf. Es gab doch auch kombinierte Land-Wasser-Luft-Fahrzeuge, wie die wohl gebaut waren? Der Weg eignete sich bald nur noch für Fahrzeuge mit Vierradantrieb, und wir hatten bloß drei Räder. Ehe wir den Propeller zerbrachen, ließ ich daher David lieber zum Flugplatz zurückfahren und ging zu Fuß in der Mittagshitze in die Stadt.

Nachdem ich Wasser und Lebensmittel besorgt hatte, wanderte ich wieder zum Landeplatz zurück und ruhte mich aus, während David Benzin holen ging. Unser Rastplatz lag unter einem dicht belaubten Mangobaum, neben dem wir auch das Ultraleicht-Trike geparkt hatten. Das einzig Beunruhigende hier war, daß auf drei

Seiten um uns Buschfeuer brannten und der immer noch starke Wind das Feuer geradewegs in unsere Richtung trieb.

Die Zeit verstrich, der Wind trug verbranntes Gras vorbei. Plötzlich nervös geworden, stand ich auf und ging prüfend herum: die rote Lehmstraße müßte eigentlich das Feuer östlich des Baumes aufhalten; die mickrige Rollbahn lief von der Mitte aus nach Westen, so daß zwischen uns und ihr auch noch ein etwa 800 m breiter Streifen Schutz böte. Das Knistern des brennenden Grases war schrecklich laut. Eine zehn Meter hohe Flammenwand wälzte sich auf die Rollbahn zu.

Aber an der Piste erlosch schließlich das Feuer, und durch den Rauch kam Nachmittagsbesuch: ein zufällig hier vorüberziehender Bororohirte mit seiner Herde, die er durch ständiges Rufen in Bewegung hielt, und zwei junge Männer in wallenden rosaroten Gewändern, die stehenblieben und Pegasus verwundert und entzückt betrachteten. Sie waren sehr höflich und grüßten mich umständlich, dabei hoben sie die Hände mit nach vorn zeigenden Handflächen in die Höhe. Jeder, der vorüberkam, grüßte so.

Bis David zurückkehrte, war das Feuer vorbeigezogen. Um sechs Uhr nachmittags ging die Sonne wie ein roter Ball unter, und auf der entgegengesetzten Seite des Horizonts stieg der Vollmond herauf. Ich machte Feuer und kochte unser Abendessen, dann kehrte ich für mein Bett trockenes Laub vom Mangobaum zu einem schönen, großen Haufen.

Das war die Art von Reisen, die ich mir vorgestellt hatte, damit kannte ich mich aus. Ich war glücklich, wieder in Afrika zu sein, trotz meiner Bedenken, was das Fliegenlernen anging. Bis jetzt hatte ich allerdings den Vordersitz noch nicht ausprobiert.

Bei Tagesanbruch takelten wir unseren Ultraleichtflieger wieder auf und starteten in Richtung Norden um den Banyo-Berg herum. Ich entdeckte einen ehemaligen deutschen Beobachtungsstand und die Route, auf der ich vor zwölf Jahren den Berg erklommen hatte, einen hohen Felskamin, durch den ich geklettert war, und die Felsen, aus denen eine Quelle entsprang. Der Gipfel war höher als unser Pegasus. Wir bogen auf Ostkurs in Richtung Tibati ab. David horchte beunruhigt, ob der Motor gleichmäßig lief; er war mit dem Benzin, das er in Banyo gekauft hatte, nicht zufrieden. Es hatte leicht geschäumt, und wir waren gewarnt worden, daß manche Leute Kerosin hineinmischten. Wir blieben deshalb auf 2400 m Höhe, denn so hatten wir größere Chancen, notfalls im Gleitflug sicher herunterzusegeln.

Das Land zog unter uns dahin, als ob es sich langsam aufblättern würde, während wir still hoch in der Luft saßen – bergige Zonen voller Wald, Dörfer umgeben von Fleckenteppichen aus Ackerland. Ich griff über Davids Schulter und übernahm für eine Weile den Steuerbügel. Pegasus flog mühelos, kein Problem, ihn vom hinteren Sitz aus zu lenken.

Plötzlich wurden wir hochgehoben und zur Seite gestoßen. „Nur eine Turbulenz, mach weiter", sagte David. Zum Glück waren es nur kurze Böen, aber Minuten später trafen uns noch mehr. Wir waren in eine kräftige Thermik geraten, heiße Aufwinde von einem Boden, der vor kurzem durch Buschfeuer verbrannt worden war. Ich haßte dieses Gefühl zutiefst, gleich würde mir der Steuerbügel aus der Hand gerissen werden, aber David half mir jedes Mal. Es kamen noch schlimmere Thermikstöße über noch brennenden Buschfeuern. Das Schlimmste an ihnen war die Abwindseite, und als ich bemerkte, daß Rauchsäulen den Himmel vor uns hellgrau trübten, gab ich David den Steuerbügel zurück. Die Brände verwüsteten das Land allerdings nicht wirklich. Wir sahen, wie schnell die Flammen das verdorrte Gras abbrannten, ohne die Bäume dabei zu beschädigen.

Nach zwei Stunden kam Tibati mit seinem ausgedehnten See in Sicht. Wir flogen um die Stadt herum und über den See. Tausende von kleinen Wellen glitzerten im dunstigen Licht. Da wir die Sonne im Rücken hatten, konnten wir teilweise auf den Grund sehen und erkennen, wie der Hauptzufluß die Seeufer angeschwemmt hatte. Einige Bäume standen halb im Wasser, und Palmen streckten gerade noch ihre runden Kronen über den Wasserspiegel heraus. Der Flugplatz neben der Stadt war von fast zwei Meter hohem Gras überwuchert, in dem sich nur zwei doppelte Reifenspuren abzeichneten. Ein Seitenwind machte mir angst, ich dachte an die gestrige Landung; aber wir setzten wunderbar auf, das Segel streifte gerade eben die Grasspitzen.

Ich fand eine Unterkunft für uns in der Katholischen Mission, und wir fuhren mit dem Motordrachen auf der Hauptstraße in die Stadt, ohne das Segel abzunehmen, obwohl es zehn Meter breit war. Die Polizei ging auf die unorthodoxen Ereignisse ein, indem sie einfach den gesamten Verkehr stoppte. Manchmal säumten Bäume die

Straße, und wir mußten uns hindurchmanövrieren. Am Kreisverkehr bogen wir nach rechts, fuhren bis zur Gendarmerie und parkten davor. Da war bestimmt der sicherste Platz für unseren Pegasus!

Während David am Nachmittag sein Kopfweh kurierte, erkundete ich den See in einem Einbaum. Als ich bei Sonnenuntergang zurückkehrte, war das Ufer vor der Stadt voller Leben; die Leute wuschen ihre Kleider und schlugen sie auf umgekehrte Boote oder seiften sich selbst ab. Unglücklicherweise schien das Rohr für die Wasserversorgung der Stadt genau von dieser seifigen Stelle abzugehen; aber jemand sagte mir, die Anlage funktioniere nicht, weil die Dieselrechnungen für die Pumpen nicht bezahlt worden seien und die Pumpen deshalb nicht mehr arbeiteten.

Ich holte unsere Kanister mit Superbenzin vom Depot, wo Mobil sie untergebracht hatte. Sechs Kanister waren da, doppelt so viele wie vereinbart, denn die liebe Mobil war auf Schwierigkeiten gestoßen. Das New Yorker Zentralbüro hatte entdeckt, daß es gegen die Vorschriften war, Luftfahrzeuge mit Benzin zu beliefern, erlaubt war nur Flugzeugtreibstoff. Mobil sah sich also gezwungen, uns mit Avgas zu versorgen. Unser Problem dagegen war, daß Ultraleichtflieger nicht Avgas, sondern Superbenzin (und eine Zweitaktermischung) brauchen. Wir hatten zwar Versuche mit geringwertigerem Kraftstoff gemacht, aber wir hatten keine Ahnung, wie unser Pegasus das Avgas mit seiner hohen Oktanzahl – einen viel feineren und explosiveren Treibstoff – vertragen würde. Zum Glück hatte man aber in Kamerun auch das Super dagelassen, so daß wir es mit einer Mischung aus beiden Sorten versuchen konnten.

Schulkinder begleiteten mich auf dem Rückweg zur Katholischen Mission. Der Pater nahm alle Kinder in seiner Schule auf, auch Moslems. Die Toleranz der katholischen Missionare gegenüber Andersgläubigen habe ich schon immer bewundert.

Nach Davids Berechnungen überstieg die nächste Etappe bis Ngaoundéré unsere Treibstoffreichweite. Also planten wir, daß ich am nächsten Morgen mit einem randvollen Zwanzig-Liter-Kanister per Anhalter fahren und David versuchen sollte, irgendwo auf der Straße zu landen, um mich unterwegs aufzusammeln. Falls er aber nicht landen könnte, würden wir uns in Ngaoundéré wieder treffen.

Ich hatte Glück und wurde von einem Pick-up, einem Transporter mit offener Ladefläche, mitgenommen, dessen Fahrer es nichts

Dörfer in den Mandara-Bergen in Kamerun. Die Rundbauten unten sind alte Hirsespeicher.

Weitere Hirsespeicher – ihre Bauart ist von Dorf zu Dorf verschieden.

Der Thronsaal des Emirs bei Bauchi mit den eindrucksvollen Gewölbebogen aus Lehm.

ausmachte, ab und zu in einem Dorf anzuhalten, damit ich mich erkundigen konnte, ob Pegasus schon vorübergeflogen sei. „Ein Flugzeug?“ fragten die ersten; ich erläuterte: „Es sieht eher aus wie ein Motorrad mit Flügeln“, ein älterer Mann antwortete: „Was wir gesehen haben, war ein Hubschrauber mit einem Sonnenschirm.“

In einem anderen Dorf erfuhr ich, daß David zu landen versucht hatte, aber die Straße war von Pfosten gesäumt, die das vereitelten; deshalb war er in nördlicher Richtung weitergeflogen. Eigentlich war ich ganz froh darüber, zur Abwechslung das Land wieder vom Boden aus betrachten zu können. Ich saß hinten auf dem offenen Lastwagen, der auf der unbefestigten Straße dahinholperte und Wolken von Staub hinterließ. Die Hütten in den Dörfern waren mit Bastmatten gedeckt, die fast bis zum Boden reichten, und die Menschen hier waren groß und anmutig. Manche Frauen trugen Tätowierungen im Gesicht und Ponyfransen über den Ohren.

Die Straße wurde allmählich immer holpriger. Ab und zu überquerte eine Herde Affen hastig unseren Weg. Eine Brücke war teilweise weggeschwemmt und die neue daneben erst halb fertig, die Pfeiler standen schon, aber die Fahrbahn fehlte. Wir mußten uns mit einigen der herumliegenden Planken eine Auffahrt auf die alte Brücke legen. Sie knarrten entsetzlich, als wir darüber fuhren.

Beim nächsten Halt in einem Dorf mußten wir tanken. Das Benzin war in kleine Plastikflaschen abgefüllt, es kam vom Schwarzmarkt in Nigeria. Der Fahrer war allerdings sehr mißtrauisch gegenüber dem Inhalt dieser Flaschen.

Kurz hinter Ngaoundéré wollten Soldaten an einer Straßensperre unbedingt mein Gepäck durchsuchen. Ich hatte eine Tasche mit Ersatzteilen für unser Flugzeug dabei, die sie umständlich ausbreiteten. Erst danach fiel mir ein, daß sie mich belästigten, weil sie Schmiergeld kassieren wollten. Ich halte jedoch nichts von Bestechung, deshalb beteiligte ich mich einfach an ihrer Suche.

Meine Kontaktpersonen in Ngaoundéré waren Jacques und Monique Duchene, ein französisches Ehepaar, das mir bei der Suche nach David half und uns einlud, seine Gäste zu sein. Unsere Berechnungen für die nächste Etappe ergaben, daß wir nicht mehr genügend Zweitakteröl hatten, und David lehnte nachdrücklich jeden Versuch mit weniger gutem Öl ab, denn im letzten Jahr hatte sich wegen eines minderwertigen Öls der Motor mitten im Flug festgefressen. Also ließ ich aus Douala eine 2-Liter-Dose Öl schikken. Es dauerte natürlich einige Tage, bis die Sendung eintraf; deshalb schlug David vor, daß ich in der Zwischenzeit auf den Pilotensitz wechseln und ein paar Unterrichtsstunden nehmen sollte.

Ohne schweres Gepäck zu starten, war kein Problem: Pegasus erreichte rasch Fluggeschwindigkeit und hob vom Boden ab. Wir stiegen auf 300 m hoch. Unter uns dehnte sich eine herrliche Vulkanlandschaft; ich konnte zwar nicht erkennen, wie viele Krater es waren, aber aus der Luft sah das Land aus wie von riesigen Pockennarben übersät, und in einigen dieser „Narben" glitzerten Kraterseen.

Ich lernte Kurven zu drehen, flache und steile, wobei die Vulkane als Richtpunkte dienten. Die Welt schien sich in Kreisen um uns zu drehen. Das einzige, was mich etwas durcheinander brachte, war, als David mir die Pendelstabilität unseres Pegasus demonstrierte: er kam aus jeder Neigung automatisch selbst wieder ins Gleichgewicht. David bewegte den Bügel, wir tauchten ab und stiegen wieder hoch. „Siehst du die Pfeilform des Segels und die flexiblen Enden hinter uns? Dadurch können wir Gleichgewicht halten und brauchen hinten keine Höhenflosse. Wir manövrieren mit Hilfe der sogenannten Gewichtsverlagerung. Wenn ich am Bügel ziehe, bewegt sich nicht die Tragfläche, sondern der Hängewinkel der Gondel verändert sich, wie bei einem Pendel." Ich schaute an der Mittelstange nach oben, sie war die einzige feste Verbindung zwischen Gondel und Tragflügel. „Wenn ich unseren Schwerpunkt verschiebe, ändert sich unsere Richtung. Jetzt zieh eine steile Linkskurve um diesen Krater." Ich brachte uns in Schräglage, indem ich den Bügel nach rechts drückte, also entgegengesetzt zu der Richtung, in die ich segeln wollte. Die Gondel schwang nach links und zog den Flieger in die Kurve.

„Jetzt tauch ab, dann laß den Bügel locker und beobachte, was geschieht." Ich gehorchte, und als ich locker ließ, pendelte Pegasus sich automatisch wieder ins Gleichgewicht, und der Abwärtsflug hörte auf. Ich hatte eine Heidenangst, aber David hatte natürlich recht: Pegasus war sicher, so sicher wie eine Achterbahn.

Aber was für ein Ausblick: wir entdeckten zwei große Wasserfälle und viele trockene Krater; einige davon waren fast ganz abgesprengt, es stand nur noch ein Stück des Vulkankegels. 1986 hatte einer der Krater im Hochland von Kamerun eine riesige Wolke

Giftgas ausgespien und zweitausend Menschen mit ihrem gesamten Vieh getötet. Nach einer Stunde gingen wir hinunter. Die Landung war gar nicht so schlecht, obwohl David mir beim Auspendeln und Schwingen der Gondel half. Jedenfalls gelang sie besser als die Landung nach meiner Flugstunde am Abend, als eine Windbö unter das Segel griff und eine Seite gefährlich nahe an den Boden drückte, während die Räder noch in der Luft schwebten.

Am folgenden Morgen war David sehr beschäftigt. Er umklebte den Plastiktank mit Bändern, damit wir den Stand des Kraftstoffes besser kontrollieren konnten, vermaßte die Ölkanne neu, in der er das 50:1-Benzin-Öl-Gemisch herstellte, und ähnliches. Bald war es zu windig für eine Unterrichtsstunde, und ich stapfte enttäuscht davon, um meinen Tag mit irgend etwas anderem auszufüllen.

Am Ufer eines runden, tiefblauen Kratersees, viele Kilometer südlich von Ngaoundéré, besuchte ich ein französisches Ehepaar, Freunde der Duchenes, in ihren Strohhütten. Es war ein erstaunlicher Platz zum Leben. Sie hielten Pferde und Hühner, deren Eier sie in der Stadt verkauften. Ein Hund jagte zwei Katzen unter die lang herunterhängenden Strohränder eines Hüttendaches.

Am Seeufer lag eine Anzahl Wasserfahrzeuge, und ich entschloß mich zu einer Fahrt auf einer Art selbstgebasteltem Tretboot, das jeden, der damit fuhr, über und über naßspritzte. Der Hund saß vorn bei mir, und so schaukelten wir langsam in die Mitte des Sees bis an den Wulst der Vulkanöffnung, aus der die Lava geflossen war. Unter den Klippen war es kühl in dem moosigen Schatten, und wenn man ins klare Wasser hinunterschaute, konnte man sehen, daß der See keine seichte Stelle besaß, die Seiten fielen steil in die Tiefe.

Schmiede und Hexer

Wir beluden Pegasus und verließen Ngaoundéré, flogen von einem glücklichen Intermezzo in das Neue, Unbekannte. Unser Tank reichte nicht bis nach Garoua, unserem nächsten Ziel; deshalb nahmen wir einen zusätzlichen Kanister Benzin mit und hofften, unterwegs irgendwo landen und den Tank nachfüllen zu können. Die Vulkane verblaßten, wir flogen nach Norden und stiegen über eine Gebirgskette immer höher. Ehe wir wieder tiefer gingen, gaben wir per Funk nochmals unsere Position durch, denn weiter unten klappte die Funkverbindung nicht, dafür kamen wir aber besser gegen den Wind an. Der Tower in Ngaoundéré hatte uns versichert, der Wind sei ruhig. Ob das stimmte, würde sich zeigen, wenn wir die vor uns liegenden Klippen erreichten, denn dort, hatte man uns gewarnt, träfen wir eventuell auf Turbulenzen.

Von den 1000 m Höhe über Ngaoundéré flogen wir hinunter in eine heiße Gegend, ein großes, flaches Becken, in dem Garoua lag, 240 m über dem Meeresspiegel. Die Ebene war übersät mit weißen Baumwollstapeln, ich konnte sogar die Baumwollbüschel an den noch nicht abgeernteten Sträuchern erkennen. Menschen mit Körben pflückten ohne Hast; andere bearbeiteten Hirsefelder, rote Hirse, aus der ein starker Wein gemacht wird, und weiße Hirse zum Essen. Bastzäune umgaben die Dörfer. Gruppen verlassener, zerfallener Hütten, die schon lange keine Dächer mehr hatten, lagen hingestreut wie zerbrochene Ringe auf der verbrannten Erde.

Wir schafften die Klippen ohne große Schwierigkeiten, und ich übernahm für eine Stunde das Steuer, um den Geradeausflug zu üben, obwohl uns der Wind seitwärts abtrieb wie einen Krebs. Im Westen konnte ich die Route sehen, der ich 1975 zu Pferd gefolgt war. Das war keine leichte Reise gewesen: oft gingen mir Wasser und Lebensmittel aus, aber ich lernte zu überleben. Ich folgte damals einem Schmuggelpfad der Erdnußhändler, und es war meine erste Reise mit dem Pferd. Es lagen Welten zwischen damals und heute, doch als ich hier wieder auf meine Spur stieß, kam mir das Leben zeitlos vor.

Unser fliegendes Pferd brummte ruhig dahin, kein einziger Aussetzer im Motorgeräusch, und ich prüfte auf unserer selbstgemachten Benzinuhr, ob wir schon zum Auftanken hinunter mußten. Es war nicht leicht, im Busch ein offenes Gelände zu finden, aber die Straße nach Garoua war gut geeignet, und wo die hohen Grasränder abgebrannt waren, war sie auch breit genug. Kein Verkehr in Sicht – wir gingen hinunter, setzten auf der Straße auf und sprangen schnell aus der Gondel, um Benzin nachzufüllen. Wir waren fast fertig, da kam ein Lastwagen. Ich winkte, damit er abbremste, und David zog das Segel an der einen Seite tief auf den Boden, dadurch ging die andere so weit hoch, daß der Lastwagen darunter hindurchfahren konnte.

Wieder in der Luft, überflogen wir ein ausgedehntes Buschfeuer. Wir hielten uns östlich, aber als ich den Rauch roch, war ich beunruhigt, weil ich Böen erwartete. Insgesamt brauchten wir vier Stunden bis Garoua. Ganz steif und krumm erschienen wir dann beim Flughafenkommandanten, um ihm Bericht zu erstatten – und von ihm zu erfahren, daß die Sondererlaubnis für unseren Flug abgelaufen war und wir für unbestimmte Zeit am Boden bleiben mußten.

Die nächsten vier Stunden verbrachte ich damit, mich um eine Verlängerung unserer Flugerlaubnis zu bemühen. Ich habe mir angewöhnt, positiv zu denken und an die Hilfsbereitschaft und Effizienz der Beamten zu glauben. In Kamerun waren bis jetzt alle großartig gewesen, und auch dieser hier machte, nachdem das Eis geschmolzen war, keine Ausnahme. Er versicherte, er würde sein Bestes tun, um von Jaundé die Genehmigung zur Verlängerung unserer Erlaubnis zu erhalten. Aber für unseren Flug nach Norden in das 130 km breite, militärisch kontrollierte Gebiet neben Ndjemena, der Hauptstadt des Tschad, müßte ich den Militärkommandanten der Provinz selbst überreden. Ndjemena liegt direkt an der Grenze zu Kamerun, und der Tschad versuchte gerade, die Invasion der libyschen Streitkräfte zurückzuschlagen. Frankreich hatte dem Tschad Unterstützung geschickt, aber die Libyer waren gut ausgerüstet, sie besaßen Mig-Kampfflugzeuge und für Angriffe ausgerüstete Luftstützpunkte im Tschad, und der Krieg wurde immer heftiger.

Der Kommandant jedoch gab uns einen einfachen Rat. Wir sollten Ndjemena, kurz bevor wir in dessen Luftraum einflogen, über Funk mitteilen, daß wir kein Kriegsflugzeug seien, und dann sehr tief fliegen, so daß wir auf den Radarschirmen nicht auftauchten. Ich warf ein, daß niemand ein Flugzeug, das mit einer britischen Flagge gekennzeichnet war, abschießen würde, aber er lachte und antwortete, die Libyer würden bestimmt annehmen, wir seien Spione und benutzten die Flagge als Tarnung.

Von Garoua nach Maroua, unserem nächsten Ziel, war es nicht weit, deshalb wollte ich, ehe wir abflogen, noch das ferne Mandaragebirge sehen, eine Auffaltung aus tiefer liegenden Gesteinskomplexen, die aus der weiten Ebene zwischen Garoua und dem Tschadsee wie ein riesiger Gebirgsknoten mit fast 1500 m Höhe herausragen.

Also mietete ich für ein paar Tage einen kleinen Pritschenwagen mit Fahrer. Die Vorgebirge bestanden aus unordentlichen Haufen abgerundeter grauer Felsen mit rosa und cremefarbenem Grasland dazwischen. Einige Bäume standen in Blüte, andere reckten kahle Äste in den Himmel, auf denen Geier hockten. Wir durchquerten ein ausgetrocknetes Flußbett, in dem Wasserlöcher ausgehoben worden waren. In einem davon badete eine Gruppe Frauen, die wegrannten und sich versteckten, als wir auftauchten, vielleicht weil es jetzt in Kamerun gesetzlich vorgeschrieben ist, daß alle Menschen Kleider tragen müssen. Wir trafen Frauen auf dem Weg zum Markt, in rotbraune und ockergelbe Übertücher gewickelt, ihre Waren sauber gebündelt auf dem Kopf balancierend. Sie nennen sich selbst Mafa, andere nennen sie Matakam, das heißt „die, welche hart arbeiten", und ich habe auch den Namen Kirdi gehört, was „gottlos, heidnisch" bedeutet. Historisch eine verfolgte Minderheit, wurden sie immer von moslemischen Kriegsbanden und Sklavenhändlern angegriffen und zogen sich deshalb in die einsamsten Teile der Gebirge zurück; dadurch konnten sie ihre Traditionen bewahren. Man hielt sie für zu barbarisch und an der Zivilisation nicht interessiert und ließ sie in Ruhe, so gerieten sie bis vor kurzem in Vergessenheit. Nun hat auch sie eine gewisse Entwicklung erreicht, und ihre Kultur beginnt zu verschwinden.

Auf den Kuppen hockten eng zusammengekauert kleine Weiler aus runden Hütten mit hohen Kegeldächern wie Hexenhäuser. Die scharf zulaufende Dachspitze war mit Kreuzstichen aus Bast zusammengenäht und endete in einem dekorativen Strohbüschel. Weit dahinter konnte man in den Umrissen des Gebirges Felstürme erkennen.

Hinter Mokolo wurde die Straße schlecht, aber die Landschaft bot Erstaunliches: einzeln stehende Felstürme, die wie Daumen in die Höhe ragten, und gezackte Felskämme. Im Dorf Kapsiki war Markt, der Fahrer und ich aßen zu Mittag: Zuckerrohr, Guajave (eine birnenähnliche Frucht), Beignets (frittierte Bällchen aus Bohnenteig) und Rindfleischstücke, paniert mit zermahlenen Erdnüssen und Pfeffer, die man sich frisch braten lassen konnte. Das rohe Fleisch war voller Fliegen, also bat ich den Jungen, mir ein Stück von unten aus dem Haufen zu geben, denn ich hatte Davids Bauchwehanfälle noch gut im Gedächtnis. Der Junge zog zwar ein sauberes Steak heraus, aber dann knetete er es mit seinen schmutzigen Händen. Hier kann man einfach nicht gewinnen! Trotzdem schmeckte es sehr gut.

Das dichteste Gedränge herrschte dort, wo es Hirsebier gab. Die Leute hockten in Unterständen mit Dächern aus Bastmatten und hielten Kalebassen mit dickflüssigem, grauem Bier in den Händen. Manche tranken paarweise. Sie sagten, das sei ein Brauch, denn wenn man mit einem Mann den Becher geteilt habe, könne man dessen Frau nicht verführen.

Wir fuhren weiter, an dem malerischen Dorf Rhumsiki vorbei; ich wollte sehen, ob noch irgendwo die alte Kunst des Eisenschmelzens praktiziert wurde. Vor einem der Dörfer, an denen wir vorüberkamen, hatte ich einen 2,70 m hohen Schmelzofen aus Lehm gesehen, der wie eine rohe menschliche Gestalt geformt und auf der Vorderseite mit herausstehenden Stecken geschmückt war. Ich suchte den Schmied. Er wohnte aber nicht im Dorf, und seine Schmiede lag noch weiter draußen auf den Land. „Kein Dorfbewohner“, so erklärte er mir, „würde je in mein Haus kommen, wenn ich die Schmiede daran angebaut hätte. Sie haben Angst vor meinem Handwerk.“

Schmiede sind die einzigen Kirdi, die kein Land bebauen oder Vieh halten. Die Leute fürchten sich vor ihren magischen Kräften, aber sie verachten sie nicht, denn Schmiede sind oft wohlhabender als Bauern. Trotzdem können ihre Kinder keine normalen Dorfbewohner heiraten, sondern nur Söhne und Töchter anderer Schmiede. Dieser hier rief seinen Sohn, er war sieben Jahre alt und gleichzeitig sein Lehrling, und wir gingen hinaus zur Schmiede.

Neben ein paar niedrigen Felsen stand ein hoher Ofen aus Lehm, davor waren zwei Schüsseln in den Boden eingelassen, von denen unter der Erde Rohre zum Ofen führten. Der Schmied zog zwei Tierhäute über die Schüsseln, die er luftdicht verschloß: das waren die Blasebälge. Sie zu treten war die Aufgabe seines Sohnes. Währenddessen erzählte mir der Schmied, wie er in der Regenzeit im Busch nach Kupfer sucht, weil dann die Regenfluten die Erde darüber wegspülen. Er mischt es mit anderen Metallen und stellt daraus Messer, Krüge, Tabakpfeifen und Armreifen für Frauen her. Bevor wir den Rückweg antraten, löschte er das Feuer und verwischte alle Spuren unseres Besuches.

Als ich mir ein paar Kilometer weiter ein Dorf ansah, wurde ich einem Hexer vorgestellt. Es gab zwei in der Gemeinde, dieser war der ältere und geschätztere. Die Dorfbewohner kamen zu ihm, um den Grund für Mißstimmigkeiten, häusliche Schwierigkeiten, heimlichen Groll herauszufinden oder um seinen Rat zur Vermeidung oder Überwindung von Mißgeschick einzuholen. Wahrsagen war eine seiner wichtigsten Aufgaben, und die Leute empfahlen mir, ihm eine Frage über meine Zukunft zu stellen. Ich wußte eine, die mich schon lange beschäftigte. Der Hexer bedeutete mir, mich ihm gegenüber niederzusetzen und zu fragen, was ich wissen wollte.

Also sagte ich: „Werde ich das Ende meiner Reise erreichen, ohne daß mein Flugzeug kaputtgeht und ich mir die Knochen breche?"

In eine Lehmschüssel mit feuchtem Sand legte der Hexer einige Kalebassenscherben; die darauf eingeritzten Muster standen für die verschiedenen Aspekte meines Problems, die Zeit und die Ereignisse. Um den inneren Rand legte er kurze Bambusstecken für die Identität und die Situation des Fragestellers, dann gab er etwas Wasser hinzu und legte einige Holzstücke in zentrischem Muster dazu, die das Böse und die Tragik symbolisierten.

Ein neugieriges Kätzchen kam und versuchte, aus einer Schüssel Wasser zu schlabbern, in der eine lebende Krabbe schwamm. Krabben gelten als die auf Erden wohnenden Verbindungsglieder zur Gottheit, als Orakel der Wahrheit. Der Mann nahm die Krabbe, setzte sie auf den nassen Sand in der Schüssel und deckte das Ganze mit einer umgestürzten Schale zu, damit die Krabbe genügend Platz hatte, sich im Dunkeln fortzubewegen.

Nach fünf Minuten hob der Hexer den Deckel ab, setzte die Krabbe ins Wasser zurück und begann, die von ihr verursachte

Unordnung zu untersuchen. Über die Gartenmauer hinweg betrachtete ich die gezackten Gipfel der Berge. Ich spürte, daß ich im Innersten immer noch Angst vor dem Fliegen hatte und das unterschwellige Gefühl, ein Unfall sei unausweichlich und lauere geradezu auf mich, nicht loswerden konnte, weil ich die Dinge nicht unter Kontrolle hatte. Aber der Hexer sah das anders. Er sagte, es gäbe nichts zu befürchten. Ich bat ihn, genauer zu werden, und er versicherte mir, daß weder ich noch David, noch unser Flugzeug während unserer Reise einen ernsthafteren Schaden erleiden würden. Ich glaubte ihm nicht wirklich.

Bevor ich ging, gab er mir seinen Segen. Ich stand vor der Schüssel, er goß ein bißchen Wasser in eine Topfscherbe, spuckte hinein und tröpfelte den Inhalt auf meine Zehen.

Für den Rest des Tages lieh ich mir ein kleines, drahtiges, braunes Pony. Es trug ein hartes, ringförmiges Gebiß im Maul, und der Sitz hinter seinem hohen Sattelknopf war mit einem roten Teppich gepolstert. Der Besitzer war überzeugt, es würde mir nicht gehorchen; also herrschte ich es zuerst an, dann sprang ich auf und galoppierte lässig davon.

Eine herrliche Landschaft öffnete sich vor mir. Die leichte Brise trug den Klang von Trommeln und Gesang übers Land. Auf einer Hügelkuppe sah ich drei Frauen in einem Steinkreis stehen und mit langen, paddelähnlichen Flegeln Hirse dreschen. Es war Bierhirse, wie sie erklärten. Die Körner wurden anschließend gesiebt und mit Steinen zerstoßen, danach ließ man sie in Wasser vergären.

Später hielt ich neben einem Mann, der gerade eine Buschratte in ihren Bau jagte. Ich sah zu, wie er sie ausgrub, an ihrem haarlosen weißen Schwanz fing und ihr an einem Fels den Schädel zerschmetterte. Er zeigte mir ihre Zähne und die langen, abgerundeten Schlappohren. Ihr Fleisch gilt in der Gegend als Delikatesse. Mein Pferd tänzelte die ganze Zeit nervös seitwärts und war froh, als ich weiterritt.

Die mit dichter Grasnarbe bedeckten Hänge waren steil und an manchen Stellen felsig, aber es gab zahllose Kletterpfade von Ziegen. Das Gebiet um Rhumsiki und Kapsiki lag nur knapp fünf Kilometer neben der nigerianischen Grenze, hier streifte man also besser nicht umher. Eine Frau kam aus Richtung der Grenze; auf dem Kopf trug sie eine Kalebasse voll piepsender Küken. In einem anderen Dorf in der Nähe schaute ich einem Mann zu, der auf einem selbstgemachten Webstuhl schmale Streifen aus Baumwolle webte. Er sagte, in einem Monat müsse er genügend Streifen haben, um Hemden für das alljährliche Fest nähen zu können. Zu dieser Jahreszeit schnitt man auch das Gras für die neuen Matten für Wände und Dächer. Ich gönnte dem Pony eine Ruhepause und sah einem Mann zu, der eine neue Kappe für sein Dach machte: er verflocht die Strohhalme miteinander und ließ auf der Spitze eine Garbe aus Grasfedern stehen.

Die späte Nachmittagssonne tauchte die Felstürme in rotes Licht. Als die Sonne unterging und ich kurz vor dem Dorf anlangte, aus dem mein Pferd stammte, sah ich eine Reihe Trommler und Flötenspieler über die Hügel kommen. Der Dorfhäuptling sagte, sie kämen zu seinem Stammesfest, und lud mich ein, dazubleiben und das Fest mitzuerleben. Als ich das Pony in den Stall zurückgeführt hatte, fing der Tanz auch schon an.

Fünf Männer mit Schilden und gezückten Schwertern näherten sich tanzend den Zuschauern, so als wollten sie angreifen. Einige hatten Lederköcher mit langen Fransen über dem Rücken oder gekreuzte Schärpen aus weißem Tuch. Frauen schüttelten Rasseln und stießen hohe trillernde Laute aus. Der Häuptling saß da und wedelte mit einem Pferdeschwanz, den er als Fliegenklatsche benutzte.

Der Tanz entwickelte sich fast unmerklich weiter. Der Häuptling stand auf, ging im Kreis und wirbelte herum; sein langes Gewand umflatterte ihn, dabei schwenkte er den Pferdeschwanz über seinem Kopf. Im Hintergrund, hinter einem Trommler, begannen alte Frauen zu singen, andere begannen langsam in einer Reihe zu tanzen, die Arme gegenseitig über die Schultern geschlungen. Zwei brachen aus der Reihe aus, beugten sich vor, legten die Hände auf die Schenkel und ließen heftig die Bäuche tanzen.

Nun fingen die anderen Frauen an, auf einem Bein zu hüpfen, hochzuspringen, sich niederzuhocken und zu klatschen. Die Flötenmusik schrillte in die Nacht hinaus, und das Trommeln hallte von den Bergen zurück. Das Finale bildete ein Männertrio, wieder mit gezückten, entblößten Schwertern – einer hielt seinen Schild flach, was Gehorsam gegenüber dem Häuptling ausdrücken sollte –, und steigerte sich am Schluß zu einem noblen Crescendo.

Mein Chauffeur vom Vormittag erinnerte mich an den miserablen Zustand der Straße, wir wollten ja noch nach Maroua weiter.

Tagsüber war er vernünftig gefahren, aber in der Nacht schlug er alle Vorsicht in den Wind. Er raste schleudernd über Furchen und Steine, bis wir so hart auf einen scharfkantigen Fels knallten, daß der Reifen platzte. Zum Glück besaß der Pritschenwagen ein Ersatzrad, aber bei all den Pannen, Straßensperren und Sicherheitskontrollen hatte ich zeitweise das Gefühl, daß wir Maroua nicht vor dem nächsten Morgen erreichen würden.

Am nächsten Tag mußten wir ein Stück nach Norden fahren und irgendwo Benzinkanister für unseren Weiterflug deponieren. Auf dem Rückweg durch stark zerklüftete Berge verirrten wir uns. Schließlich gelangten wir in ein Dorf auf einem Berg, dessen Häuptling vierundvierzig Frauen hatte.

Das Eigentümlichste an diesem Dorf war, daß nichts auf ebenem Boden stand, alles war an die schroffe Felsspitze geklebt, und es gab mehr Hirsespeicher als Wohnhütten. Jede Frau besaß zwei Speicher. Ich wurde in das umzäunte Grundstück des Häuptlings gebeten, es war ein Wald von Speichern, jeder dreimal so hoch wie ich selbst. Man benutzte eingekerbte Äste als Leitern zum Einstieg, aber nur der Besitzer durfte hinein. In anderen speicherähnlichen Bauten, die so eng beieinander standen, daß nur eine Person zwischen ihnen hindurchschlüpfen konnte, wohnten die Frauen. Die Türlöcher trugen runde Symbole, die meisten fand ich auf der Tür der Hauptfrau. Jede Frau hatte einen eigenen runden Schlafraum mit einem aus Lehm geformten Bett, eine Küche in Form der Speicher, mit Tonkrügen für Wasser, einem Mahltrog und flachen Steinwerkzeugen.

Mitten auf dem umzäunten Grundstück des Häuptlings stand ich plötzlich Auge in Auge einem mächtigen Stier gegenüber, der hinter einer Barrikade aus Holzscheiten, Stämmen und Felsbrocken eingesperrt war. Er stampfte und brüllte so sehr, daß ich Zweifel bekam, ob die Barrikade ihm standhalten würde. Der Stier war der ganze Stolz des Häuptlings, er sollte in einem Monat bei dem Maray-Fest geopfert werden, einem wichtigen Gedenkfest zu Ehren der Vorfahren. Einer der Häuptlingssöhne zeigte mir den Altar, an dem vor dem Schlachten gebetet wird, und einen Raum mit einem Doppelaltar und einen weiteren mit dem Grab eines verstorbenen Häuptlings. Nur wenige Männer dürfen einen Stier opfern. Dieses Privileg kann entweder vererbt oder von einem Mann erworben werden, der bereits an sechs Marays teilgenommen hat. Ehe ich mich verabschiedete, zeigten mir ein paar Jungen, wie sie aus Hirsehalmen Spielzeug machten. Sie schnitten die Halme in kurze Stücke und steckten diese auf Bambusspäne, so daß komplizierte kleine Fahrräder oder Lastwagen entstanden. Auch einen Flieger hatten sie gebastelt, aber er sah noch weniger einem Flugzeug ähnlich als Pegasus.

Ich hatte gehofft, von Maroua aus nach Norden in den Waza-Nationalpark weiterfliegen zu können, mußte jedoch feststellen, daß wir nicht starten durften. Auf einem unserer Dokumente fehlte eine amtliche Unterschrift. Ich brachte das auf der Gendarmerie in Ordnung und bereitete alles für unseren Abflug um halb sieben Uhr morgens vor, aber wir wurden erneut festgehalten. Um halb zehn schafften wir es schließlich; bis dahin war der Wind allerdings sehr böig geworden. Wie üblich konnten wir keine Wettervoraussage erhalten, nur, daß in Bodennähe Wind herrschte, und das sagte wenig darüber aus, wie es in der Höhe aussah: Südwind am Boden kann in 600 m Höhe Ostwind sein.

In der ersten Stunde blieben wir auf 900 m; wir flogen schneller als sonst, weil David die Stellung des Segels verändert hatte. Wir brauchten die Höhe, denn wenn wir abzusteigen versuchten, gerieten wir in Zonen abwechselnd kalter, heißer, wieder kalter und wieder heißer Luft, wodurch Inversionen entstanden, in denen wir unangenehm herumgestoßen wurden. Ich navigierte. Die Landmarken bis zu der ausrangierten sandigen Landepiste und der Hütte, in der ich unsere Benzinkanister deponiert hatte, hatte ich mir vorher notiert; sie waren leicht zu finden. Wir tankten auf und ließen den Rest Treibstoff der Familie zurück, die dort wohnte und darauf aufpaßte. Wir versprachen, in ein paar Tagen wiederzukommen. Dann flogen wir in nördlicher Richtung an einer Reihe von Wasserstellen entlang, die durch Rinderspuren miteinander verbunden waren. Es gelang uns nicht, eine Funkverbindung mit Ndjemena zu bekommen, unser Sender reichte nicht so weit; also gingen wir sehr tief, um nicht von den Radarschirmen des Militärs erfaßt zu werden. So flogen wir in einer Höhe zwischen zehn und zweihundert Metern dahin und ließen unser Funkgerät auf der Frequenz von Ndjemena eingestellt, damit wir hören könnten, ob sie uns entdeckten.

Ich hoffte, daß wir uns nicht zu sehr in Gefahr begaben, und mußte an meinen Vater denken, der im Zweiten Weltkrieg Segelfliegerpilot gewesen war. Nach der Landung der Alliierten in der

Normandie war er in das Schlachtfeld von Arnhem geraten. Ich hatte nicht vor, ihm nachzueifern. Wie sollte ich es je Davids Eltern erklären, wenn wir abgeschossen würden?

In Waza landeten wir nicht auf der Piste. Neben dem Wazaberg entdeckten wir ein flaches Gelände, das uns geeignet erschien. Unseren Pegasus versteckten wir in einem hohen Gebüsch. Wir wollten uns den für seine Elefanten berühmten Naturpark vom Boden und aus der Luft ansehen. Es waren nur wenige Straßen offen; die weiten Ebenen mit ihrem lehmigen Untergrund sind sechs Monate im Jahr unzugänglich. Mit dem Wagen gelang es uns jedoch, Herden von Pferdeantilopen und Damalise, Tiere mit vier Hörnern, zwei nach vorn und zwei zur Seite, aufzuspüren. Giraffen mit ihren Jungen galoppierten gemächlich davon, Warzenschweine flohen mit hochgestellten Schwänzen. Schließlich entdeckten wir auch ein paar Elefanten, und unser Führer brachte uns zu Fuß näher an sie heran.

Für mich aber war der Höhepunkt dieses Besuches der Sonnenuntergang, als wir an einem Teich saßen und Schakale mehrere hundert Wildenten aufjagten. Sie flogen auf und teilten sich in einzelne Schwärme, die sich gegenseitig in unterschiedlicher Richtung umkurvten.

Am Morgen sahen wir uns Teich und Naturpark, Antilopenherden und Giraffen aus der Luft an und folgten Elefantenfährten, die selbst aus 200 m Höhe klar zu erkennen waren. Es gab viele Wassertümpel und Schlammsuhlen in den verschiedensten Farben, von milchigem Blau und bleichem Grün bis zu Beige und Braun; zum Teil waren sie mit gelbgrünem Unkraut bedeckt, oder es schwammen Wasserlilien darauf.

Unser Radio schnatterte auf französisch, die Flugkontrolle von Ndjemena sprach mit einem französischen Piloten. Wir blieben ruhig und gingen tiefer, obwohl wir nicht die französischen, sondern die libyschen Kampfflugzeuge fürchteten. Plötzlich sahen wir eine Herde von etwa sechzig Elefanten, durch das Geräusch unseres Motors aufgeschreckt, in wilder Flucht davonjagen. Wir hatten sie nicht stören wollen, aber es war ein herrlicher Anblick, und wir drehten einen weiten Bogen, um sie auf ihren ursprünglichen Pfad zurückzutreiben. Dann bogen wir nach Westen ab über den breiten, abgebrannten Streifen, der die wilden Tiere von der Stadt Waza fernhalten soll.

Wir wollten nun nach Maroua zurückfliegen und von dort aus direkt nach Nigeria. Aber zunächst landeten wir unterwegs und tauschten die Plätze, ich sollte eine Unterrichtsstunde bekommen. David wollte mir Schräglage und Rollbewegungen beibringen, und ich mußte steigende und fallende Kurven drehen. Die mit Felsbrokken übersäten Berge unter uns machten mir meine Verletzlichkeit bewußt. Nach einer Stunde schmerzten mir die Arme, meine Muskeln wurden hart und verkrampft. Die Thermik war gering, aber für eine Anfängerin Herausforderung genug. Ich wollte sicher wieder hinunterkommen, hatte aber Angst vor der Landung. Deshalb war ich sehr erleichtert, als David an mir vorbei nach dem Steuerbügel griff. Aber es wurde auch für ihn nicht einfach, uns sicher auf die Erde zu bringen.

Die Einreiseformalitäten am Nachmittag verschoben wir bis zuletzt, das war ein Fehler. „Sie müssen uns Ausreisevisa vorlegen, die von einem Büro auf der anderen Seite der Stadt gestempelt sein müssen. Wir schließen in fünf Minuten."

Ich ließ David zurück, damit sie nicht schlossen, hielt einen Wagen an und raste zu dem Amt, um die Ausreisestempel zu bekommen. Das Büro war zwar geschlossen, aber ich fand einen Mann, der es für mich noch einmal öffnete. Dann eilte ich zurück, holte David und die Ausreisevisa, und schon tauchte das nächste Problem auf: Davids Impfpaß entsprach nicht den Vorschriften. Der Arzt fuhr gerade vor der Klinik ab, wir konnten ihn noch anhalten, und auch er öffnete freundlich noch einmal sein Sprechzimmer und unterzeichnete Davids Impfzeugnis.

Erst um Mitternacht kamen wir endlich zum Schlafen, und um sechs Uhr früh meldeten wir uns am Flughafen abflugbereit. Drei Stunden lang wurden wir noch festgehalten, dann konnten wir starten; aber nach ein paar Kilometern machte der Motor Schwierigkeiten. Ein Zylinder hatte sich gefährlich überhitzt, also kehrten wir schweren Herzens um.

Nach der Landung zerlegte David den Motor, und ich sah unser Gepäck durch, weil mir die vierzig Pfund Übergewicht Sorgen machten. Wir mußten vier zusätzliche Dosen Öl mitnehmen, weil es in Nigeria dieses Öl nicht gab. Ich verringerte unser Gepäck auf ein neues Minimum und ging zur Post, um die aussortierten Teile nach Hause zu schicken. Auf dem Markt gab es kein braunes Packpapier, nur ein paar alte Zementsäcke, aber man versicherte mir, das sei genauso gut. Ich hoffte nur, daß der Beamte auf der Post das nicht beanstandete.

Als ich zum Flughafen zurückkehrte, fand ich David in einem erbärmlichen Zustand vor, er sah bleich, dünn und krank aus. Er gab sich selbst die Schuld für das unerklärliche Versagen unseres Motors, was natürlich Unsinn war, und für seinen Gesundheitszustand, der sich rapide verschlechtert hatte. Der arme Mann litt unter schweren Magenkrämpfen, Rückenschmerzen, Kopfweh, Halsweh, und dazuhin hatte er sich böse die Hand aufgeschnitten. Aber seinen Job vernachlässigte er nie.

Am Nachmittag war der Motor testbereit, aber er wollte nicht einmal anspringen. David arbeitete bis zum Abend weiter, doch ohne Erfolg. Ich fand eine freundliche Familie in der Nähe, bei denen ich Essen für ihn kochen konnte und die ihm ein Bett anboten. Ich teilte die Schlafstelle mit ihren Kindern. Wir hatten eigentlich um vier Uhr morgens aufstehen wollen, schafften es aber erst um halb sechs. Wir waren unter Druck, weil unsere Visa für Kamerun jetzt abgelaufen waren. Um halb acht lief zwar der Motor, aber sein Tuckern war so kränklich und schwächlich wie Davids Aussehen. Ich hatte vorher gesehen, wie David sich vor Bauchschmerzen am Boden krümmte.

Wir kamen überein, einen einheimischen Mechaniker sein Glück versuchen zu lassen, obwohl wir beide wußten, daß man eigentlich keinen Fremden an sein Flugzeug lassen sollte. Aber er war tüchtig und gründlich. Das Problem war, daß man am Motor anscheinend keinen Fehler entdecken konnte. David hatte die Zündfolge verändert und dann wieder zurückgestellt. Obwohl er und der Mechaniker die ganzen Innereien auseinandernahmen, konnten sie nichts finden.

Ein Probelauf verlief zufriedenstellend, also setzte mich David auf den Vordersitz zu einem Motortest- und Unterrichtsflug, der etwa eine halbe Stunde dauerte. Es war schon nach Sonnenuntergang, und das Tageslicht verschwand rasch, bald konnte ich den Flugplatz kaum noch erkennen. Aber der Motor klang gut. David übte mit mir Motorausfall und befahl mir zu landen. Wenn der Motor wirklich gestreikt hätte, wären wir bestimmt im Dreck gelandet. Ich drehte nicht schnell genug und war überrascht, wie steil wir ohne Motor herunterkamen. Besonders ärgerlich war, daß plötzlich auch noch der Bordfunk ausfiel und wir die Verbindung zwischen unseren

Helmen abschalten mußten; ich konnte also David nicht um Rat fragen oder Instruktionen von ihm bekommen. Selbst nachdem wir den Motor wieder eingeschaltet hatten, war unsere gemeinsame Landung nur sehr dilettantisch.

Am nächsten Morgen mußten wir unausweichlich starten. Wir hatten weder den Flugplan angemeldet noch die Route ausgearbeitet, und auch unser Funkgerät war inzwischen so defekt, daß es fast unbrauchbar war. David mußte seinen Helm abnehmen, um über unser Radiomikrophon mit dem Tower Verbindung aufzunehmen; wir erhielten Starterlaubnis, dann brach die Verbindung ab.

Diesmal saß ich auf dem Pilotensitz. Ich brauchte neunzig Meter zum Start, dann stiegen wir langsam hoch, wobei wir den Motor schonten, damit er nicht wieder streikte. Um die Gebirgshänge herum gerieten wir immer wieder in Turbulenzen, und ich schrie vor Angst. Auf eine Art war ich jetzt froh, daß unsere Bordsprechanlage nicht funktionierte und David nicht hören konnte, wie oft ich quiekte und würgte.

Wir landeten auf dem ausrangierten Landestreifen, wo ich die Benzinkanister deponiert hatte, und nach einem letzten Wiederauftanken waren wir startklar für unseren Flug über die Grenze nach Nigeria. Pegasus hob mit Vollgas ab, begann leicht zu steigen, und dann setzte schlagartig der Motor völlig aus.

Eine entsetzliche Stille trat ein. Im gleichen Moment gerieten wir in einen starken Luftsog nach unten und sackten ab. David hatte keine Möglichkeit, den Fall zu stoppen: wir knallten am Boden auf und kippten durch den Aufprall zur Seite. Aber David brachte uns sofort wieder ins Gleichgewicht, irgendwie gelang es ihm, die Situation zu meistern und uns sicher zum Stehen zu bringen. Wir stiegen aus und untersuchten den Flieger auf Schäden, aber überraschenderweise war nichts gebrochen. Unser Ultraleichtsegler hatte zwar keine Aufhängung an den Rädern, aber die elastischen Reifen hatten den Stoß aufgefangen. David begann den Motorblock abzuschrauben und nochmal die ganze Elektrik auseinanderzunehmen.

Gegen Mitte des Nachmittags war alles fertig für einen Probeflug. Aber unsere Aussichten, Maiduguri, unser erstes Ziel in Nigeria, zu erreichen, standen schlecht. Und irgendwo anders zu landen als in Maiduguri, wo wir die Einreiseformalitäten erledigen konnten, wäre reiner Unverstand gewesen, denn die Gegend war heikel, wir hätten uns sofort im Gefängnis wiedergefunden. Wir hielten es für das beste, für diesen kurzen Flug über die Grenze noch mehr Gepäck abzuladen, danach würden wir weitersehen. Ich erbot mich deshalb, mit einem Teil unserer Sachen per Anhalter nach Maiduguri zu fahren.

Ich sah zu, wie David vom Boden abhob und in den blauen Himmel davonflog, dann streckte ich den Daumen aus und wurde auch bald von einem Zwiebelverkäufer mitgenommen. Auf dem Lieferwagen saßen noch mehr Leute; der Zwiebelmann setzte einen nach dem anderen unterwegs ab, und als niemand mehr da war, wurde er zudringlich. Ich hielt ihn mir damit vom Leib, daß ich ihm versicherte, Gott sehe alles.

Er stoppte, um mir seine Zwiebelfelder zu zeigen. Er besaß eine alte Wasserschöpfanlage – einen Flaschenzug aus einem Stock mit Gewicht, einem Seil und einer Querstange, der von Hand betätigt wurde und immer nur eine Kalebasse voll Wasser heraufholte. Der Mann wollte zur Grenzstadt Kionmatari und ließ mich am Grenzübergang auf kamerunischer Seite aussteigen.

„Wir können Sie nicht passieren lassen, in Ihrem Paß steht, daß Sie das Land schon vor zwei Tagen verlassen haben", erklärte mir der Zöllner, womit er nicht unrecht hatte. „Außerdem ist Ihr Visum abgelaufen." Er schlug vor, ich solle nach Maroua zurückfahren und mein Visum verlängern lassen, dann könne er meine Ausreise korrekt abstempeln. Ich wurde zum Chef geführt und durfte ihm mein Problem unterbreiten. Er hatte Verständnis für mich und sagte, ich dürfe über die Grenze.

Die Grenze selbst wurde von einer schweren Eisenkette markiert, die im Staub lag. Ich stieg darüber und befand mich in Nigeria. Keine Fanfaren erklangen, als ich mein Geburtsland wieder betrat. Es gab nur die heiße, staubige Straße und ein paar Geldwechsler vom Schwarzmarkt, die im Schatten hockten.

Auf der Grenzwache erhielt ich meinen Einreisestempel, dann konnte ich ein Auto nach Maiduguri anhalten. Nach den eng zusammengebauten, hoch an die Berghänge geklebten Dörfern in Nordkamerun fiel mir die Weiträumigkeit der Ortschaften hier im Flachland auf: große Hütten, umgeben von geräumigen Höfen. Die Dächer der Hirsespeicher waren zum Schutz vor dem Wind mit Bast festgesteppt; und verglichen mit Kamerun, gab es hier fast keine Straßensperren. Aber David, so mußte ich feststellen, war verhaftet worden.

Der Tschadsee und die Frauen mit Entenschnäbeln

Der Flughafen Maiduguri war groß und sah militärisch aus; es war kein internationaler Flughafen, aber wir hatten eine Sondergenehmigung zum Landen. David saß in – wie sie es nannten – amtlicher Haft in einem kleinen, fensterlosen Verhörraum. Das Problem war, daß uns ein wichtiges Papier fehlte, eines, das ich schon seit Monaten zu bekommen versucht hatte. Es genügte nicht, daß die Nigerianische Zivilluftfahrtbehörde und das Nigerianische Verteidigungsministerium uns Freigabenummern erteilt hatten, wir hätten diese schwarz auf weiß und mit dem Briefkopf dieser Ämter besitzen müssen. Alles, was wir vorlegen konnten, war ein Telex von der Britischen Botschaft in Lagos mit besagten Nummern. Einer der Beamten behauptete, das sei eine Fälschung.

Manche der Uniformierten waren freundlich, andere aggressiv. Ich versuchte, Ruhe zu bewahren und die Situation zu entschärfen, aber die Männer zogen Dinge an den Haaren herbei: sie wollten nur ihre Macht ausspielen. Immer wieder durchwühlten sie unser Gepäck, bis sie ein kleines, versiegeltes, dickbauchiges Kuvert fanden, auf dem stand „nicht vor dem 25. Dezember öffnen“. Es war das Weihnachtsgeschenk meiner Mutter für mich. „Öffnen Sie das“, verlangte der Beamte, aber ich sagte: „Nein, ich nicht, tun Sie es doch.“ Verwirrung entstand, und zu allem Übel fügte ich hinzu: „Öffnen Sie es ruhig, aber Sie dürfen nicht sagen, was drin ist, es muß geheim bleiben.“ Wir zogen ihn noch eine Weile auf, und schließlich verzichtete er darauf, es zu öffnen. Es gab genug andere Sachen, die man über den Fußboden verstreuen konnte.

Am Spätabend waren wir immer noch in Haft. Der Kommandant hatte sich einverstanden erklärt, an das Zivile Luftfahrtministerium und an das Verteidigungsministerium in Lagos zu schreiben und die Briefe mit der Morgenmaschine abzuschicken, denn in Nigeria funktionierte weder Telefon noch Telex.

Endlich erlaubten sie uns, für die Nacht ein Hotel aufzusuchen. Wir fielen sofort völlig erschöpft in tiefen Schlaf, bis uns um zwei Uhr morgens ein entsetzliches Hämmern an der Tür weckte. Ein Militärchef stand draußen und wollte uns verhören. Er wurde unnötig drohend, stellte hartnäckige Fragen und reizte mich, damit ich meine Beherrschung verlieren sollte; aber ich wußte, wenn ich etwas Falsches sagte, kämen wir in ernsthafte Schwierigkeiten. Schließlich ging er, warnte uns aber, wir sollten ja nicht versuchen, einen Fuß aus dem Hotel zu setzen. Sie hatten ohnehin Davids Paß und alle unsere Papiere einbehalten. David sagte, das sei der schlimmste Tag, den er je als Pilot mitgemacht habe.

Ein Fahrzeug mit vergitterten Fenstern holte uns am nächsten Morgen ab und brachte uns zu erneuten Verhören zum Flughafen zurück. Es war schlimm, aber es gab auch Momente, in denen man uns weiterhalf. Es gelang uns, durch den Zoll zu kommen und Davids Paß stempeln zu lassen. Dann folgte langes Warten. Am späten Nachmittag wurden wir zum Büro des Kommandanten gebracht. Er war die Freundlichkeit selbst, unsere Fluggenehmigungsnummern waren bestätigt worden. Der Vierundzwanzig-Stunden-Alptraum war vorüber. Er tippte uns auf Militärbriefbogen eine Sondererlaubnis, mit der wir in ganz Nigeria herumfliegen durften, nur nicht zum Tschadsee, unterzeichnete sie sorgfältig und bedeckte sie mit amtlichen Stempeln.

Wie schade, daß wir nicht zum Tschadsee fliegen konnten, ich hatte den See noch nie gesehen und wollte unbedingt hin! David bat um einen Ruhetag, also nahm ich meine Feldflasche, packte etwas für ein Picknick ein und machte mich per Anhalter auf den weiten Weg.

Die unbefestigte Straße lief durch endloses Flachland mit spärlichen Büschen und Hütten aus Hirsestroh. Kamel- und Viehherden drängten sich um Wassertümpel, die dank des undurchlässigen Untergrundes nicht ausgetrocknet waren, und ein kräftig sprudelnder artesischer Brunnen ließ auf unterirdischen Wasserdruck schließen. Das Tschadbecken ist geographisch eine ausgedehnte flache Pfanne, fast ohne Gefälle, und der See nicht mehr als eine riesige seichte Pfütze. Unter dem Sand liegt eine wasserundurchlässige Lehmschicht von über 60 Metern Dicke, wie Brunnenbohrungen ergeben haben. Trotzdem ist es seltsam, daß der See überhaupt existiert: er wird nur von wenigen Flüssen gespeist, und trotz glühender Sonne und trockener Wüstenwinde ist er bis jetzt nicht verdunstet.

Er ist das Überbleibsel zweier Binnenseen, Palaeo-Tschad genannt, die sich vom Mandaragebirge in Kamerun und dem Tibesti bis zum Hoggargebirge erstreckten, in trockenen Zeitaltern zurückgingen und sich vor 20 000 Jahren durch spätere Gletscher wieder mit Wasser füllten, zum sogenannten Mega-Tschad. Der neolithische Mega-Tschad schrumpfte bis auf den heutigen, noch etwa 220 Meter breiten Tschadsee ein, aber der flache Rand der einstigen Ufer ist noch erkennbar. Die heutige Uferlinie ändert sich ständig; der Wasserspiegel, der in der Trockenzeit etwa 16 000 qkm mißt, vergrößert sich während der Regenzeit um das Doppelte. Und man hat festgestellt, daß sich bei starkem Wind die Küstenlinie pro Nacht um fünf Meter verschiebt. Das macht den See unkontrollierbar.

Unsere Straße bestand aus zerfurchten Reifenspuren, die sich durch tiefen Sand wanden, und die alte Klapperkiste schaukelte in halsbrecherischem Tempo von einer Seite zur anderen. Meine Mitreisenden trugen Tätowierungen auf den Wangenknochen und in jedem Ohr fünf Ohrringe, einige hatten sogar welche in der Nase. Ihr gesamtes Gepäck war auf dem Dach festgeschnallt, darunter auch ein Bündel, das sich bewegte. Die Seeuferbewohner sind Kanuri, Abkommen von Berber- und yemenitischen Arabervölkern, die in dieser Region das einstige Bornureich gründeten. Sie vertrieben die ursprünglichen Uferbewohner in das mit schwimmendem Papyrus bewachsene Innere des Sees: es war ein Stamm namens So, dessen Urnen auf hochgewachsene Menschen deuten. Die einheimische Legende sagt, sie seien Riesen gewesen. Ich hatte auch schon mehrere außergewöhnlich große Menschen hier gesehen, von denen einige behaupteten, sie stammten von den So ab.

Es gab noch einen anderen alten Stamm hier, die Buduma oder Boudoumi, die „Papyrus-Piraten", ein isoliertes Volk von Fischern unbekannter Herkunft. Auch sie waren groß und hatten sich dem Leben im Schilf angepaßt. Die Kanuri hielten sie für Amphibien, vielleicht weil die Buduma, wenn sie verfolgt wurden, im Wasser untertauchten und wegschwammen.

Wir fuhren bis Baga, einer ehemaligen Hafenstadt, die jetzt fünf Kilometer landeinwärts liegt, und von dort aus setzte ich meinen Weg auf dem Motorrad fort bis zu einem Fischercamp mit Markt direkt am See, wo ich für einen Tag ein kleines, flaches Kanu mietete und zwei zehnjährige Burschen zum Paddeln anheuerte. Wir ruderten auf einem breiten Kanal nach Osten, an einer langen Sandbank entlang, die das Wasser in zwei Seen zu trennen schien.

Vögel wateten im Uferschilf herum, karminrote Bienenfresser jagten im Sturzflug über dem Wasserspiegel nach Insekten, und über uns kreisten Adler und Falken auf der Suche nach Beute. Gelegentlich kamen wir an etwas erhöht liegenden Siedlungen vorbei, die von dicken Wällen aus trockenem Schilf umgeben waren. Der Junge hinter mir stakte mit einer dreieinhalb Meter langen Stange aus Palmenholz, in deren unterem Ende eine Astgabel steckte. Er sagte, der See sei an keiner Stelle tiefer als seine Stange. Der andere Junge hockte im Bug und paddelte mit kurzen, harten Schlägen. Manchmal war das Wasser so seicht, daß auch er staken mußte. Einmal blieb sein Paddel im Schlamm stecken, und er ließ es mit einem kurzen Schrei los. Ich griff im Vorbeigleiten nach dem Paddelstiel, zog es heraus und gab es ihm zurück. Dann entdeckte ich einige malerische Hütten genau vor uns auf einer Sandbank, ich hob die Kamera und knipste den Jungen vor diesem Hintergrund.

Da sprang ein Mann unter einem der Strohdächer hervor, schwenkte sein Armeekäppi und befahl uns mit der Trillerpfeife zu sich her. Er beschuldigte mich, ich hätte ein Foto von einem militärischen Außenposten gemacht, und versuchte, meine Kamera zu beschlagnahmen. Ich spielte die dumme Touristin, denn das war mir das Foto wert, und es funktionierte. Am Schluß wollte er nicht einmal den Film.

Wellen schlugen gegen den Bug, und der Wind, der über den See blies, war sehr kalt. Diese Winde verursachen gefährliche Unwetter, denn der See ist schnell aufgewühlt, weil er so seicht ist. Man hätte eigentlich annehmen müssen, das Wasser sei alkalisch und ungenießbar, weil sich bei dieser riesigen Ausdehnung und dem geringen Zufluß normalerweise eine Konzentration natürlicher Salze bilden müßte, aber erstaunlicherweise enthält er trinkbares Süßwasser. Eine plausible Erklärung für diese Erscheinung ist, daß das Schilf und andere Wasserpflanzen, wie die Salzgräser, dem Wasser das Salz entziehen.

Weiße Höckerrinder kamen zum Trinken heran; es waren nicht die üblichen Zebus, sie waren groß und hatten sehr dicke Hörner. Der zusätzliche Luftraum in den Hörnern soll angeblich wie eine Boje wirken, so daß Tschadsee-Rinder besser schwimmen können als anderes Vieh. Und hier müssen die Tiere schwimmen, wenn sie frische Weiden erreichen wollen.

Wir schaukelten zwischen schwimmendem Gras hindurch, störten Schwärme von Insekten auf, die unser Kanu umschwirrten, und ich wünschte mir, die Vögel würden die Insekten jagen, aber sie flatterten nur über unserem Kielwasser herum. Der Junge hinter mir summte ständig unmusikalisch vor sich hin und unterbrach sich nur, um aufzuschreien, weil seine Stocherstange steckengeblieben war. Wir glitten zurück, um sie herauszuholen. Später wurden wir noch einmal von einer Militärpatrouille befragt. Nach mehreren Kilometern hörte die Landzunge auf, und ein Labyrinth von Kanälen durch das Papyrusgras öffnete sich auf beiden Seiten. Verknotete Schilfwurzeln und aufgequollene Halme bildeten schwimmende Inseln wie aus dicken Schilfmatten, die manchmal ein Polster aus zerdrücktem Grünzeug und Sand trugen. Durch herabhängende Wurzeln verankern sich diese Inseln oft auf Sandbänken, aber jedes Jahr, wenn sich der Wasserspiegel hebt, reißen sie sich wieder los und treiben weg. Manche Familien kapern sich eine solche schwimmende Insel und richten sich ein Camp für den Fischfang darauf ein. Wenn sie anfängt abzusinken, wird einfach eine neue Schicht Schilfstroh daraufgehäuft. Dann schaut die Oberfläche wieder aus dem Wasser.

Der Bursche am Bug zeigte aufgeregt auf eine Pflanze, die neben uns aus dem Wasser ragte – eine lange, dunkle Schlange hatte sich darum herumgewickelt und schlief. Einmal kamen wir auch an einer toten Schlange vorbei, sie war armdick. Wir hielten an verschiedenen Fischercamps und sahen zu, wie Angelschnüre mit Mehrfachhaken neu gezwirnt wurden oder wie ein Mann aus einem Holzrahmen und Planken ein neues Kanu baute. Die meisten Kanus, die uns begegneten, hatten Schwimmer aus großen Doppelkürbissen, die an Stangen angebunden waren und auf denen Männer saßen und angelten. Da der hohle Kürbis von selbst schwimmt, dient er auch als Behälter für die gefangenen Fische. Wir beobachteten einen der Fischer, der bäuchlings auf einer solchen schwimmenden Kalebasse lag und mit Händen und Füßen ruderte, während er seine Angelschnur loshakte.

Meine schnellen Jungs überholten ein schwer beladenes, neun Meter langes Kanu voller Menschen, Ziegen und in bunte Tücher eingeschlagener Bündel. Ich schöpfte mit einer abgeschnittenen

Öldose Wasser aus dem Boot, zum Glück waren die Lecks nicht groß. Ein plötzliches Schaukeln, ein lautes Platschen – der Junge hinter mir hatte das Gleichgewicht verloren und fiel über Bord. Wir lachten alle drei. Ab und zu stießen wir an etwas, das unter Wasser lag, Kanus, die im braunen Schlamm versunken waren.

Nachdem die beiden Jungen mich wieder auf dem Trocknen abgesetzt hatten, fuhr ich per Anhalter zu den Ruinen von Kukawa, wo Shehu Laminu, ein großer Scheich und Herrscher des Bornureiches, dessen Weisheit in ganz Nordafrika und in Europa gerühmt wurde, seine Hauptstadt gegründet hatte. Er hatte auf einer Reise hier unter einem Baobab Rast gemacht und, nachdem er den Koran zu Ende gelesen hatte, verkündet, dies sei die Stelle, wo er seine Hauptstadt erbauen wolle.

„Und den Baobab gibt es noch?" fragte ich den Fahrer und tat so ungläubig, daß er hinfuhr und ihn mir zeigte. Überall in der Landschaft standen Baobabs, zu deutsch Affenbrotbäume, aber einer hob sich von den anderen ab: eine Lehmmauer umgab seinen dicken Stamm. Ich ging durch das Tor und setzte mich in seinen Schatten.

Der Shehu gab seiner Stadt den Namen Kuka, so heißt Baobab auf Kanuri. Das Bornureich gilt als der älteste islamische Staat in diesem Teil Afrikas. Das Volk verehrte Mohammed schon einige hundert Jahre bevor die militante moslemische Invasion Nordafrika überschwemmte. Heute ist Kukawa nur noch ein Dorf. Ein Mann in indigofarbenen Gewändern schritt vorüber, ein Schwert und ein Dolch hingen ihm von der Schulter. Als Schutz vor dem Staub in der Luft hatte er den Schal, den er um seinen Kopf geschlungen hatte, so über sein Gesicht gezogen, daß nur ein schmaler Schlitz für die Augen freiblieb. Hirten hüteten ihre Schafherden, Kamele mit gefesselten Vorderbeinen streckten die Hälse nach den Akazien und ließen ihre Lippen genüßlich über die dornigen Zweige streifen. Frauen trieben beladene Esel vom Markt nach Hause, und ein Reiter auf einem dickbrüstigen Pferd tänzelte vorüber. Ich glaube, hier hat sich seit Shehus Zeit nicht sehr viel verändert.

Das Reich wurde von einem abtrünnigen Banditen zerschlagen, der in Kukawa einen Haufen aus über 3000 Schädeln auftürmte. Nichts blieb von der Stadt übrig als vier Königsgräber aus Lehm, darunter das des großen Shehu Laminu. Das frühere Holzdach über ihnen war eingestürzt und durch ein Blechdach ersetzt worden. Der

Wind hob es an den Ecken hoch, und ich hatte ein Gefühl, als wäre ich nicht allein.

Als ich an diesem Abend nach Maiduguri zurückkehrte, hatte David eine gute und eine schlechte Nachricht. Die gute war, daß er unser Bordfunkgerät halb repariert hatte; die schlechte, daß ein anderer Zollbeamter ihn ständig belästigt und versucht hatte, unsere Flugerlaubnis erneut in Frage zu stellen, weil, wie er sagte, das nigerianische Fernsehen in den Nachrichten Pegasus verpackt und auf dem Flughafen stehend gezeigt und dazu verkündet hatte, die Piloten würden zum Verhör festgehalten.

Es war zum Verrücktwerden – jetzt mußten wir eine öffentliche Entschuldigung verlangen, die diese Falschmeldung widerrief, denn sonst würde uns jeder kleine Beamte in Nordnigeria einsperren. Zum Glück tauchte während des Abendessens der Militärkommandant auf und sagte, wir hätten absolut freie Bahn und bräuchten keinerlei Fragen von irgendwelchen Beamten mehr zu beantworten.

Der ganze Schlamassel hatte uns allerdings auch einige gute Freunde eingebracht, von deren Integrität ich beeindruckt war, eine seltene Tugend in einem Land, das für Korruption bekannt ist. Auch für Arroganz ist Nigeria bekannt, aber im Norden entdeckte ich wenig davon, die Leute waren spontan freundlich, zu David wie zu mir.

Wir planten unsere Route durch Nigeria, und David, der immer noch sehr mitgenommen aussah, schlug vor, daß ich bis Potiskum, etwa 240 km westlich, das Steuer übernehme, und begann mir beizubringen, wie man Winddreiecke für die Route zeichnet. Am Beispiel eines Bootes, das eine Strömung im Fluß durchquert, begriff ich, daß ein Ultraleichtflieger durch den Wind vom Kurs abgetrieben werden kann, es sei denn, die Kompaßrichtung erlaubt ein Abdriften und man stellt die Nase im Winkel gegen den Wind. „Aber wie stark darf man abgetrieben werden?“ fragte ich.

„Du mußt abschätzen, wie stark die Höhenwinde sind und aus welcher Richtung sie kommen. Ohne metereologische Angaben ist es zwar etwas hoffnungslos, aber wir müssen es versuchen.“

Ich nahm also für das erste Beispiel fünf Knoten Ost und für das zweite zehn Knoten Nordost an. Ohne Rückenwind würde unser Benzin nicht bis Potiskum reichen. Mit Winkelmesser und Dreieckszeichnungen berechnete David Zeit, Entfernung, Windstärke und -richtung, um herauszufinden, welchen Kurs wir halten mußten.

Um halb sechs am nächsten Morgen eilten wir zum Flughafen hinunter, takelten den Ultraleichtflieger auf und legten unseren Flugplan vor. Nach den üblichen Checks vor dem Abflug rollte ich über die Startbahn in Richtung auf unser sehr fernes Ziel. Die Erinnerung an meinen letzten Start und den Motorausfall war noch sehr frisch.

Diesmal schafften wir es mit vereinten Kräften, David am Gaspedal und ich mit nach vorn gedrücktem Steuerbügel, volle Kraft voraus, während die weißen Markierungen unter uns davonrasten. Ein kurzes Nachgeben, wieder drücken, und wir begannen zu steigen.

„Mehr links halten“, rief David, und ich versuchte, die Flügelspitze auf die Horizontlinie zu ziehen, aber der Harmattan, der staubbringende Landwind aus der Wüste, ließ den Horizont in einem dicken Dunst verschwimmen, unsere Sicht reichte nur etwa zwei Seemeilen weit. Unter uns war flaches Sahelgebiet ohne irgendwelche Landschaftsmerkmale, die man für die Navigation hätte benutzen können. Im Norden lag eine Reihe paralleler schwertförmiger Dünen. Der Ultraleichtflieger drehte ständig dorthin ab, ich konnte nicht sagen, ob der Seitenwind daran schuld war oder unsere flexiblen Segelstangen, die sich verbogen hatten. Wir schienen schnell zu sein, aber inzwischen wußte ich, daß eine normale Fluggeschwindigkeit von ca. 70 km/h bei starkem Gegenwind nur noch 30 km/h sein konnte.

„Halte Steuerkurs“, wies David mich an, also zog ich stärker gegen unser nördliches Abdriften. Nach eineinhalb Stunden hatten wir unsere erste Landmarke noch nicht entdeckt, die eigentlich nach zwanzig Minuten hätte auftauchen müssen. Keiner der ausgetrockneten Flüsse stimmte mit unserer Karte überein. Zwei meiner Wegepunkte waren 90 m hohe Militärfunkmasten, aber ich konnte sie im Nebel nicht sehen. Einmal überflogen wir ein paar Masten, aber ich konnte nicht ausmachen, wo sie standen. Es schien keine Besorgnis angebracht zu sein.

Als vom ausgetrockneten Land Thermik aufstieg, schaukelte Pegasus wie ein Blatt auf einem Strom lustig dahin. Fliegen war schön. Die Affenbrotbäume wurden zahlreicher, allmählich bildeten sie einen lichten Wald. Aus ihren unförmigen Leibern reckten sich groteske Äste in die dunstige Ferne. Bei einigen hatte man um die Taille die Rinde abgeschält, um Fasern für Schnüre und Seile zu gewinnen. Der Baum stirbt nicht ab, wenn man Rinde entfernt, er wird nur noch dicker. Ein Baobab ist für vieles nützlich: aus den Blättern kann man Suppe kochen, außerdem sollen sie, auf Wunden aufgelegt, deren Heilung beschleunigen; die reifen Früchte sind eßbar, auch die alten, die man rösten kann; die Rinde produziert einen Würzstoff wie Chili; wenn man diesen, mit Öl vermischt, den Pferden auf die Haut reibt, tötet er Zecken.

Um Strom zu sparen, hatte David unseren Bordsprechfunk abgeschaltet, so konnte ich fröhlich Kirchenlieder in den Himmel schmettern; es war ja nur noch eine Woche bis Weihnachten. Irgendwie paßten die Baobabs gut zu „Engel aus dem Himmelreich“.

Auf einer Piste zwischen Dörfern, die von Lehmwällen umgeben waren, rumpelten Ochsenkarren dahin. Außerhalb der umzäunten Hausgrundstücke stand jeweils ein kleines, strohgedecktes Podium auf Pfosten. Vermutlich empfing hier der Hausherr seine männlichen Gäste, denn hier wohnten Moslems, die sicher keine fremden Männer zu ihrem Frauenvolk hineinlassen wollten. Es machte Spaß, zu erraten, was man unten sah; zum Beispiel überflogen wir ein Dorf, in dem gruppenweise Löcher im Boden waren, viele davon neben einem ausgetrockneten Fluß. Ich vermutete, daß die Leute hier nach Natron gruben, denn ich hatte gesehen, daß dieses Mineral auf den Märkten angeboten wird. Es wird meist zusammen mit Tabak gekaut.

Die Thermik war nicht mehr sanft, im Gegenteil, sie wurde immer schlimmer, und ich umklammerte den Steuerbügel fester. In einem heftigen Wirbel kam David mir im richtigen Augenblick zu Hilfe, als wir mit der Nase nach unten in einem Abwind auf den Boden zuschossen. Es war ja recht und gut, daß ich lernte, Pegasus unter schlechten Witterungsverhältnissen zu steuern und richtig zu handhaben – wenn ich nur auch das Landen beherrscht hätte! David hatte schon angefangen, Notlandungen mit mir zu üben, dabei war mir noch nicht einmal eine normale geglückt. Ich hatte die leise Befürchtung, daß David eines Tages – weil er gesundheitlich nicht auf der Höhe war – mitten in einem Flug ausfallen könnte.

Als wir ein großes Dorf entdeckten, versuchten wir erneut, unsere Position herauszufinden, dann bemerkten wir zu unserer Überraschung, daß der Ort einen Flugplatz besaß. „Am besten, wir landen und fragen, wo wir sind. Vielleicht sollten wir hierbleiben, bis sich die Thermik am Nachmittag abkühlt", schlug David vor. Während wir kreisten, bemerkten wir am Boden ein langes, aus Steinen gelegtes Wort: Potiskum! Wir hatten unser Ziel erreicht. Wir mußten doppelt so schnell geflogen sein wie sonst, mit dem schnellsten Rückenwind, den wir je gehabt hatten.

Nach der Landung machten wir Pegasus sicher an der Windschattenseite eines zerfallenen Gebäudes fest und gingen in die Stadt, um auf dem Markt fürs Mittagessen einzukaufen: frisches Obst und gebratene Leber für David, das darin enthaltene Eisen würde ihm vielleicht die verlorene Energie wiedergeben.

Von Potiskum aus hätte unsere Route eigentlich nach Süden zu den Felszeichnungen von Geji bei Bauchi und dann nach Nordwesten ins ehemalige Emirat von Kano verlaufen sollen. Aber nach Davids neuen Berechnungen überstieg die letzte Etappe unsere Fähigkeiten. Es schien deshalb vernünftiger, wenn David direkt nach Westen bis Kano flog und dort ein bis zwei Ruhetage einlegte, während ich per Straße einen Abstecher zu den Geji-Zeichnungen machte.

Ein Mann auf einem Motorrad nahm mich die 200 km nach Bauchi mit. Er fuhr, wie in Nigeria üblich, mit 160 Sachen und wich dauernd irgendwelchen Hindernissen aus, die gar nicht da waren. Er wollte nach Bauchi, um zu erfahren, ob er in der Lotterie gewonnen habe. Ab und zu kippte sein Körper nach vorn, und es hatte den Anschein, als würde er einnicken. Nach zehn Minuten Fahrt und einem besonders quietschenden Schlenker, der uns zum Anhalten zwang, merkte ich, daß er betrunken war. Also erbot ich mich als Fahrer. Er war einverstanden, und wir tauschten die Plätze. Nachdem ich mich vergewissert hatte, daß ich die Fußschaltung noch beherrschte, ratterte ich in gemächlichem Tempo los. Ich war schon seit Jahren nicht mehr Motorrad gefahren, aber die Straße war breit und leer, wir kamen zügig voran und erreichten wieder nigerianische Geschwindigkeit.

Es war großartig, durch die endlose, leicht rosafarbene Ebene zu brausen, die übersät war mit windzerzausten, dunkelrosa blühenden Rosenbüschen und grauen Steinhaufen. Das Plateau, das wir erreichten, war durch Vulkantätigkeit entstanden. Granitfelsen kamen in Sicht; auf einigen balancierten überhängende Felsblöcke, von der Erosion übriggelassen, die oft nur auf einem dünnen Hals saßen. Dazwischen ragten vereinzelt 60 Meter hohe Felstürme wie Obelisken in den Himmel. Mein Sozius hinter mir schien eingeschlafen zu sein, hoffentlich fiel er mir nicht herunter.

Leute grüßten, wie bei den Haussa üblich, mit geballter Faust; ich erwiderte den Gruß genauso und rief „Sanu, sanuku". Mehrmals überholte ich mit Pferden beladene Lastwagen, die alle in den Süden fuhren. Wegen der Schlafkrankheit leben die Pferde im Süden nicht lange, und man braucht ständig Nachschub aus dem Norden, aus Bornu zum Beispiel. Bornu war lange Zeit berühmt für seine Gestüte, man behauptete sogar, das Hochland von Bornu sei das Ursprungsland des ältesten in Nigeria heimischen Pferdes, eines kleinen, drahtigen Tieres, das die ersten heidnischen Bergstämme benutzten. Statt einen Sattel zu erfinden, entfernten sie dem Jungtier einen Streifen Rückenhaut und rauhten die Stelle so auf, daß sich ein dicker Knorpelwulst bildete, an dem man sich festhalten konnte. Weil sie beritten waren, konnten sie sich allen Eroberungsversuchen entziehen. Ihre Unabhängigkeit von der Fulani-Herrschaft bewahrten sie sich dadurch, daß sie unzugängliche Berge bewohnten. Aber den Sklavenjägern der Fulani konnten sie trotzdem nicht entkommen: der Name Bauchi bedeutet „Sklaverei". Die Stadt wurde hier als Sammelzentrum für Sklaven gegründet, mitten im heidnischen Land.

Die Sonne ging unter. Mein Rücksitzfahrer wachte mit einem Ruck auf und bat mich, anzuhalten; er wollte am Straßenrand beten. Er bestimmte die Richtung nach Mekka und begann seine Verbeugungen. Worum er Allah wohl bat – um einen Gewinn bei der Lotterie oder um Vergebung, weil er betrunken war?

Von Bauchi aus fuhr ich weiter per Anhalter zu dem 80 km entfernten Dorf, in dem ich eine VSO-Kontaktadresse hatte. Der Mann war zwar über Weihnachten verreist, hatte mir aber den Schlüssel zu seinem Bungalow bei seinen nigerianischen Nachbarn hinterlegt, die mit ihm an einem Ernährungsprojekt arbeiteten. Ich aß mit ihnen zu Abend; es gab Towo, grobes Maismehl, das wir zwischen den Fingern zu Klümpchen rollten und in Suppe tunkten. Die mit Palmöl angedickte Suppe zog beim Herausschöpfen lange, fettige Fäden. In der Nähe hörte ich Trommeln und den Gesang von Frauen. Meine Gastgeber erklärten, es seien wahrscheinlich Christen, die sich auf Weihnachten einstimmten. Also machte ich mich nach dem Essen auf die Suche nach ihnen. Sie sangen laut, nicht gerade harmonisch, aber kräftig und fröhlich.

Im Freien, in dämmrigem Licht, marschierten die Mitglieder einer evangelischen Kirchengruppe im Kreis um einen Solotrommler. Zu jedem Lied gehörte ein Tanz. Zum Beispiel traten alle in geschlossenen Reihen vor und zurück und sangen, sie seien Soldaten des Herrn. Beim nächsten Lied bewegten sie sich in langsamen Halbschritten zu einer Melodie wie „Stille Nacht“ voran, und beim dritten hüpften sie zu „Jingle Bells“ vorwärts. Ich fühlte mich nicht fremd hier, ich wurde an meine zehn Weihnachtsfeste in Nigeria erinnert.

Früh am nächsten Morgen besuchte ich Miya, ein altes Lehmdorf neben einem Felshügel. Abseits auf einem Bergvorsprung standen einige separate Hütten; nach ihrer Kennzeichnung zu schließen, hielten sich dort Jungen während der Beschneidungsriten auf. Ich wurde zum Dorfältesten geführt, um ihm meine Reverenz zu erweisen. Dann saß ich vor seinem Palast, während ein paar alte Männer Dorfangelegenheiten besprachen. Das Krähen der Hähne im Hintergrund übertönte ihre Stimmen. Die Strohdächer dampften.

Ein alter Mann wurde angewiesen, mich herumzuführen. Er begann mit der heiligen Stätte des Dorfes. Hier gewährt man auf einem von der Natur geformten Steinsitz, der den heiligen hölzernen Pfosten umgibt, traditionell Flüchtigen Rast und Schutz. An dieser heiligen Stätte wurden und werden auch Wunder vollbracht, und bei solchen Zeremonien behängt man den Pfosten mit Totems. Im Augenblick hingen mehrere gewebte Ringe daran, die etwas mit der Beschneidung zu tun hatten. Für gewöhnlich werden Jungen im Alter von vier Jahren beschnitten und schlafen dann hier, ehe man sie in den Hütten oben auf dem Fels einschließt.

Obwohl der Fels für Frauen tabu ist, erhielt ich vom Dorfältesten die Erlaubnis, hinaufzuklettern. Sie erklärten, es sei mein eigenes Risiko, denn das Tabu besagt nur, daß einer Frau, die dort hinaufgeht, etwas Böses zustößt. Mein Führer zeigte mir den Weg durch das Wirrwarr von Felsbrocken, vorbei an einer Beinhütte des Stammes, an der einige alte, gegabelte heilige Stecken hingen. Darin ist, wie die Leute glauben, der Juju-Zauber der Vorfahren enthalten, der das Eigentum schützt. Weiter oben sah der Berg unzugänglich aus, aber mein Führer verschwand in einer Höhle, und als ich ihm folgte, stellte ich fest, daß die Höhle sich zu einem kurzen Tunnel verengte, der sich auf einer höheren Ebene wieder öffnete. Der Mann zeigte mir, wie man ihn früher in Kriegszeiten verbarrikadieren konnte. Dahinter lag ein Ruinendorf, in dem sich die Leute versteckt hielten, bis die Gefahr vorüber war. In einer breiten Felsspalte hatte sich dunkles, aber klares Wasser gesammelt; es kam von einer Quelle, die angeblich noch nie versiegt war.

Wir kletterten zum Gipfel weiter, einer großen, kahlen Felskuppe mit einem Aussichtspunkt aus alter Zeit. Gesteinsschichten schälten sich in einem Prozeß der Abblätterung davon ab. Wenn man zum heutigen Dorf hinunterschaute, konnte man neben einigen Hütten hohe Körbe auf Stangen in der Luft hängen sehen. Sie kennzeichneten die Haushalte, deren Söhne gerade beschnitten worden waren. In den Körben wurde Fleisch von Kühen in der Sonne getrocknet, die für diesen Anlaß geschlachtet worden waren.

Als wir zum seitlichen Bergvorsprung abstiegen, rief der Mann den Jungen etwas zu, damit sie außer Sicht blieben. Neun niedrige Hütten in Kindergröße standen da, doch in einer davon lagen Tanzkostüme für Erwachsene und zwei Festtrommeln. Das Tabu fiel mir wieder ein, als ich mir an einem Fels den Zeh verstauchte und weg mußte, um den Zeh bandagieren zu lassen.

In Kafin Makadi, vierundzwanzig Kilometer weiter, verlief ich mich etwas und landete schließlich beim Emir, einem traditionellen Herrscher, der in einem 130 Jahre alten Lehmpalast wohnte. Am Eingangstor stand seine Leibwache herum, lauter alte Männer, und sein weißes Pferd wartete im Innenhof. Die Türen zum Palast bestanden aus Kuhhäuten, die man über Holzstöcke gespannt hatte. Ich zog die Schuhe aus und betrat den Thronsaal; beeindruckt blickte ich an den vier kolossalen Lehmbögen des hohen Gewölbes hinauf. Der Großvater des Emir hatte diese Konstruktion entworfen. Durch kleine quadratische Fensterlöcher in den 60 cm dicken Wänden fiel Licht herein.

Der Emir erwartete mich. Er saß auf seinem Thron, in viele Gewänder gehüllt, so daß er sehr fett aussah. Wer fett war, war bedeutend: ein dünner Mann konnte nicht bedeutend sein, da es ihm offensichtlich an Reichtum mangelte. Der Emir hielt einen Pferdeschwanz-Fliegenwedel in der Hand, schon seit Jahrhunderten das Symbol für Status und Autorität in ganz Westafrika. Im sechzehnten Jahrhundert hatte ein britischer Händler als Waren für Afrika „schwärzeste Roß-Schweife“ empfohlen. Der derzeitige Emir war vierundsiebzig Jahre alt und seit acht Jahren an der Macht. Ich fragte ihn, wie er zum Emir gewählt worden sei, und er antwortete, er habe das Amt von seinem älteren Bruder geerbt. Die Nachfolge wurde durch „Königmacher" entschieden, die im Dorf herumgingen und die Einwohner fragten, wen sie wählen wollen.

Er war nicht sehr gesprächig, vielleicht, weil ich nur eine Frau war. Meine Gedanken schweiften ab von ihm und seinen voluminösen Gewändern zu den nigerianischen Stammeshäuptlingen, die mich als Kind auf ihren Knien geschaukelt hatten. In den Falten ihrer Gewänder, die wie dicke Vorhänge herunterhingen, hatte man wunderbar spielen und sich verstecken können. Eine ganze Reihe von Kindern mit Emailleschalen auf dem Kopf wanderte durch den Raum. Wie der Emir erklärte, waren es die Sprößlinge seiner drei Frauen.

Als einige Männer in Turbanen kamen und um Rat fragen wollten, bedankte ich mich beim Emir für die Audienz und setzte meinen Weg zu den Felszeichnungen von Geji fort.

Nach Geji muß man kilometerweit verwirrenden Wagen- und Fußspuren folgen. Ich wollte nicht mehr wandern und hielt ein Motorrad an. Der Fahrer war ein junger Haussa, der mir versicherte, sein Fahrzeug schaffe jedes Terrain. Dornige Pflanzen zerstachen uns die Fußknöchel, wir hoppelten über Steine und Wurzeln und pflügten so gemächlich durch den Sand, daß mir genügend Zeit blieb, die Natur zu betrachten. Mangobäume blühten rostrot zwischen gelbem Goldregen, und fleißige Webervögel verflochten Palmwedel zu Nestern. Perlhühner versperrten den Weg, sie waren zu dumm, um wegzulaufen. Ich war überrascht, daß sie noch nicht ausgerottet waren. Einmal störten wir eine schwarzgelb gestreifte Eidechse mit einem leuchtend blauen Schwanz auf, und eine andere, fast 60 cm lang, flitzte beunruhigend in Augenhöhe auf einem Felsvorsprung entlang und hielt neben uns Schritt.

Zahlreiche Bäche wanden sich auf sandigem Grund durch schwarzes Geröll oder bildeten kleine Tümpel zwischen den Felsbrocken; ab und zu versickerte das Wasser im Untergrund, um dort natürliche Reservoire zu füllen. Wenn diese in einer Lehmschicht liegen, können sie das Wasser für unbestimmte Zeit speichern. In einem kleinen Dorf, wo wir nach dem Weg fragten, sah ich ein paar Frauen unter einem Baum Hirse auslesen. Sie trugen seltsame Pflöcke in den Lippen – ich war auf eine Gruppe von Frauen mit Entenschnäbeln gestoßen, die heute nur noch sehr selten zu finden sind.

Eine Frau trug nur die untere Scheibe, einen Einsatz aus Hartholz, und über der Oberlippe ein Loch, während die zweite beide Einsätze trug, so daß die Lippen wie ein Entenschnabel vorstanden. Schon in der Jugend schnitt man die Schlitze dafür ein und setzte kleine Pflöcke mit Nut hinein, in der die Lippe gehalten wurde. Für gewöhnlich bleiben die Scheiben auch beim Essen drin. Die Frauen kauten Betelnuß, ein bitteres Stimulans, ein Energielieferant, damit sie später die Hirsespeicher füllen konnten. Die kleinen Speicher hatten strohhutartige Spitzdächer und faßten den Hirsevorrat für ein Jahr. In größeren konnten gar Vorräte für fünf oder zehn Jahre untergebracht werden. Eine der Frauen mit Lippenpflock lud mich in ihr Haus ein und reichte mir eine Schale kühles Wasser aus einem irdenen Krug. Dann zeigten sie uns die Richtung nach Geji, und wir fuhren weiter.

Die Zeichnungen befanden sich an einer Felswand unter einem Überhang. Die Behörden hatten versucht, sie mit Maschendraht zu schützen, aber der Draht war aufgerissen. Wir kletterten herum und fanden zehn grobe, flächige, rote Zeichnungen, manchmal nur Konturen, von schlecht erkennbaren Tieren, vielleicht Ziegen oder Kühen. Ein paar Meter weiter, fast verloren, ein etwas gekonnterer Fries von Antilopen mit zurückgeworfenem Geweih und gegabeltem Schwanz. Eine letzte, stark ausgebleichte Skizze zeigte einen Mann und ein Pferd. Ich freute mich, daß ich sie zuletzt doch gefunden hatte, denn ich wußte schon seit Jahren davon. Mein Motorradfreund erzählte, sie stammten von den Nachkommen der Nok-Rasse, die von 500 v. Chr. bis 200 n. Chr. hier herrschten, und auf der Hochebene habe man Meisterwerke aus Bronze gefunden. Die Nok-Kultur war in der Tat berühmt für die ersten Metallgüsse, zur gleichen Zeit, da man in Mesopotamien damit begonnen hatte.

Im Gegensatz zu diesem erfreulichen Tag im Busch war der nächste Morgen in Bauchi ganz und gar frustrierend. Alles, was es zu tun gab, war, in einer Bank Geld zu wechseln. Das Gesetz schreibt vor, daß Touristen ihr ausländisches Geld in nigerianische Naira umwechseln müssen, aber keine der Banken wollte meine kamerunische Währung nehmen. Bei der ersten weigerte man sich rundheraus, bei der nächsten behauptete man, die Umtauschformulare seien ausgegangen, ein anderer sagte: „Ja, morgen, wenn wir den Wechselkurs erfragt haben"; der vierte entschuldigte sich, der für ausländische Kurse zuständige Mitarbeiter sei krank und niemand

Eine Peul-Frau aus der Gegend am Tschadsee.

Eine junge Mutter aus Tchin Tabaraden/Niger.

Dörfliche Szenen auf einem holzgeschnitzten Wandschirm.

Der Markt von Ayorou am Ufer des Niger.

Der prachtvolle Reiter in Gummistiefeln, der für uns in Daura/ Nigeria die Menge in Schach hielt.

Für unser leichtgebautes Flugzeug war die begeisterte Menge genauso gefährlich wie ein Sandsturm.

habe den Schlüssel zu seinem Schreibtisch. Der letzte sagte, er könne zwar mein Geld wechseln, habe aber keine Naira, weil alle Kassierer heute früher gegangen seien. Afrika gewinnt immer! Dann versuchte ich es mit Jammern: „Wie soll ich denn nach Kano kommen, wenn Sie mir nicht einmal das Geld für den Bus umtauschen können?“ Da zogen alle, die das Gespräch mitbekommen hatten, ihre Geldbörsen heraus und sammelten für meine Fahrkarte. Zum Glück brauchte ich das Geld nicht, aber was für eine freundliche Geste!

Nach einem Mittagessen aus Brot und Wasser machte ich mich mit dem letzten Rest Bargeld nach Kano auf den Weg.

Ich war früher schon mehrmals dort gewesen. Zuerst ging ich zur Bank, danach suchte ich ein paar meiner alten Lieblingsplätze auf: den Markt und die Färbegruben, wo alte Männer Lehmbottiche voller Indigofarbe umrührten, in die man Stoffe einlegte. Der Markt hat mir schon immer gefallen, die Haussa sind hervorragende Händler. Schon vor tausend Jahren, als die Europäer Afrika noch nicht kannten, war Kano in den Atlanten des Ostens als Handelszentrum vermerkt. Heute noch bringen Kaufleute Edelsteine, Seidenstoffe und Weihrauch aus fernen Ländern. Ich kaufte als Weihnachtsgeschenk für David einen Geldbeutel aus Schlangenhaut und für mich ein Stück herkömmlichen Tuches, um mir eine neue Schultertasche zu nähen. Düfte von süß bis würzig wehten mir beim Dahinschlendern um die Nase. Die alten Plattformen aus der Zeit des Sklavenhandels mit ihren dicken quadratischen Säulen und ihren Dächern aus Holzlatten standen noch, teilweise repariert von den Männern, die jetzt ihre Nähmaschinen dort aufgestellt hatten und wunderschön bestickte Gewänder nähten. Ein Mann bot Antimon in glänzenden Klumpen feil, jedes Häufchen etwas feiner zerkleinert. Er sagte, in pulverisierter Form helfe es, Augenleiden zu lindern.

Ich fand David nur mit einigen Schwierigkeiten, er war bei freundlichen Leuten der Britisch-Kaledonischen Airline. An dem Morgen, an dem wir Nigeria verlassen und nach Niger weiterfliegen wollten, betrug die Sicht nur 800 Meter. Am Nachmittag wurde sie etwas besser, aber nicht ausreichend. Mir machte die Verzögerung nichts aus, es war Heiligabend, und ich ging ohnehin lieber zum Gottesdienst. Wir fanden eine Anglikanische Kirche, aber schon beim ersten Lied kannte niemand den Text, und weder David noch ich konnten ihn im Gesangbuch finden. Als dann ein bekanntes Lied an die Reihe kam und gesungen wurde, hinkte der Organist den Sängern weit hinterdrein. Die kräftige dunkle Stimme, die zuvor die Gemeinde angeführt hatte, sang eine Zeile mehr und tönte das ganze Lied hindurch wie ein Echo. Aber es fehlte nicht an weihnachtlicher Stimmung.

Am Weihnachtsmorgen flogen wir von Kano aus in Richtung Norden nach Daura, wo wir vor unserem Sprung über die Grenze auftanken mußten. Die nigerianischen Beamten waren freundlich und hilfsbereit. Das einzige, was ich vermißte, war der Trompeter des Emirs, der immer auf einem großen weißen Kamel hinausgeritten war und die Flugzeuge mit einem Fanfarenstoß aus seiner fast zwei Meter langen silbernen Trompete begrüßt hatte. Er mußte wohl dem Fortschritt zum Opfer gefallen sein. Die Funkverbindung mit dem Tower von Kano war so gestört, daß wir uns alles dreimal wiederholen lassen mußten. Ich dachte, der Fehler läge an unserem Gerät, bis wir einen Piloten der British-Caledonian auch um Wiederholung bitten hörten. Die letzte Durchsage, die uns erreichte, war „Fröhliche Weihnachten".

Wir hatten Gegenwind befürchtet, aber innerhalb von zehn Minuten waren wir so schlimm vom Kurs abgekommen, daß uns klar wurde, er wehte aus südwestlicher Richtung. In 760 m Höhe drehte der Wind links (David sagte, Winde drehen normalerweise mit zunehmender Höhe rechts, nicht links). Wir bekamen Südostwind, der uns schnell vorantrieb. Wir wechselten uns beim Steuern ab, aber die Sicht war schlecht, und da wir keine Navigationspunkte entdecken konnten, orientierten wir uns an einer Straße. Unser Schatten galoppierte über flaches Land, über einige kleine Dörfer und neue Baumpflanzungen, die als Windbrecher gegen die vordringende Wüste angelegt worden waren.

In Daura landeten wir hinter der Stadt auf der Straße und fuhren dann mit unserem Motordrachen in den Ort hinein. Ein Wagen begegnete uns. Um ihm auszuweichen, bogen wir in die erste Toreinfahrt ab und hielten vor dem Haus. Die Bewohner kamen heraus, sie schienen das für ganz normal zu halten, aber vielleicht waren sie einfach zu verblüfft, um eine Reaktion zu zeigen. Der Mann war Forstbeamter und betreute die Aufforstungen, die wir unterwegs gesehen hatten. Er erzählte, daß die Bäume wüstenhart sein müssen und dieses Projekt von der EG finanziert würde.

Eine Menschenmenge sammelte sich um Pegasus, und Scharen von Kindern drängten in den Garten unseres Gastgebers, bis wir dicht umringt waren. Ich hätte platzen können vor Wut. Wir versuchten, die Menge aus dem Garten hinauszuscheuchen, aber schon drängten sich hundert andere herein. Insgesamt waren es an die vierhundert. Zum Glück tauchten zwei Polizisten und ein Reiter mit einem schwarzen Pferd auf, der einen prächtigen Turban trug. Er hatte gold- und silberfarbige Kleider an, und das Zaumzeug seines herrlich langmähnigen Pferdes war mit Troddeln geschmückt. Da die Polizisten nichts ausrichten konnten, bat ich den Reiter, uns die Zufahrt freizumachen, denn ich hoffte, die Leute würden vor dem Pferd zurückweichen. Dann bat ich sechs weitere Männer um Unterstützung, und es gelang ihnen, die Masse aus dem Garten hinauszutreiben, hinter den Zaun, wo alle gute Sicht hatten. Ich entschuldigte mich bei dem Forstbeamten für die Invasion, dann fragte ich, ob wir unseren Ultraleichtflieger dalassen könnten, während wir in die Stadt gingen.

Mit hundert aufgeregten Kindern im Schlepptau machten wir uns zu Fuß auf den Weg. Ich kam mir vor wie der Rattenfänger von Hameln, obwohl das hier eher einem Alptraum glich. Die Horde wurde ständig größer, aber wenigstens lockten wir sie von Pegasus weg. Ein Taxi kreuzte auf, und wir flüchteten uns hinein. Die Bande umringte das Auto, hämmerte an die Fenster und rannte einen halben Kilometer weit wie ein verrückter Haufen hinterher.

In der Stadt wurde es ruhiger, und wir schlenderten zum Emirspalast und dem Kusugu-Brunnen. Hier hatte der Legende nach Bayajida, der Sohn des Königs von Bagdad, die Götzenschlange Sarki erschlagen und die Königin von Daura geheiratet. Ihr gemeinsamer Sohn Bawo zeugte die ersten Herrscher der sieben Staaten, die als Vorfahren der Haussa-Rasse gelten. Diese Legende stimmt mit der schriftlich niedergelegten Geschichte Kanos überein, in der berichtet wird, daß die Königin von Daura ihren ältesten Sohn Takano aus ihrer Ehe mit dem Schlangentöter zum Herrscher von Kano ernannte. Manche behaupten, Kano sei eine Abkürzung seines Namens Takano. Der Emir besitzt noch das Schwert, mit dem die Schlange angeblich enthauptet wurde.

Auf dem Markt wuchsen die Kinderhorden wieder bedrohlich an; die Bengel schlüpften zwischen den Beinen der Leute hindurch unter die Stände und ärgerten die Verkäufer. Wir kauften Lebensmittel und Benzin, ergatterten ein Taxi und ließen den Chauffeur statt zu Pegasus in die entgegengesetzte Richtung fahren. Nach knapp zwei Kilometern baten wir ihn, umzukehren, verkrochen uns unter die Sitze und kicherten über unsere Albernheit, mit der wir aber hofften, die Menge zu überlisten.

Pegasus war immer noch von etwa zweihundert Leuten umlagert. Wir aßen mit unserem Gastgeber zu Mittag. Die Zimmer hingen voller Weihnachtsgirlanden aus Papier und Lametta. Er räumte ein, er sei zwar Moslem, aber den Weihnachtsschmuck hänge er jeden Dezember auf, weil er so schön sei.

Wir wollten um fünfzehn Uhr wieder starten. Beim Gedanken an die Massen vor dem Haus schauderte mir zwar, aber die Polizei hielt uns die Straße frei und stoppte den Verkehr. Unser Segel strich knapp über die Köpfe der Menge hinweg, die jetzt weit mehr als vierhundert zählte und total verrückt spielte.

Erst in der Luft fühlte ich mich wieder sicher. Wir kreisten einmal über den alten Stadtmauern und flogen dann in Richtung Grenze davon. Das Land unter uns wurde immer trockener, das kümmerliche Buschwerk immer spärlicher; gelegentlich ragten runde Felsbrocken aus dem Boden, manche größer als Häuser. In einem Dorf hatte man sich gerade zum Gebet im Freien versammelt; als wir über die Gruppe hinwegflogen, brach Chaos aus.

„Willkommen in Niger“, sagte der Flughafenkommandant von Zinder, als wir ausstiegen. Er war über unsere Sondergenehmigung unterrichtet, wir erhielten ohne Schwierigkeiten unseren Einreisestempel und einen Platz in einem Hangar für Pegasus. Dann bot er uns Unterkunft im „case de passage“ an, einem hübschen kleinen Landhaus mit schattiger Veranda, das der Regierung als Gästehaus diente.

Das Land der Tuareg

„Das ist der richtige Ort für unseren Flugunterricht“, verkündete David am nächsten Morgen. „Heute wirst du zum ersten Mal üben, wie man die Antriebskraft richtig ausnutzt.“ Wir flogen zu einer kleinen grünen Oase mitten im unfruchtbaren Land; die flachen Brunnenbecken in dem geometrischen Paradies aus Ackerquadraten und sauberen Pflanzenreihen funkelten wie Silbermünzen im frühen Sonnenlicht. Aber aus dem Unterricht wurde nichts, denn beim Start gab es zwischen David und mir ein kleines Mißverständnis: Ich wurde ans Telefon gerufen, Mobil aus Niamey wollte mich sprechen, und ich versuchte, mit ihrer Hilfe eine Verlängerung unserer ablaufenden Flugerlaubnis zu bekommen – David jedoch glaubte, ich würde die Zeit für den Unterricht unnötig vergeuden. Er schrie mich an, und wir sprachen bis zum Abend kein Wort mehr miteinander.

Wir flogen aber doch noch, diesmal über die Stadt Zinder, früher einmal Hauptstadt von Niger. Die Altstadt war einst von dicken Mauern umgeben, die wir streckenweise noch ausmachen konnten. Zwischen den Hütten lagen einige enorme Felsbrocken, und in der Mitte der Stadt erhob sich ein massiver, kuppelartiger Fels mit einem Brunnen auf der Spitze – die Wasserversorgung der Stadt. Rutschbahnen liefen über den Felsen, in Jahrhunderten von zahllosen Füßen und Hintern blankpoliert. Jetzt schlitterten Kinder darauf herum, die die Schule schwänzten.

Sahelstreifen und Buschlandgürtel zogen sich parallel über das Gebiet, das wir in nördlicher Richtung überflogen. Sahel ist das arabische Wort für Küste – die Grenze zwischen bewohnbarem Land und Wüste. Wir sahen eine große Herde von Kamelen und Ziegen, die, als sie unseren Motor hörten, aufgeregt durcheinanderstoben. Leute liefen uns entgegen, Kinder rannten davon, um sich hinter ihren Müttern zu verstecken.

Wir verloren die Verbindung zum Tower von Zinder. Als sozusagen letzte Mitteilung hörten wir, daß man die Gendarmerie in Tanout über Funk von unserem Kommen unterrichtet hatte, dann noch die Bestätigung, daß unsere Benzinreserven dort waren, und schließlich wünschte man uns weiterhin frohe Weihnachten. So etwas wie eine Mondlandschaft lag unter uns, und die Sonne sank schnell. Wir waren nicht weit von Tanout entfernt, konnten die Straße sehen, die dort hinführte. Die löcherige Piste wurde gerade zu einer Asphaltstraße ausgebaut, die auf einem Damm verlief, damit der Sand sie nicht mehr ständig zuwehte. Auf den fertigen Teerstrecken würden wir überall landen können. Das Zwielicht verging, es war ruhig und windstill. In der Dämmerung kamen schließlich vor uns die Gebäude von Tanout in Sicht.

Wir überflogen die Stadt und hielten nach einem Landeplatz Ausschau, entschieden uns dann für die Hauptstraße am Anfang der Stadt. Ein Lastwagen fuhr in die gleiche Richtung, in die wir heruntergingen, wir setzten unmittelbar hinter ihm zur Landung an. Doch plötzlich bremste er ab, und wir mußten, um nicht von hinten aufzufahren, in einem kurzen Sprung über den Wagen hinwegsetzen; dann landeten wir vor ihm auf der Straße. Der Fahrer sah ziemlich überrascht drein.

Es war eine gute, weiche Landung; danach bogen wir von der Straße ab und folgten im Bogen einer Wagenspur zu einem eingezäunten Straßenbaulager: das war ein sicherer Ort, um ein Flugzeug über Nacht unterzustellen. Leute begannen sich um uns zu sammeln, Männer in dunklen Gewändern mit Schwertern in Lederscheiden. Dann teilten sich die Reihen, und ein Franzose schritt auf uns zu, der Bauleiter. Er öffnete das Tor für uns, und wir konnten den Ultraleichtflieger hineinschieben. Leider schoben einige Leute, die es gut meinten, zu stark am Segel, so daß der Hängebock verbogen wurde (das ist der Hauptbolzen, mit dem die Gondel am Tragflügel befestigt ist, also ein für unsere Sicherheit wichtiger Bestandteil). Aber Alain, der Franzose, sagte beruhigend, wir könnten ihn morgen früh in ihrer Werkstatt reparieren.

Eine Handvoll Franzosen lebte neben der Baustelle, und sie luden uns zum Abendessen in ihr Fertighaus ein, das mit Weihnachtsgirlanden aus Polystyrolverpackungschips geschmückt war, die sie auf Schnüre aufgezogen hatten. Das Dinner war köstlich, es begann mit Froschschenkeln in Knoblauchbutter.

Während David am nächsten Tag den Hängebock wieder einrichtete, fuhr ich mit Alain in seinem Toyota aus der Stadt. Er mußte nachsehen, wie weit die Grabungsarbeiten für einen Brunnen in einem Tuaregdorf gediehen waren. Alain hatte sehr viel für die Tuareg übrig, obwohl er zugab, daß sie keine guten Arbeiter waren, sondern lieber auf die Almosen ausländischer Hilfsdienste warteten. Alain machte die schreckliche sechsjährige Dürre in der Sahelzone 1970 dafür verantwortlich, als sie ihr gesamtes Vieh verloren und damit auch jeden Grund zum Arbeiten. Sie konnten sich einfach keine andere Form von Arbeit vorstellen. Bei dem Straßenbauprojekt waren denn auch nur zwei Prozent der Arbeiter Tuareg.

Eine Salzkarawane kam uns entgegen, dreißig leicht beladene Kamele mit nur so viel Salz, daß es reichte, ein wenig Tabak und Tee einzutauschen. Mehrere Stuten hatten Junge an ihrer Seite. Wir hielten in der Nähe einer langen Reihe von Klippen, die als Falaise von Farakh bekannt sind; hier fand 1917 eine Schlacht zwischen Tuareg statt, in der Tausende erschlagen wurden. Man sieht heute noch Knochenhaufen, aber auch Skelette von Tieren, die in den Dürreperioden danach umkamen.

Heute war eine Tuareg-Gruppe gerade dabei, ihr Lager hier aufzuschlagen. Alain scherzte mit ihnen: „Ihr versetzt dauernd eure Zelte, manchmal nur um ein paar Meter, und behauptet, da wärt ihr besser vor dem Wind geschützt. Aber ich glaube, ihr könnt einfach nicht an einer Stelle bleiben.“ Natürlich gibt es auch einige vernünftige hygienische Gründe, warum die Tuareg alle paar Wochen ihr Lager woanders aufschlagen.

Man lud uns in eines der Zelte zum Tee ein: mit hoch ausgestrecktem Arm wurde der Tee schwungvoll in drei kleine Gläser gegossen, um ihn besonders schaumig zu machen. Dazu bot man uns Käse aus Ziegen- und Kamelmilch an. Die Milch wird wie zum Buttern geschlagen, dann stehen gelassen und in einer Graspresse getrocknet. Der Käse war feucht und köstlich, und der Tee schmeckte ganz schön stark, und man sagte mir, das erste Glas dürfe man ausschlagen, aber die anderen müsse man trinken, denn mit dem ersten Glas grüßt man die Gäste, das zweite ist für den Gastgeber und das dritte für Allah.

Ein Beau trat ins Zelt. Er trug einen exquisit gewickelten schwarzen Turban oder „Shesh“. Unter der nach vorn stehenden schmalen Spitze bauschte sich der mehrschichtig gewundene ballonförmige

Turban, und das Ende des vier Meter langen Tuches war mit einer letzten geschickten Windung über Kinn und Nase geschlungen. Alle Männer hatten Dolche im Gürtel stecken. Die Frauen trugen schwere Messingspangen um die Fußknöchel, lange baumelnde Ohrringe, schwarze Tücher um den Kopf und einen Talisman am Hals. Einer der Männer stellte Talismane her, seine Spezialität waren kleine Lederquadrate mit einem Gebetstext aus dem Koran, der auf Papier geschrieben, klein zusammengefaltet und in die winzige Tasche eingenäht wurde. Auch auf den Außenseiten standen noch Gebete gegen böse Geister.

Alain hatte einen Sack Kautabak als Geschenk für die Frauen mitgebracht. Sie zerkrümelten die trockenen Blattstücke und kauten sie zusammen mit Natronklümpchen, um dem Kraut einen pikanten, salzigen Beigeschmack zu verleihen. Mit dem Rest füllten sie ihre Tabaksbeutel auf, die sie um den Hals hängen hatten. Die Unterhaltung wechselte nun zum Wohlergehen ihrer Kamele über, einem Thema, das jedem Tuareg am Herzen liegt. Heutzutage halten sie auch Schafe und Ziegen, aber zu denen haben sie nicht das gleiche Verhältnis wie zu den Kamelen. Kamelmilch ist ihr Hauptnahrungsmittel. „Sie hält uns gesünder als feste Nahrung", erklärte mir einer. „Einen unterernährten Tuareg werden Sie vermutlich nirgends finden." Und ein anderer fügte hinzu: „Wir sind Milch-Feinschmecker, wir schmecken, welche Blätter die Kamele gefressen haben."

Am Abend begannen die Frauen, Schafe zu melken; sie stellten sie still, indem sie ihnen ein Hinterbein nach außen zogen, während ein Kind den Kopf des Tieres festhielt. Die Lämmer waren alle an einem einzigen Seil festgebunden. Ein Mädchen nähte aus einem großen Stück Reifenschlauch von einem Lastwagen einen Ersatz für ihren Wassersack aus Schafhäuten zusammen. Das Gummi war wie eine Schafhaut zugeschnitten, sogar der Hals war dran, und er ergab eine gute Tülle.

Wir gingen uns den halbfertigen Brunnen ansehen; er war Teil eines Hilfsprojektes, und die Einheimischen wurden für ihre Arbeit bezahlt. Sechs Meter tief war er inzwischen, aber Alain nahm an, daß sie noch etwa 30 m tiefer graben müßten. Ich habe Zweifel, ob es klug war, in einem Gebiet Brunnen zu graben, in dem nicht ständig Wasser zu finden war. Solange die Nomaden nur einen Teil des Jahres, nach der Regenzeit, hier verbringen, kann sich das Land in der übrigen Zeit wieder erholen. Mit einem Brunnen nimmt man dem Land jede Chance dazu, und es verkommt binnen kurzem zu einem Staubloch.

Während Alain mit seinen Arbeitern sprach, schloß ich mich einer Gruppe von Frauen an. Zuerst waren sie scheu, faßten aber allmählich Zutrauen und stellten mich ihren Freundinnen und einer alten Dame namens Tina vor, der weisesten Frau des Lagers. Viele Leute schüttelten mir noch die Hand, bevor wir nach Tanout weiterfuhren. Das Händeschütteln der Tuareg endet damit, daß man in einer ruckartigen Bewegung die Finger des anderen festhält, und das mehrmals während jedes Grußes.

Am nächsten Morgen brach ich um halb sechs Uhr nach Agadez auf, dort wollte ich David und Pegasus einholen. Ich fuhr mit zwei Tuareg in einem Geländefahrzeug. Der Morgen kroch über die Ebene herauf, einige kleine Antilopen sprangen davon. Die Straßenbauer waren noch nicht bis hierher gekommen, und die Piste war voller Löcher, tiefem Sand und Rippen, die an Wellblech erinnerten. Wir hatten eine Reifenpanne und hielten in einem Dorf, um das Loch mit einem Stück aus einem anderen geplatzten Reifen zu flicken.

Ich versuchte einen meiner stündlichen Funkrufe, ein blinder Ruf mit unseren Kennwörtern – „Golf Mike Tango Lima Golf – hier ist Charlie Delta für Delta Yankee, over“ –, nur für den Fall, daß David im Busch gestrandet war. Dann kaufte ich noch warmes Brot, getrockneten Käse und Datteln fürs Frühstück und trank eine Kalebasse Milch, die mir ein junger Mann anbot. Er blieb bei mir stehen, und wir sahen zu, wie einige Männer fünfzig Geißen auf einen Lastwagen verluden, zuerst die großen, dann die kleineren, um auch die Zwischenräume auszunutzen.

Von da ab war nur noch Wüste da. Der Himmel wurde grau, und bald gerieten wir in einen Sandsturm, der aber binnen kurzem zu einem Sand-Wind abflaute. Ich war froh, daß David schon gestern abgeflogen war. Wie es ihm wohl ergangen war? Er hatte in der Tat klug gehandelt und war niedrig geflogen, um Benzin zu sparen, so niedrig, daß er zweimal mit den Rädern sogar die Sanddünen gestreift hatte, wie er später zugab. Bei Einbruch der Dunkelheit hatte er sich Agadez genähert und keine Zeit mehr gehabt, zu landen und Benzin nachzufüllen, weil er den Flugplatz noch vor der Nacht erreichen wollte. Also flog er so lange, bis ihm knapp fünf Kilometer vor Agadez der Treibstoff ausging. Aber schließlich schaffte er es doch, und ich traf ihn heil und sicher am Flughafen.

Unsere Route hatte wochenlang nach Norden geführt, eine weitere Etappe in nördlicher Richtung lag aber noch vor uns, tiefer hinein in die eigentliche Sahara. Die Wüste kann, grob gesagt, in fünf Landtypen unterteilt werden: „arummila", das heißt leere Sandwüste; „erg", das sind die großen Dünengebiete; „keg" heißen die Geröllzonen mit hartem Sand; „elkidea" ist das zerborstene, erodierte Schelfgestein; und dann gibt es noch die Gebirge, die verschiedene Eigennamen tragen. Das bekannteste der alten Vulkangebiete ist der Hoggar; dort bin ich 1975 schon gewesen. Weniger bekannt ist das Aïr-Massiv, ein gewaltig zerklüftetes Plateau, das bis zu 1900 m Höhe erreicht und sich nördlich von Agadez erstreckt. Früher ein Bollwerk für Tuareg-Banditen, gilt es noch immer als hartes, unwirtliches Gebiet.

Ich hatte eine Adresse in Iferouane, einem Dorf im nördlichen und wildesten Teil des Aïr-Massivs. Der Mann arbeitete für ein Projekt des World Wildlife Fund (jetzt World Wide Fund for Nature), und ich freute mich darauf, einige Tage da oben zu verbringen. Die Regierung von Niger hatte mir die Sondererlaubnis zum Flug ins Aïr-Massiv nur unter der Bedingung erteilt, daß wir eine vollständige Wüstenausrüstung besaßen und ein Begleitfahrzeug mit Vierradantrieb uns am Boden folgte. Man war etwas verblüfft, weil wir über kein ständiges Bodenfahrzeug verfügten, aber bis jetzt waren wir auch so durchgekommen, selbst wenn ich schwierige Strecken zu Lande hatte machen müssen. Wir wollten ja nicht irgend etwas beweisen oder irgendeinen Rekord aufstellen. Da ein Bodenfahrzeug aber nun vorgeschrieben war, mußte ich mich daran halten. So wurde unser Team durch einen Landrover und einen erfahrenen Tuareg namens Alagarbit erweitert.

Wir sandten ihn voraus und sagten, wir würden auf dem Weg nach Iferouane über ihn hinweg fliegen. Der Wind war stark, aber er blies gleichmäßig die Startbahn herunter und erleichterte uns das Aufsteigen. Mit seiner Hilfe begannen wir schon nach sechs Metern zu schweben.

Der Wind trieb Staubwände vor sich her, wir schmeckten das knirschende Pulver. Durch den Nebel konnte man sehen, wie klein die Stadt Agadez war. Fast alles war aus Lehm gebaut, und das Ganze wurde überragt von zwei Türmen im sudanesischen Stil, quadratisch und oben spitz zulaufend, mit an den Ecken herausstehenden Stöcken. Der größere Turm gehörte zur Hauptmoschee.

Während wir auf der Runde, die uns der Flughafen vorgegeben hatte, höher kreisten, begann der Motor zu husten. David schaltete kurz ab und wieder voll ein, aber es nützte nichts, der Motor stotterte und wollte einfach nicht. „Es könnte sein, daß gestern, als mir das Benzin ausging, ein paar Sandkörner reingekommen sind", meinte David. „Kein Grund zur Panik, es ist kein totaler Motorausfall, wir haben noch genug Kraft, um sicher zurückzukommen."

Wir waren über der Stadt und verloren ständig an Höhe, aber David drehte einen sauberen Kreis und teilte dem Flughafen mit, daß wir Schwierigkeiten mit dem Motor hatten. Im nächsten Augenblick sahen wir Feuerwehrmänner zu ihrem roten Lastwagen rennen, hineinspringen und auf die Landebahn zurasen; Staub flog hinter den großen Reifen auf, während David in vollkommener Schönheit aufsetzte.

Wir hatten nur das nötigste Werkzeug bei uns behalten und den Rest mit Alagarbit vorausgeschickt; während David also anfing, den Motor gründlich zu untersuchen, machte ich mich an die Verfolgung unseres Tuareg und konnte nur hoffen, daß er nicht schon halb in Iferouane war. Ein Lastwagen, der Säcke mit Yams geladen hatte, nahm mich mit. Er fuhr zur Uranmine von Arlit, auf der sogenannten Uranstraße, wie mir der Fahrer erklärte. Wir durchquerten endloses unfruchtbares Ödland aus Sand und kahlen, vom Wind zerfressenen Felsen. An einigen Steinhütten hielten wir an, um Yamswurzeln, so lang und dick wie Männeroberschenkel, gegen einen Stapel Trockenkäse einzutauschen.

Ein Tuareg mit indigofarbenem Turban galoppierte auf einem weißen Kamel heran, gefolgt von einem zweiten Reiter auf einem gescheckten Tier. Ich fragte, welches der beiden schneller sei, und sie stritten sich in ihrer harten, kehligen Sprache, Tamaschek genannt. Einer trabte weg, als fühle er sich herausgefordert, der andere überholte ihn, und schon begann ein Wettrennen. Die Kamele streckten die Hälse vor und droschen mit ihren plumpen Füßen den Sand. Jemand sagte mir, daß beide früher als Sieger aus zahlreichen Kamelrennen hervorgegangen waren. Das weiße Kamel übernahm die Führung, aber das gescheckte gab sich nicht geschlagen, Hals an Hals preschten sie voran. Dann brachen plötzlich beide Reiter das Rennen ab, wendeten ihre Kamel und trabten lachend zurück. Der

Lastwagenfahrer rief seine Passagiere zusammen, und wir fuhren weiter.

Nach etwa 160 Kilometern fand ich Alagarbit; er parkte an der Straße, sah in den Himmel und ließ einen Seitenspiegel in seiner Hand blitzen. Ein einfallsreicher Mann, er hatte sich einen jungen Burschen mitgenommen, der ihm Tee kochte.

Wir wollten gerade starten, da erschienen einige deutsche Weltenbummler mit etwas verzweifeltem Blick und sagten, ihr Fahrzeug sei zwischen Felsen im tiefen Sand steckengeblieben, nicht weit von hier. Ich bat Alagarbit, hinzufahren und sie herauszuziehen; so erfuhr ich auch, daß sie nach einer legendären Felszeichnung suchten, die eine Giraffe darstellte, sie aber nicht gefunden hatten. Wir zogen ihr Auto heraus, und weil sie direkt nach Agadez weiter wollten, fragte ich, ob sie Davids Werkzeugtasche nehmen und sie ihm auf den Flughafen bringen würden. Sie bedankten sich fürs Herausziehen, aber sie hatten nicht vor, in Agadez anzuhalten, und wollten die Werkzeugtasche nicht mitnehmen.

Nachdem sie weggefahren waren, sagte mir Alagarbit selbstgefällig, er wisse, wo die Giraffe sei. Diese Gelegenheit ließ ich mir nicht entgehen. Wir fuhren eineinhalb Kilometer über Felsboden, dann hinunter in den Sand und quetschten uns zwischen Hindernissen aus Stein hindurch. Gelegentlich mußten wir anhalten und Felsbrokken aus dem Weg räumen, die unsere Achsen blockierten. Man hätte eigentlich das Aïr-Massiv sehen müssen, aber der Staub nahm uns die Sicht. Ich nahm an, die Gravur befinde sich an einer steilen Felswand, aber die gab es weit und breit nicht. Wir erreichten einen niedrigen, sehr breiten Felsen, und Alagarbit sagte trocken, wir seien da.

Ich kletterte über das Geröll und entdeckte einen Fries mit Rindern, klein, aber gut herausgearbeitet; dann ebenso eine kleine Giraffe und eine Antilope, so groß wie mein Arm. Ich schaute mich um und bemerkte, daß auch die Felsen, auf denen ich stand, Bilder trugen. Sie waren aus dem Stein herausgehauen.

Weiter oben in einer versteckten Rinne war die fast zwei Meter große Kontur eines Mannes in gekrümmter Haltung zu sehen, der vier Federn auf dem Kopf trug. Alagarbit meinte, dies sei die älteste aller Gravuren hier. Diese Phase der Felskunst, das Rundkopf-Zeitalter genannt, begann vor 6000 v. Chr. Das Alter von Felsgravuren kann nach der Patina des Steins bestimmt werden, deren Farbe sich mit dem Alter verändert. Je dunkler die Linien, desto älter die Gravur; dabei ist zu beachten, daß auf waagrechtem Fels die Bilder anders verwittern als auf senkrechtem.

Die Periode der Bovid-Kunst im Aïr-Massiv soll von 4000 bis 2000 v. Chr. gedauert haben; damals nährte das Land noch ganze Herden von Tieren, sogar Elefanten, die 500 Pfund Futter pro Tag fressen konnten. Die Künstler entwickelten damals Details und Komposition weiter. Um 2000 v. Chr. scheint eine Veränderung eingetreten zu sein, es tauchten von da an keine Flußpferde und Krokodile mehr auf, und die Viehhirten wurden durch Krieger und Jäger auf Pferden ersetzt.

Als ich in eine Mulde zwischen den Felsen hinuntersprang, bemerkte ich zwei sensationelle Giraffendarstellungen, eine über viereinhalb Meter groß, die andere etwa drei Meter; sogar das geometrische Fleckenmuster ihrer Haut war realistisch herausgearbeitet. Die Sonne hob die in den Stein gehämmerten Linien durch kleine Schatten in den Vertiefungen sehr hübsch hervor.

Wieder in Agadez, erfuhr ich, daß David den ganzen Morgen am Motor gearbeitet hatte, aber weder Schmutz noch irgendeine andere mögliche Ursache für unsere Schwierigkeiten gefunden hatte. Er arbeitete auch noch den ganzen Nachmittag und den größten Teil der Nacht an der Einstellung der Zündzeitfolge. Als die Maschine offen war, entkokte er sie und machte die Kolbenringe frei, aber wie er sagte, sah die ganze Innenwelt bemerkenswert gesund aus. Das Grundproblem war, daß das Ultraleichtfliegen noch immer in den Anfängen steckte. Unser Fluggerät war für Superbenzin ausgelegt, aber komischerweise ist es nach internationalem Recht verboten, für Flugzeuge irgend etwas anders einzusetzen als Flugzeugtreibstoff. Wir mußten Avgas nehmen, mit einer sehr viel höheren Oktanzahl – was das Fliegen mit Pegasus anging, eine große Unbekannte für uns. Unser Motor war fehlerfrei, Davids Wartung beispielhaft und das Mobilbenzin rein. Allerdings kamen wir nicht sofort auf all diese Überlegungen, deshalb mußte David so viel Zeit dafür aufwenden, nach nicht vorhandenen Fehlerteufeln im Motor zu suchen und die Zündung zu verstellen. Die richtige Zündfolge war das Wichtigste, aber wir hatten keinerlei Unterlagen, aus denen wir die erforderlichen Angaben hätten entnehmen können.

Mein Tag war ausgefüllt mit Verwaltungskram und Flugformalitäten, aber ich kämpfte mich durch und buchte Alagarbit für den nächsten Morgen noch einmal. Wir vereinbarten, daß er diesmal warten sollte, bis er uns abfliegen sah, um uns dann im Landrover zu folgen.

Um sechs Uhr früh ging ich zum Flughafen, ich mußte dabei gegen einen starken, sandigen Wind ankämpfen. David schlief neben Pegasus im Hangar. Er hatte bis zwei Uhr nachts gearbeitet, der Motor war bereit für den Probelauf. Wir verkeilten die Räder gut und warfen die Maschine an. Bei voller Kraft begannen die Fehlzündungen erneut. Es war nutzlos, sich aufzuregen. David ging traurig wieder an die Arbeit, ich hingegen zum Markt, um uns zum Frühstück ein paar Datteln und warmes Brot zu kaufen, was David so gerne aß. Der Wind wurde ständig stärker, für unseren Flug sah es nicht sehr gut aus.

Nach dem Essen wanderte ich etwas in der Stadt herum. Hinter dem Markt arbeiteten die Tuareg-Silberschmiede. Ein Arm winkte mich aus der Gasse in einen Hof, ich blinzelte durch den Staub und erkannte eine Silberschmiede, die auch für den Verkauf offen war. Vier Männer stellten im Verfahren der „verlorenen Form“ silberne Agadezkreuze her, den traditionellen Tuareg-Schmuck. Wie sie mir erklärten, besaß jede Stadt und jedes Dorf in dieser Region eine eigene Kreuzform. Sie zeigten mir ihre Kollektion von Schmuckstücken, die eher eigenwilligen Sternen als einem christlichen Kreuz glichen. Am besten gefiel mir der dreizackige, längliche Anhänger von Iferouane.

Eineinhalb Kilometer außerhalb der Stadt war Viehmarkt, dort wurden auch Rennkamele angeboten, Spitzenpreis etwa 100 000 CFA (Communauté Française Afrique), ca. 720 DM. Während ich den Tuareg mit ihren schwarzen Turbanen beim Feilschen zusah, fiel mir auf, daß manche so hellhäutig wie Europäer waren. Es sind weder Araber noch Schwarze (ihr Name bedeutet auf arabisch „von Gott ausgestoßen“), und die Männer tragen Schwerter zum Zeichen ihres ererbten Status als Krieger und ihrer Herkunft von den Südberbern (eine ungenaue Bezeichnung der alten Römer für alle, die nicht lateinisch sprachen). Den Berbern gelang es zweimal, in Europa einzufallen, zuerst zu Zeiten Hannibals und dann während der moslemischen Invasion in Spanien, wo sie von 710 bis 1250 herrschten. Aber als die Franzosen Westafrika mit dem Gewehr kolonialisierten, hatten die Schwertträger verspielt, obwohl sie sich erbittert verteidigten. Die Folge war ein Blutbad.

Unser Ultraleichtflieger war wieder startbereit, und ich nahm am Abend eine Unterrichtsstunde. David wollte, daß ich ein Gefühl für den Einfluß von Veränderungen der Neigung entwickelte. Ich hob ganz passabel ab, bei einem Gegenwind von zwölf Knoten. Eigentlich sind solche Winde nichts für Anfänger, aber es ging relativ glatt. Der schlimmste Augenblick war – und da überwältigte mich das Vorgefühl eines Verhängnisses –, als David sagte: „Gib Vollgas". Wir stiegen auf 450 m und begannen mit den Übungen. Ich mußte herausfinden, wieviel Gas ich geben mußte, um aus einer Abwärtskurve herauszukommen. Wenn ich zuviel gab, fing Pegasus zu schaukeln an und ging abwechselnd vorn oder hinten hoch. „Tu was dagegen", schlug David vor.

Man kann die Spitze einer aufsteigenden Kurve abschneiden, wenn man die Nase nach unten zieht; und wenn ich den Steuerbügel nach vorn drückte, um das Segel aufzublähen, konnte ich abfallende Kurven flach ziehen. Wenn ich überkorrigierte, konnte das Ganze noch einmal von vorn anfangen. Ich sah hinunter: Wir waren einem Flußbett nach Osten gefolgt und befanden uns über einem kleinen Lager mit halbkugelförmigen Mattendächern und Kamelen. Die Sonne ging langsam in Staub und Dunst unter. Ich fing die Landung ordentlich an, sank aber zu langsam, also zog ich den Bügel heran, und schon sausten wir abwärts. Plötzlich merkte ich, wir waren sehr tief, zu tief, ich war aus der Linie geraten und würde die Landebahn verfehlen. Als ich zu korrigieren versuchte, gerieten wir in eine verhängnisvolle Schräglage. Wieder einmal überließ ich David den Steuerbügel, und er bewältigte die Situation natürlich fachmännisch.

Zum Abendessen kaufte ich eine Ziegenkeule, Gemüse für einen Salat und eine Melone; ich wollte selbst kochen. Danach kam ein neuer Bekannter namens Sulieman, er hatte Tee für David und mich bei sich. Er brachte einen Teetisch, drei Gläser, eine Teekanne und ein Holzkohlestövchen mit, und er gestaltete die ganze Zeremonie außergewöhnlich aufwendig, was damit anfing, daß er zunächst den Staub von den trockenen grünen Teeblättern wusch. So hatten wir Zeit, uns über das Leben der Tuareg zu unterhalten. Er erzählte von seinen drei Kamelen und zeigte mir, wie man einen „Shesh", einen Turban, schlingt: zuerst einmal um den Kopf, dann lose übers Gesicht, wobei das Tuch etwas nach unten gezogen wird und so den Mundschutz bildet; das übrige Tuch wird von der Stirn aus nach hinten gelegt und gedreht, damit der Turban auch fest sitzt. Suliemans „Shesh“ war über acht Meter lang, aber es gibt auch welche mit weniger als vier Metern.

Er sagte, daß die Männer in Gegenwart ihnen unbekannter Frauen für gewöhnlich ihr Gesicht verhüllt lassen und den Schleier nicht einmal zum Trinken hochheben, sondern den Tee durch das Tuch hindurch schlürfen. Das hängt vermutlich mit ihrem Glauben zusammen, die Seele könne durch den Mund des Mannes entschlüpfen. Für ihn als aufgeklärten Tuareg, der in der Stadt lebte, war das Schockierendste an ausländischen Touristinnen ihre dürftige Bekleidung. Er wünschte, sie würden begreifen, was für eine Beleidigung die Minishorts für die Einheimischen waren.

Wir sprachen auch über die große Rallye nach Dakar, die am 1. Januar in Paris starten sollte und zwischen dem 6. und 12. Januar durch Agadez kommen würde. Unsere Route würde die der Rallye irgendwann kreuzen. Sulieman sprach von mehr als siebenhundert Teilnehmern, die mit ihren Begleitteams ganz Agadez zum Bersten bringen würden. Das Zimmer, für das ich pro Nacht 3000 CFA bezahlte, würde dann den Wucherpreis von 15 000 CFA kosten.

Der nächste Tag war der 31. Dezember, Silvester. Wir waren vor Tagesanbruch auf, und als es anfing, heller zu werden, schoben wir Pegasus auf die geteerte Rollbahn. David krümmte sich plötzlich vor Schmerz auf dem Boden. Er stöhnte, es sei schon die zweite Kolik an diesem Morgen, aber er beteuerte trotzdem, er sei in Ordnung. Ich klopfte im Geist dreimal auf Holz, und schon hoben wir ab.

Unterstützt von einem leichten Rückenwind, flogen wir an der Westseite des Aïr-Massivs hinauf. Als wir in die Gegend kamen, in der ich die Giraffengravuren gesehen hatten, machten wir einen Abstecher und hielten nach ihnen Ausschau, um sie aus der Luft zu betrachten. Ich entdeckte den Felsen schon von weitem, und wir brummten ganz niedrig darüber hinweg. Ich konnte die Bilder zwar sehen, aber die Konturen waren so schwach, daß David sie nicht erkennen konnte.

Dahinter lag die Wüste wie ein endloser Strand, bedeckt vom vielfingrigen Muster trockener Priele, die hier jedoch hundertfach vergrößert waren. Ich scherzte mit David über ein Eimerchen mit Spaten, ein handliches Spielzeug, das wir vielleicht sehr bald einmal ernsthaft brauchen würden; und er sagte, natürlich habe er eines dabei, einen kleinen Falteimer, für den Fall, daß wir aus einem tiefen Brunnen Wasser schöpfen müßten. Kleine Herden gescheckter

Aufbruch mit Ahmet zu einem Ritt ins Aïr-Massiv – auf einem etwas reizbaren sechsjährigen Kamel.

In Niger entdeckten wir einen Dinosaurier-„Friedhof".

Salzpfannen in Tegguiddan Tessoum/ Niger.

Mitten im Niemandsland, nicht weit von Iférouane, bekam ich erstaunliche Felsgravuren zu sehen.

Ahmet beim Brotbacken, als wir während unseres Kamelritts im Aïr-Massiv kampierten.

Kamele und ein paar Tuareg-Behausungen in ausgetrockneten Wadis waren die einzigen Zeichen von Menschen hier.

Unser Flug war gut; bei angenehmer Lufttemperatur und nicht zu starkem Wind schwebten wir in 150 m Höhe dahin, tief genug, um im Schutz der Berge zu bleiben. Um Alagarbit nicht zu verlieren, hatten wir ihm unser zweites Funkgerät überlassen, und er meldete sich wie vereinbart um zehn Uhr vormittags. Er sagte, er müsse uns nachjagen, denn er sei wegen eines gebrochenen Bolzens im Chassis aufgehalten worden, sei aber nicht mehr weit hinter uns. Er hatte einige Kameltreiber getroffen, die uns erst vor einer Viertelstunde hatten vorüberfliegen sehen.

Weiter ging es über einen ausgekippten Haufen Uranium hinweg – der gelb vor dem dunkleren Sand fluoreszierte – in Richtung Straßengabelung, wo die Straße nach Iferouane von der Uraniumroute abzweigte. Aber wir entdeckten keine Seitenstraße, nicht einmal eine Wagenspur. Zum Glück holte Alagarbit mit seinen hundert Stundenkilometern in dem Moment auf, in dem wir die falsche Richtung einschlugen. „A droit, tournez à droit!“ gellte seine Stimme durchs Funkgerät.

Wir begleiteten ihn eine kurze Strecke über der Straße, und da hohe Berge vor uns lagen, beschlossen wir zu landen und aus den Benzinkanistern im Landrover nachzutanken. Beim Landemanöver wurden wir mit einem heulenden Wind konfrontiert, der so stark war, daß es Pegasus fast überschlug und wir schnell herausspringen mußten, um das Segel festzuhalten und am Boden zu vertäuen. Die Nasenstange hatte sich verklemmt. David versuchte verzweifelt, sie freizubekommen, während ich an ein paar Segeldrähten hing und nach Alagarbit schrie, damit er auf der anderen Seite festhielt. Sand und Staub wirbelten uns ins Gesicht, in die Augen, während wir kämpften, um die übrigen Drähte zu lösen. Ich schob das Trike weg, während David hastig das Segel auf den Boden drückte; dann setzten wir uns alle drauf, damit es unten blieb. Ein schönes Silvester!

Die nächsten paar Stunden verbrachten wir untätig in der Wüste neben einem Dornbaum und warteten, daß der Wind nachließ. Mit trockenem Dornenholz machten wir uns Feuer zum Teekochen nach Tuareg-Art, und sofort tauchte auch ein Schwarm Fliegen auf. Es ist komisch: gleichgültig, wie weit man auch von allem entfernt ist, was Fliegen fressen können, sie sind trotzdem da. Ich buddelte mich in den Sand, lehnte mich zurück und hörte dem Wind zu, der durch die Dornbaumzweige pfiff. Ein Geräusch wie Donnern lief über das Land, begleitet von einer tiefen Vibration in der Erde. Wahrscheinlich von dem Bergwerk in Arlit, beruhigte ich mich selbst; das lag zwar weit weg, aber die leere Wüste leitete das Donnergrollen deutlich hörbar weiter.

Allmählich verlor der Wind seine Heftigkeit, aber der Himmel hatte sich unheilvoll bezogen. Wenn wir jetzt nicht versuchten, hier herauszufliegen, würden wir Iferouane nicht mehr erreichen und müßten eine unangenehm kalte Nacht hier verbringen; und am nächsten Morgen wäre der Wind womöglich noch schlimmer. Also parkten wir den Landrover als eine Art Windbrecher quer über die Wagenspur, takelten unseren Ultraleichtsegler wieder auf und starteten um halb vier. Es würde knapp werden bis Iferouane, aber es war nicht unmöglich.

Bald überholten wir Alagarbit. Er schaukelte mit seinem Vierradantrieb eine Reihe Sanddünen hinauf und hinunter, und wir tanzten hoch über ihm, bis wir schließlich zu einer sandigen Ebene kamen, auf der die Straße sich teilte und in vier Richtungen auseinanderlief. Auf der Karte war keine Kreuzung verzeichnet; also folgten wir der am besten sichtbaren Spur, bis ich beim Zurücksehen merkte, daß Alagarbit nach rechts abgebogen war.

Nachdem wir unsere Route geändert hatten, ließen wir Alagarbit hinter uns, aber ich hatte Bedenken, weil unsere jetzige Richtung nicht mit der Karte in Einklang war. Nach einer Stunde wurden wir ernsthaft besorgt, wir waren jetzt tief in den Bergen und hatten nicht genügend Benzin bis Iferouane, falls wir uns verirrten. Es war schwierig genug, zu erkennen, wohin die Straße ging. Oft zweigten kleinere Wege davon ab, aber ich vermutete, es waren alles alternative Straßen, die zu demselben Ort führten. Sonnenstrahlen überzogen die Berge mit einem Tupfenmuster und machten mir bewußt, wie groß und kahl dieses Gebirgsmassiv war und wie unbedeutend klein wir selbst.

David schlug vor, wir sollten entweder umkehren und versuchen, mit dem Landrover Funkkontakt aufzunehmen, um herauszubringen, ob wir auf dem richtigen Weg waren, oder abbiegen, irgendein Tal hochfliegen und eine andere Straße suchen. Die zweite Möglichkeit machte mich schaudern – Berge sehen überall gleich aus, auch wenn sie verschieden sind, und es war ein leichtes, sich hier gründlich zu verirren. Ich hatte keine Lust, eine offizielle Suche auszulösen, die, wenn die Armee beteiligt würde, mir vielleicht am Ende eine Rechnung über eineinhalb Millionen Mark einbringen könnte. Abgesehen davon gehörte es schon immer zu meiner Lebensphilosophie, unabhängig zu sein, und das bedeutet auch, meine Schwierigkeiten ohne fremde Hilfe zu meistern.

Unsere Benzinuhr zeigte an, daß wir den kritischen Punkt fürs Umkehren erreicht hatten; wenn wir jetzt nicht sofort wendeten, hätten wir nicht mehr genügend Benzin, um ohne Hilfe nach Iferouane zu kommen. David war für Umkehren und ich für Weiterfliegen. Der Hauptweg sah so aus, als würde er regelmäßig befahren, und führte ganz eindeutig zu einer Ortschaft.

Wir kamen in eine herrliche Gegend mit hohen Felstürmen, Überbleibsel aus der vulkanischen Ära, die nun zu einem glänzenden Schwarz verwitterten, ein Prozeß, der „Wüstenfirnis" genannt wird. Dieser Anblick war alle Ängste unseres Fluges wert.

Plötzlich entdeckten wir zwei Jeeps im Konvoi. Wir kreisten und gingen hinunter, um vor ihren Stoßstangen zu landen. „Wohin führt diese Straße?" fragten wir.

„Nach Iferouane", war die Antwort, „es sind noch etwa 60 km bis dahin."

Wir flogen so schnell wir konnten, 95 km/h, auf vollen Touren; nach unserer Berechnung würden wir für die 60 Kilometer etwa vierzig Minuten brauchen. Die Sonne ging gerade in einer Wolkenbank unter, es würde sicher rasch dunkel. Aber die Landschaft war überwältigend, wild zerklüftete alte Felskerne und scharfe Grate hoben sich gegen den hellgoldenen Sand ab.

„Okay, es ist jetzt dunkel", sagte David. „Gleich müssen wir landen und irgendwo kampieren." Der Gedanke hatte seinen Reiz, die einzige Schwierigkeit dabei war, daß wir den Boden nicht erkennen konnten. Dann erspähte ich zu meiner Erleichterung einen Lichtpunkt in der Ferne – das mußte Iferouane sein.

Wir landeten auf einem breiten, flachen Kiesstreifen neben dem Dorf, rollten auf die windgeschützte Seite eines Gebäudes und montierten das Segel für die Nacht ab. An dem Gebäude war ein Schild von World Wildlife angebracht, und einige Kinder zeigten uns den Weg zum Haus meiner Kontaktperson, Peter Tunley, dem technischen Berater von WWF. Er hieß uns willkommen und schlug vor, gleich jetzt noch die letzten Stunden des alten Jahres zu feiern.

Das Projekt hier sollte in zwei Monaten offiziell eingeweiht werden. Geplant war das größte von Menschen organisierte Wildreservat Afrikas, und damit also der zweitgrößte Naturpark in Afrika; aber es gab nicht genügend Wild, um daraus einen Safaripark für Besichtigungen zu machen, es war ein reines Umweltschutzprojekt. Peters Aufgabenbereich waren der Umweltschutz und der Hausbau für das Dorf, und er erbot sich, mir die Gebäude am nächsten Tag zu zeigen.

Am Morgen meldete ich mich auf dem Polizeiposten und erfuhr, daß unser Begleitfahrzeug noch nicht in Iferouane eingetroffen war. Ich vermutete, daß Alargabit irgendwo übernachtet hatte und später erscheinen würde – es käme uns ungelegen, wenn wir nach ihm suchen müßten. Also schlug David eine weitere Unterrichtsstunde vor; ich startete und flog zu der U-förmigen Schlucht in den Bergen, von der man sagt, nach ihr sei das Anhängerunterteil des Kreuzes von Iferouane geformt worden. Hoch über der Vereinigung von drei wunderschönen Tälern lernte ich, wie man einen überzogenen Flugzustand in der Luft meistert. Wir führten ihn dadurch herbei, daß wir unsere Eigengeschwindigkeit stark drosselten, und zwar indem wir den Steuerbügel nach vorn drückten und den Angriffswinkel des Segels so lange vergrößerten, bis das Flugzeug „zum Stehen kam". Es flatterte in der Schwebe, vibrierte leicht, dann kippte die Nase steil nach unten, der Boden raste auf mich zu, und wir tauchten im Sturzflug ab. Ultraleichtflieger können dank ihrer Konstruktion beim Überziehen nicht nach hinten überschlagen; statt dessen kippt die Nase nach unten, und die Geschwindigkeit nimmt zu, bis man wieder normal weiterfliegt.

„Und jetzt überziehe in der Kurve", ordnete David an, und ich legte Pegasus in eine Abwärtskurve. Dann drückte ich den Steuerbügel nach vorn, bis ich an der Vibration spürte, daß das Segel an der Kurveninnenseite stehen blieb, während es an der Außenseite noch vorwärtsflog. Die Drehung wurde deutlich schärfer, weil das Segel auf einer Seite aufhörte, zu fliegen; dann wirkte die Schwerkraft voll, die ganze Maschine begann, sich um ihre senkrechte Achse zu drehen und ins Trudeln zu kommen. Beim Trudeln gerät ein Flugzeug außer Kontrolle, Pegasus jedoch steuerte sich selbst aus dem Trudeln heraus, seine Pendelkonstruktion verhindert eine solche Katastrophe. Man kann auch spiralförmige Sturzflüge mit ihm machen, aber... natürlich nur, wenn man sie beherrscht.

Ich ließ mit dem Bügel Pegasus sich einpendeln, kam wieder ins normale Gleiten, und wir schwebten über das breite, zerklüftete U-Tal. Die letzte Übung, ein überzogener Flugzustand im Steigen, gelang mir nicht gut, meine Arme schmerzten und mein Kopf dröhnte. Wir beschlossen, es auf ein andermal zu verschieben.

Wieder in Iferouane, zeigte mir Peter ein Gebäude, das er gerade ohne das traditionell verwendete Holz oder Stroh errichten ließ, denn beide Materialien wurden knapp in dieser Gegend. Er erzählte, daß er daher den Maurern beibrachte, mit Lehmziegeln und Mörtel zu bauen.

„Dächer tragen sich selbst, wenn man Gewölbebogen baut, auch die Türdurchgänge werden durch Bogen stabil. Das handwerkliche Können besteht darin, die Ziegelsteine am Innenbogen im richtigen Winkel aneinanderzusetzen." Peters Musterbau war eine bunte Mischung aus nubischen Bögen, Fensternischen, Säulen und Kuppeln. Selbst die geraden Flächen der Außenwände waren nicht langweilig: hervorstehende Stützpfeiler, aus statischen Gründen angebracht, bildeten ein abwechslungsreiches Muster aus Licht und Schatten.

Die Maurer arbeiteten tüchtig, schaufelten feuchten Mörtel in große Eimer, die sie den Männern auf den Mauern hochreichten, damit diese den Mörtel zwischen die Ziegelsteine klatschten. Andere machten frischen Lehm an, Schlammgeräusche erfüllten die Luft. Peter erzählte von der Kunst, den richtigen Ort aufzuspüren, an dem man nach Lehm für die Mauersteine grub, der ziemlich sandig sein mußte, anders als für Dachziegel, die einen möglichst reinen Lehm benötigten, damit sie wasserdicht wurden. Ich war beeindruckt, wieviel handwerkliches Wissen hier erforderlich war.

Der Gips für die Außenwände war wetterfest. Es regnete zwar selten, aber wenn, dann sehr stark. Bei zu hohem Sandgehalt würde der Gips heruntergewaschen, aber schwerer Lehm allein taugte auch nicht, denn er bekam in der glühenden Sonne leicht Risse; also mischte man ihn mit gehäckseltem Gras oder Stroh, um ihn zu binden.

Peters Fahrer mußte in einem nahegelegenen Tuareglager noch etwas erledigen, und ich begleitete ihn in seinem Landrover.

Ahmet, der Mann, den wir suchten, kampierte neben dem alten Dorf Salufiert, das es schon lange vor Iferouane hier gegeben hatte. Jetzt war es weniger bedeutend, denn die unterirdischen Wasservorräte waren geschwunden, während es in Iferouane davon noch jede Menge gab. Wir saßen auf einer Teppichbrücke unter einem Baum, und instinktiv empfand ich Sympathie für Ahmet. Seine Frau hatte Grübchen im Kinn. Sie zerstampfte gerade einige getrocknete Tomaten, die sie in einen Kessel mit Suppe gab. Die Teigwaren, die wir dazu aßen, waren mit der Kamelkarawane von Algerien gekommen.

Es war Nacht, als wir schließlich nach Iferouane zurückkehrten, aber der fast volle Mond schien hell. Alagarbit war endlich eingetroffen, die Batterie hatte gestreikt. Ich entschied, daß er am nächsten Morgen nach Agadez zurückfahren sollte und David und ich uns am Ort nach einem Fahrzeug umsehen würden, wenn wir unseren Flug fortsetzen wollten. Inzwischen gedachte David noch etwas an Pegasus zu basteln, und ich wollte Ahmets Angebot annehmen, mit ihm und seinen zwei Kamelen zu einem mehrtägigen Ausflug in die Berge aufzubrechen.

Ins Aïr-Massiv

Am frühen Morgen saß ich hoch auf einem sechsjährigen, etwas leicht erregbaren Kamel und Ahmet auf einem reinrassigen großen, weißen „Merhari". Wir hatten Taschen mit Proviant und Zeltausrüstung dabei, die an dem hohen dreizackigen Horn unserer typischen Tuareg-Sättel hingen. Die Zacken waren mit rot-schwarzem Leder bezogen und trugen Messingkappen über den Spitzen. Hinter mir war als Rückenstütze ein flaches Holzbrett angebracht, das dekorativ mit gefärbtem Leder geschmückt war. Das Zaumzeug bestand aus einem Strick, der durch den Nasenring des Kamels lief.

Unsere Route folgte dem Wadi nach Süden durch Salufiert mit seinen aneinandergereihten Gartengrundstücken, in denen Futtermais, Tomaten (fast reif) und Weizen (junge smaragdgrüne Triebe) wuchsen. Einige Frauen schnitten Dumpalmenblätter für neue Strohdächer ab. Wie Ahmet mir sagte, macht man aus den Blättern auch Schnüre; und die harte Schale der Früchte enthält eine faserige, leicht süße Innenschicht, die man roh kaut. Auch den Kern kann man rösten, mit etwas Öl oder Zucker vermengen und essen.

Wir ritten ohne Eile dahin. Ein ungepflegt aussehender Haussa mit einer Reisetasche wanderte uns im Flußbett entgegen. Es war ein traditioneller Medizinmann, der von Nigeria kam. Er öffnete seine Tasche, um Ahmet seine Ware zu zeigen. Heraus kamen ein Leopardenfell, das er für seinen Grigri-Zauber benutzte, und Blätter, die mit Tierhaut verflochten waren und Säuglingen beim Zahnen halfen. Außerdem bot er Löwenfett gegen Rückenschmerzen an, von dem Ahmet etwas kaufte.

Als es Mittag wurde, wollte Ahmet mir zeigen, wie man im Sand Brot bäckt. Wir nahmen den Kamelen das Gepäck ab, fesselten ihnen die Vorderfüße und ließen sie grasen. Ahmet nahm sechs Handvoll Weizenmehl und etwas Salz, fügte Wasser hinzu und vermengte alles, bis ein fester Teig entstand. Nachdem er ihn zehn

Minuten geknetet hatte, klatschte er ihn zu einem dicken Fladen flach und bestäubte ihn mit Mehl, damit an der Kruste während des Backens nicht soviel Sand hängen blieb. Wir hatten bereits aus herumliegendem Holz ein Feuer gemacht; er schob nun die brennenden Holzstücke zur Seite, legte das Brot auf den heißen Sand, deckte es mit Sand zu und schob dann das brennende Holz wieder oben drauf.

Während es buk, machte er aus getrockneten Tomaten eine Suppe. Das Brot brockten wir dann in die Suppe, es schmeckte wirklich gut. Mein Begleiter deutete plötzlich auf eine Klippschlieferfamilie (kaninchengroße Säugetiere mit Hufen), die zum Sonnenbaden herausgekommen waren, und einen Adler, der sie ebenfalls erspäht hatte. Schwarze Vögel mit weißen Kappen und weißen Schwanzfedern umflogen uns. „Das ist ein geselliger Vogel", erklärte Ahmet, „er ist typisch für das Aïr-Massiv und begrüßt einen als erster, wenn man hier ankommt." Über einige Schwalben sagte er: „Die Tuareg nennen sie ‚Vögel Allahs'; sie leben bei Gott im Himmel und stoßen herunter, um zu trinken, setzen aber niemals ihren Fuß auf die Erde."

Als wir die Kamele zurückholten, beschloß ich, das meinige selbst zu satteln. Der Sattel kam vor den Höcker, der Gurt hinter den Kallus. Damit ich richtig aufsaß, belehrte mich Ahmet: „Schieben Sie Ihr rechtes Bein über den Sattel, und stellen Sie Ihre linke Fußspitze auf das Seil, bis zum letzten Moment; dann kann das Kamel nicht aufstehen oder versuchen, Sie zu beißen. Nun springen Sie hoch und setzen sich drauf, dabei stellen Sie einen Fuß auf den Nacken des Kamels, um das Gleichgewicht zu halten." Das Kamel schwankte hoch. „Befehlen Sie ihm, sich wieder niederzulegen, zischen Sie, sssss, und ziehen Sie am Nasenstrick." Es ging gehorsam hinunter und wartete auf das klickende „Kkkk", den Befehl zum Aufstehen.

Der Nachmittag war erfüllt vom Zwitschern der Vögel, vom Summen der Fliegen, dem Geruch meines wiederkäuenden Kamels, dem Gefühl seines rauhen, pelzigen Nackens unter meinen nackten Füßen und dem weichen Knirschen seiner Sohlen auf dem Sand. Ahmets Vater war Kameltreiber gewesen und hatte eine Karawane von 400 Kamelen besessen. Er hatte seinen Sohn oft auf seinen Wanderungen durch die Wüste bis Algerien und Libyen mitgenommen. Ahmet selbst war siebzehn Jahre lang Kameltreiber. Erst in den letzten zehn Jahren hatte seine Familie begonnen, seßhaft zu werden, die Dürre hatte sie dazu gezwungen. Sein Großvater sei ein bedeutender Krieger gewesen und habe mehr als vierzig Männer getötet, erzählte Ahmet, weder stolz noch entschuldigend. Es war einfach nur eine Tatsache.

Ursprünglich galt der Name Tuareg nur für eine Gruppe von Tamaschek sprechenden Nomaden, aber die französischen Kolonialherren verwendeten ihn fälschlicherweise für alle. Ahmets Stamm war das einzige Tuaregvolk mit eigener Schriftsprache, Tiffinagh genannt. Sie scheint aus Punkten, Kreisen und Linien zusammengesetzt zu sein. Die meisten Kinder im Aïr-Massiv können Tiffinagh schreiben, versicherte mir Ahmet.

Ein Kamelreiter schloß sich uns für einige Kilometer an, denn er war auf dem Weg zu seiner Familie hoch in den Bergen. Die Begrüßung zwischen ihm und Ahmet dauerte fast zwei Kilometer, aber keiner von ihnen zeigte einen Ausdruck von Gefühl, denn das könnte als respektlos angesehen werden. Ahmet sagte, daß selbst Brüder keine Gefühle zeigen sollten, wenn sie sich begrüßen. Eines ihrer Gesprächsthemen war das Verhalten eines Verwandten, der ein schwarzhäutiges ehemaliges Sklavenmädchen heiraten wollte. Seine Eltern hatten die Hochzeit verboten.

Mein Kamel blieb ab und zu stehen, um ein Maulvoll Blätter abzureißen. Manchmal ließ ich es gewähren, ein andermal wippte ich mit den Füßen, um es zum Weitergehen aufzufordern, und es gehorchte. Zum Traben muß man den linken Fuß hinunterhängen lassen und das Geräusch für „schneller gehen“ machen.

Am Nachmittag kamen wir an einem Weiler aus zerfallenen Steinhütten vorbei, und kurz danach erreichten wir eine alte Moschee – einen der wenigen Orte im Aïr, die von den Gläubigen als heilig verehrt werden. Die Moschee barg das Grab eines heiligen Mannes. Davor gab es einen strohgedeckten Unterstand in einem kleinen, sauber gefegten Vorhof, der von einer niedrigen Mauer umgeben war. Jedes Jahr kamen Pilger zu Fuß oder auf Kamelen hierher. Ahmet sagte, der Moscheewärter wohne in der Nähe, und wir würden ihn später besuchen.

Wir befanden uns jetzt in einem tiefen, engen Gebirgstal, dessen Seiten noch höher und felsiger wurden und etwa 600 m über uns aufragten. Im Flußbett lagen Felsblöcke, die manchmal höher waren als unsere Kamele. Dazwischen hatten sich dicke Palmenstämme verkeilt, die das Hochwasser heruntergeschwemmt hatte; manche standen drei Meter in die Luft. Der Grund des Flußbettes wurde so steinig, daß ich mich fragte, wie die Kamele, die ständig in die Luft schauten, wissen konnten, wohin sie die Füße setzen mußten. Ich fragte Ahmet danach, und er erklärte bestimmt, daß die Kamele schon von weitem die Abstände zwischen den Felsbrocken einschätzten und im voraus planten, welchen Weg sie gingen. Ob das nun stimmte oder nicht, sie stolperten jedenfalls nie auf ihrem beschwerlichen Marsch.

Der Weg führte unter Palmen auf dem abfallenden Flußufer entlang und stürzte dann steil und felsig ins Flußbett hinunter – kein leichter Pfad, aber es gab keinen besseren. Ich überlegte, ob ich vielleicht absteigen sollte, entschied mich aber dann, sitzen zu bleiben und mir keine weiteren Gedanken zu machen. Mein Kamel kletterte hüpfend und schaukelnd hinunter, als wäre es ein Spiel, das ihm mehr Spaß machte als mir.

Als Lagerplatz wählten wir eine sandige, von Bäumen und Felsen umgebene Stelle nicht weit von einem Wasserloch in einem Felsen. Es fanden sich auch Akazien für die Kamele und jede Menge Treibholz. Unter Dumpalmen luden wir unser Gepäck ab. Ahmet entwickelte die Theorie, daß man am besten unter stachligen Zakkunbäumen und Schirmakazien schlafe, weil deren winzige Blätter mehr warme Luft unter sich stauten als die Salvadoria mit ihren großen Blättern, die Wasser enthielten, weshalb es darunter zum Liegen zu kalt sei.

Zwei Raben flatterten krächzend vorüber; Ahmet nannte sie „Kourbot" und sagte, sie würden durch ihr Geschrei immer verraten, wenn irgendwo ein Lager aufgeschlagen würde. Dadurch aufmerksam gemacht, kämen andere Raben herbei, und wenn wir weiterzögen, würden alle herunterschweben und nach Abfällen suchen. „Besonders Käse mögen sie gern! Wenn man im Lager welchen zum Trocknen auslegt, stehlen sie ihn."

Der Sand war voller Spuren von Pavianen, und überall lagen Reste von Dumpalmenkernen herum, die sie geknackt hatten. Wir fesselten den Kamelen die Vorderbeine und ließen sie grasen, während wir zu Fuß den Fluß hinauf wanderten, an mehreren Tümpeln vorbei, bis wir zu einer natürlichen Barriere kamen und zu einem Wasserloch, das nie ganz austrocknete, selbst in der ärgsten Dürre nicht.

Ich kauerte nieder und schöpfte mit den Händen von dem Wasser, um mir das Gesicht zu waschen; es war tief und klar. Die Kamele brauchten nicht getränkt zu werden. Ich lernte, daß sie nicht nur Wasser in ihrem Gewebe speichern, sondern auch ihre Körpertemperatur erhöhen können, so daß sie weder unter der Hitze leiden noch schwitzen müssen. Einige andere Wüstentiere hier können das auch, zum Beispiel der Spießbock und die Mendesantilope.

Auf dem Rückweg zu unserem Camp hörten wir viele Paviane bellen. Sie sind als Tierart isoliert, abgeschnitten von der weiteren Umgebung, denn es gibt nicht genügend Nahrung oder Wasser für sie, um die umliegenden Gebiete durchwandern zu können. Für die zwei Affenarten jedoch, die hier leben, gilt das nicht, sie können sich von unterschiedlichen Dingen ernähren und deshalb die Außenwelt erreichen.

Es war schon dunkel, als wir zum Haus des Moscheewärters gingen. Wir hatten keine Fackel, und das Flußbett war voller Geröll und schwer begehbar, aber es war Vollmond, und die Schlucht schimmerte silbrig zwischen den dunklen Schatten.

Hunde stürzten mit wütendem Gebell auf uns zu, und ich hielt mich vorsichtig hinter Ahmet. Dann gelangten wir zu einer Lichtung am Ufer, auf der vorne drei Feuer nebeneinander brannten. An dem einen saßen ein alter Mann und eine Frau, am nächsten ein Junge allein, und vom dritten her kam ein Mann auf uns zu, um uns zu begrüßen. Ahmet erklärte mir, daß die über achtzigjährige Großmutter das Familienoberhaupt sei. Als sie zehn Jahre alt war, begann die französische Armee im Aïr-Massiv den Krieg. Damals trug sie noch Tierfelle und glaubte nicht, daß die Franzosen ihr Volk besiegen würden. Mit ihrem Sohn, dessen Frau an Altersschwäche gestorben war, und dem Kind ihres Enkels waren hier vier Generationen vertreten. Der Mann und Ahmet begrüßten einander, und man bot uns eine Schüssel kaltes Wasser und eine Kalebasse voll frischer, warmer Milch an. Der Mann ging um eines der Feuer herum nach hinten und hob etwas auf; als er zurückkam, trug er ein kleines weißes Lamm vor seiner dunklen Gestalt her. Ein langes Messer blitzte im Mondlicht.

„Kai, kai, kai", sagte Ahmet zu ihm und lehnte die Gabe freundlich ab.

Er sah mich an, und ich schüttelte den Kopf, das Lamm war noch zu klein zum Sterben. Dankbar blökend hüpfte es zu seiner Mutter

Sofort als wir in den Sturm hineinflogen, begann der Tanz. Der Abstieg war entsetzlich; mal stand die Nase steil nach oben, im nächsten Augenblick tauchte sie scharf nach unten. Wir versuchten, eine Höhe von 200 m zu halten, und kamen etwas voran. Der Höhenmesser schwang wie ein Pendel hin und her. Eine Bö erfaßte uns und drückte uns mit 270 m pro Minute nach unten. Unerfreulich, aber David schlug sich tapfer. Die nächste Abwärtsbö war so schnell, daß unser Höhenmesser über die Anzeige hinausschoß. Mein Magen plumpste nach unten, und meine Fingerknöchel wurden zusammengepreßt. Ich hielt fest, aber es gab nichts Ermutigendes.

„Können wir nicht raus und runter?" schlug ich vor.

„Eine Landung ist jetzt zu schwierig", erklärte David, „bei diesem Sturm würden wir uns überschlagen. Aber wir dürften nicht mehr weit von Agadez sein. Dort können wir sofort in einem Hangar Schutz suchen. Wir könnten schneller sein, wenn wir tiefer hinuntergingen, und ich glaube, wir sollten es versuchen, aber es wird verdammt hart."

Ich haßte den Gedanken. Wenn wir nur landen könnten – ich würde zu Fuß nach Agadez gehen, alles, nur nicht in dieser Turbulenz weiterfliegen! Aber ich biß die Zähne zusammen und sagte, ich würde durchhalten. Wir gingen tiefer, der Wind war weniger stark, aber entsetzlich böig; auf Augenblicke der Ruhe folgten plötzlich scharfe Wirbel, so daß David kämpfen mußte, um die Kontrolle nicht zu verlieren, während ich die Augen schloß und betete.

Weiter unten war die Luft dick von Sand und Staub, die Sicht war so miserabel, daß wir keine Ahnung hatten, wo Agadez lag, obwohl wir nah dran sein mußten, weil wir gerade einen Telegrafenmasten passiert hatten. Wir kämpften uns voran, ich bekam Sand zwischen die Zähne, und Staubgeruch füllte meine Nase.

Ich mußte daran denken, daß die Götter auf dem Olymp Ikarus vom Himmel heruntergeworfen hatten, weil er es gewagt hatte zu fliegen. Ich machte mir Mut, indem ich mir sagte, daß keine geringere als Athene selbst, die Göttin der Weisheit, Bellerophon geholfen hatte, den legendären Pegasus einzufangen und zu zähmen, der dem Blut der Gorgone Medusa entsprungen war, als Perseus ihr den Kopf abgeschlagen hatte. Bellerophon ritt auf Pegasus, als er die feuerspeiende Chimäre tötete. Ich fragte mich, wie sie wohl mit den Turbulenzen fertig geworden waren.

Ein Tuareg-Lager bei D'Akarana/Niger.

Bei Tegguidan Tessoum – ein Tuareg erweist David seine Gastfreundschaft.

Die große rote Düne bei Gao/Mali.

Vier Stunden nachdem wir Iferouane verlassen hatten, erspähten wir die ersten Häuser von Agadez. Ich wagte nicht, mich erleichtert zu fühlen, bevor wir sicher am Boden waren. Der Feuerlöschwagen raste heraus; sie glaubten wohl, wir hätten Probleme. Der Wind pfiff stürmisch schräg über die Landebahn, doch als wir in das letzte Stück unseres Anfluges einschwenkten, sprang er plötzlich um, und wir konnten geradeziehen.

Dankbar setzten wir auf, ehe er sich erneut drehen konnte, aber wir mußten mit vereinten Kräften das Segel unten halten, während wir zum Hangar hinüberrollten.

Der Flughafenkommandant befand sich in miserabler Stimmung, was für ihn normal war, und als ich ihn aufsuchte, um unsere Landegebühren zu bezahlen, machte er mir Schwierigkeiten. Er war entschlossen, an mir und David irgendeinen Fehler zu finden. Er beschuldigte uns, wir hätten unseren Flugplan nicht eingehalten, behauptete, er habe keine Mitteilung von der Gendarmerie in Iferouane erhalten, während die jedoch schworen, sie hätten eine geschickt. Jedesmal, wenn sich herausstellte, daß wir unschuldig waren, suchte er nach irgend etwas anderem, mit dem er mich ins Unrecht setzen konnte.

Unser „Gespräch“ zog sich Stunden hin. Ich wünschte, mir würde irgend eine Kleinigkeit einfallen, die er gegen mich anführen könnte, die aber ohne Bedeutung wäre, so daß er sein Gesicht wahren und mich entlassen konnte. Schließlich hieb er mit der Faust auf den Tisch und polterte, ich müsse zusätzlich 40 000 CFA (fast 300 DM) Gebühr für die Landebeleuchtung bezahlen, weil ich an einem bestimmten Tag noch spät eine Flugstunde genommen hatte und nach Sonnenuntergang gelandet war. Ich wandte ein, daß die Landelichter nicht eingeschaltet waren, und er sagte, sie hätten aber an sein müssen!

Tatsächlich hatte der Mann im Kontrollturm gefragt, ob wir Landebeleuchtung haben wollten, und wir hatten gesagt, nein, danke. Der Kommandant erwiderte, der Mann sei nicht berechtigt, nach unserer Meinung zu fragen, und gemäß Vorschrift hätten die Lichter an sein müssen. Wenn ich nicht zahlte, würde er dem Fluglotsen die gleiche Gebühr aufbrummen. Während unseres Streits landete ein Flugzeug mit einem Voraustrupp für die Rallye Paris–Dakar, und da ich nicht in die Rallye hineingeraten wollte, die sich nach Südwesten bewegte, entschloß ich mich, meine zweite

Sondererlaubnis in Aktion zu setzen. Ich bezahlte also dem Kommandanten die Unsinnsgebühr und legte einen Flugplan vor, nach dem wir Agadez am nächsten Tag verlassen würden.

Mit dieser Sondererlaubnis konnten wir in westlicher Richtung über die Wüste zu den alten Salzwerken von Tegguiddan Tessoum fliegen, Wüstenausrüstung und ein Begleitfahrzeug waren allerdings obligatorisch. Alagarbit sagte zu, einen seiner Männer als Fahrer für den Landrover abzustellen, der einige Benzinkanister für uns mitnehmen würde. Wir würden alle früh am Morgen starten, und der Ultraleichtsegler sollte am Nachmittag in Tegguiddan Tessoum wieder mit dem Landrover zusammentreffen.

Wir hoben ab, und wieder stotterte der Motor bei Vollgas. David beschwichtigte sofort, der Fuß sei ihm vom Gaspedal abgerutscht, aber wir wußten beide, daß das nicht stimmte. Wir hatten das schon einmal gehabt, aber diesmal drehten wir nicht um. Wir folgten der staubigen Piste nach Westen, und David schlug vor, ich solle auf diesem Flug Navigation üben. Es sah nicht schwierig aus, denn die Wagenspur blieb immer sichtbar, und die Karte wies einige Wadis und Berge als gute Landmarken für unsere Route auf.

„Du mußt immer vom Boden zur Karte lesen", warnte mich David. „Zuerst siehst du dir die Landschaft an, ihre Formen, und dann versuchst du, diese auf der Karte zu finden. Wenn du umgekehrt vorgehst, führt das in die Irre, denn dann scheint es oft zu passen, fälschlich."

Unsere Karten waren allerdings nicht die besten. Die von Niger war schon zwölf Jahre alt. Vermutlich bestand hier kein Bedarf an Luftkarten.

„Der Maßstab ist auch lausig wie bei allen ONC-Luftkarten. Wir sollten eine mit 1:500 000 haben", meinte David. „Diese hier hat den doppelten Maßstab."

Ich hielt größere Karten nicht für besser. Es war so wenig drauf zu sehen, folglich hätte eine größere nur ausgedehntere leere Flächen gehabt. Zumindest waren einige Straßen verzeichnet. Aber David warnte schon wieder: „Das Unbrauchbarste für die Navigation sind Straßen, sie sind immer irreführend; und in unserem Fall ist bestimmt keine der Straßen, die in den letzten zehn Jahren hier entstanden sind, eingetragen."

Ein starker Rückenwind trieb uns voran, und wir brauchten bis zum ersten Orientierungspunkt, für den ich 45 Minuten gerechnet hatte, nur eine halbe Stunde. Also revidierte ich meinen Zeitplan für die einzelnen Abschnitte und kam auf eine gesamte Flugzeit von etwa eineinhalb Stunden.

Die Wüste lief unter uns weg, und die Landmarken waren alle an der richtigen Stelle. Trotzdem kamen und kamen wir nicht nach Tegguidan Tessoum. Es gab nichts als leere Wüste, und nachdem die eineinhalb Stunden um waren, kamen David Bedenken. Die Straßenspur führte immer noch geradeaus; ich war sicher, ich hatte mich nur verrechnet und wir würden jeden Moment da sein. Aber als immer mehr Zeit verstrich und sich nichts zeigte, begann David darauf zu beharren, daß irgend etwas nicht stimmte.

Schließlich flogen wir zu einer kleinen Gartenoase zurück, die wir zuvor gesehen hatten, und landeten im Sand, um nach dem Weg zu fragen. Die Männer dort zeigten in die Richtung, in die wir geflogen waren, also starteten wir wieder, und David entschuldigte sich, daß er meine Berechnungen angezweifelt hatte. Beim Abheben stotterte der Motor wieder und verlor etwas an Kraft, aber wir kamen hoch genug, um weiterzufliegen, obwohl die kleine Maschine während des Aufsteigens noch ein paarmal hustete.

Thermik fing an, den Sand massenweise hochzuschleudern; ein besonders scharfer Stoß warf uns fast seitlich gegen den Horizont. Die Wüste wurde öder. Nach fünfzehn Minuten wurde uns beiden klar, daß unsere Richtung nicht mehr stimmte, wir flogen nach Norden auf Algerien zu.

Unser Kraftstoff ging zur Neige, und wenn wir zu weit in die Öde hinausflögen, würde er nicht mehr für den Rückflug reichen. David empfahl, zu den drei Tuaregzelten umzukehren, die wir gerade erspäht hatten, aber der Wind trieb uns so schnell weiter, daß wir überraschend lange brauchten, um zurückzufliegen. Ich konnte nicht recht glauben, daß ich mich vertan hätte, denn normalerweise bin ich gut im Navigieren.

Als wir in der Nähe der Zelte heruntergingen, sah ich, wie eine Frau erschreckt ihr Schultertuch hochriß und sich darunter auf der Erde verkroch; eine andere rannte in ein Zelt, um sich zu verstekken. Nachdem wir gelandet waren, näherte sich ein Mann, der uns einen Teppich brachte, damit wir uns setzen konnten. Er sagte, Tegguiddan Tessoum liege südlich, wir seien weit darüber hinausgeschossen. In der Richtung, in die er zeigte, waren keine Straßen zu sehen, und da er kein Französisch sprach, konnten wir nicht genau herauskriegen, wie weit es noch war. Der Tuareg bat uns sitzenzubleiben, während er Feuerholz holte und Tee kochte. Beim Teetrinken besprachen wir, wie wir unser Problem angehen sollten.

Es schien das beste zu sein, wenn David dablieb und den Ultraleichtsegler im Auge behielt – denn der Wind wurde immer stärker –, während ich mich zu Fuß auf den Weg zum Salzdorf machte und unseren Landrover mit den Benzinkanistern suchte. Ich wollte gerade aufbrechen, da kam wie aus heiterem Himmel ein Jeep daher. Eine arabische Familie saß darin, die aus Algerien kam. Sie machten mir Platz, ich quetschte mich hinein, und los ging's! Da sie keiner Straße folgten, nahm ich mir vor, mich nach dem Kompaß zu orientieren, damit ich zurückfände. Aber nach zehn Minuten fiel das Fahrzeug aus. Der Vater glaubte, er könne es reparieren, aber es würde seine Zeit brauchen.

In der Ferne erspähte ich eine Kamelkarawane, die in einer Fata Morgana dahinschwebte wie auf dem silbernen Schaum einer Meeresbrandung. Sie zog nach Tegguiddan Tessum, um Hirse gegen eine Ladung Salz einzutauschen, und ich konnte auf einem der leichter beladenen Kamele mitreiten. Sein wiegender Schritt, langsamer als der von Ahmets Reittier, paßte gut zum melodischen, summenden Gesang, den einer der Männer anstimmte.

Es war jetzt zwei Uhr mittags und glühend heiß. Ich knabberte ein paar Datteln. Vorher bei den Zelten hatte ich einige Löffel voll Joghurt und Datteln gegessen, die zu einem dicken süßen Brei gemischt waren, den die Tuareg David angeboten hatten; aber getrocknete Datteln eigneten sich natürlich besser als Reiseproviant. Die Erde war ein Labyrinth aus trockenem, von Rissen durchzogenen Lehm, eine Wüste mit höchst eigenartigem Pflaster. Ich schaute zurück und versuchte mir die Route einzuprägen; aber der Horizont war rundum flach ohne markanten Punkt. Tegguiddan Tessoum war noch nicht in Sicht, als hinter uns ein Motor heranbrummte: der arabische Jeep. Ich kletterte von meinem Kamel und fuhr mit der Familie zu dem kleinen Oasendorf aus Lehmhäusern weiter.

Von Alagarbits Landrover war nichts zu sehen, deshalb schlenderte ich durch einige enge, staubige Gassen, bis ich zu einer Bäckerei kam. Der Käufer vor mir bezahlte sein Brot mit Salzbarren, zwei Stück pro Laib. Hier konnte man alles mit Salz kaufen, und die Leute kamen mit ihren einheimischen Produkten oder ihren Ziegen hierher, um sie gegen Salz einzutauschen. Der Wert der Salzblöcke erhöht sich, je weiter man nach Süden kommt. Im Süd-Niger kann er das Zehnfache betragen, und die Salzbarren, die den Markt von Kano erreichen, können sogar noch mehr einbringen.

Während ich mein frisches, warmes Brot kaute, traf der Landrover ein. Ich dirigierte den Fahrer hinaus in die Wüste und versuchte meine Spur wiederzufinden, aber wir stießen auf zahllose andere frische Wagenspuren, die aus dem Dorf hinausführten. Der Fahrer hörte nicht auf zu fragen, ob ich auch sicher wüßte, daß wir auf dem richtigen Weg seien. Nach einigen Kilometern Fahrt mußte ich ihm wohl oder übel antworten; also gebrauchte ich die ihnen selbst so geläufige unerforschliche Antwort: „Inshallah“.

Eine halbe Stunde verging, und als ich gerade zugeben wollte, daß ich mich vielleicht doch getäuscht hatte, erblickten wir das Pegasus-Segel vor uns: wir hielten genau darauf zu. David und ich tankten auf, füllten Wasser nach, und dann sandte ich den Landrover nach Agadez zurück, denn ab hier verlangten die Behörden kein Begleitfahrzeug mehr. Außerdem war der Fahrer ein Gauner, und es war besser, wenn wir ihn loswurden.

David hatte unser Lager neben dem Ultraleichtsegler aufgeschlagen, in gehörigem Höflichkeitsabstand zu den drei weit auseinanderstehenden Zelten. Er brauchte Ruhe; also ging ich unseren neuen Nachbarn einen Besuch abstatten. Ihre Zelte bestanden aus hübschen Flickenteppichen, die aus winzigen Stücken braunen Leders zusammengenäht waren, die von Holzstangen getragen und mit Spannseilen gehalten wurden. Auf der windgeschützten Seite lag die mehr als drei Meter breite Zeltöffnung, und dort, im Eingang, saßen vier Frauen, die scheu kicherten, als ich zu ihnen trat. Unser Gesprächsthema drehte sich um die Ausdehnung, die Größe ihrer Welt – ich nannte einige Orte, und wenn sie nie etwas davon gehört hatten, sahen sie mich mit ausdruckslosem Gesicht an, aber wenn sie schon dort gewesen waren, nickten sie und tupften sich mit einem Finger unters Auge. Dann zeigte ich ihnen meine Postkarten. Eine Frau tippte auf das Pferd der Queen und ahmte ein Wiehern nach, worauf alle anderen in Lachen ausbrachen und ich ihr recht gab. Meine Geschenke – Teeblätter, Tabak und Ohrringe – gefielen ihnen. Ich trage immer eine Menge solcher leichtgewichtigen Dinge bei mir, als Dankeschön.

In Begleitung der Frauen besuchte ich auch die anderen beiden Zelte. Im zweiten lagen Taschen mit langen Fransen und Kamelschmuck sowie zwei Kamelsättel mit hübschen Troddeln. Zum Lager gehörten fünf Kamele, die gemächlich vom Grasen zu uns zurücktrotteten, als die Sonne zu sinken begann. Bei Sonnenuntergang knieten die Frauen nacheinander neben dem Zelt nieder und beteten. Mir wurde bewußt, wie selten ich hier Frauen beim Gebet sah, vielleicht, weil die Männer es so eifrig und in der Öffentlichkeit tun, während die Frauen in den Häusern verborgen bleiben. Ich saß vor dem dritten Zelt, vor dem zehn sehr junge, nicht angebundene Lämmer in wilden Sprüngen herumtollten. Eines hopste dem anderen auf den Rücken, da fielen beide um und verhedderten sich die Beine. Sie blökten nach der Mutter, die aber keine Eile zu haben schien, zum Lager zurückzukehren. Ein Junge auf einem Esel trieb etwa zwanzig Schafe, die sich bereits zusammengeschart hatten, im Galopp voran, da stoben alle wieder auseinander. Der Junge hielt an, grüßte und bat mich dann, den anderen Esel zu reiten. Also borgte ich mir eine Reitdecke, setzte mich auf den Esel und half dem Jungen, die Schafe wieder zusammenzutreiben. Auf dem Rückweg hob ich ein etwa sechs Tage altes Lämmchen auf, das sich verlaufen hatte, und trug es unter meinem Arm ins Lager zurück.

Nachdem ich es seiner Mutter wiedergebracht hatte, ging ich zu David und Pegasus hinüber, und kurze Zeit später brachte uns ein Mann eine Schüssel frischer warmer Milch. Wir kochten uns ein Abendessen aus unseren Vorräten und legten uns zu einer friedlichen Nacht unter den Sternen nieder. Kleine trockene Zweige gaben genügend Licht zum Schreiben, und die Nacht war hell, obwohl kein Mond schien. Unter dem Grunzen der Kamele und dem Tam-Tam-Getrommel der Frauen an einem der Feuer schlief ich ein.

Der Morgen war sehr kalt. Wir kauften eine Schüssel frisch gemolkener Milch, mit der unser Kaffee gut schmeckte. Nachdem wir unser Lager abgebrochen hatten, räumten wir die Steine von der Startbahn, die wir uns ausgesucht hatten, scharrten die gröbsten Unebenheiten flach und ließen probeweise den Motor an, um zu hören, ob er etwa wieder hustete. Dazu stemmte ich mich mit meinem ganzen Gewicht gegen die Nase von Pegasus, während David das Gaspedal durchtrat. Pegasus stotterte. Es war wohl besser, ich setzte mich nicht auf den Pilotensitz.

Beim Abheben hustete er erneut, dann lief er jedoch rund, und wir flogen über die weite, flache Wüste davon. Wir folgten meiner

Wagenspur vom Vortag, und nach einer halben Stunde konnten wir die kleine Oase mit ihren bröckligen Lehmhäusern sehen. Neben einer der Lehmhütten lagerte die Kamelkarawane von gestern und wartete, daß man sie mit Salz belud.

Wir konnten von oben auch gut die Salzpfannen sehen. In einer Mulde waren zahllose kleine runde Löcher gegraben; sie schillerten bernsteinfarben, rubinrot, grün, rostbraun und weiß zu uns herauf.

Wir gingen unmittelbar neben der Oase herunter. Es gab keinerlei Vegetation, das Brunnenwasser war salzig, und mein Freund, der Bäcker, fügte hinzu, es sei auch nicht sehr sauber, aber sie würden es trotzdem trinken. Salzwasser in Maßen genossen, hielt man für gut; aber er sagte, wir sollten lieber beim Araber Wasser aus dem Faß kaufen, ein Liter koste 40 CFA (30 Pfennig). Wir deponierten unser Gepäck in der Bäckerei, tranken Tee, aßen frisches Brot dazu, und dann besichtigten wir mit meinem Freund die Salzpfannen.

Wir kletterten über den umgebenden Damm, der eigentlich aus niedrigen Lehmwällen bestand, die auf einem felsigen Untergrund aufgeschüttet waren. Dann ging es hinunter und zwischen den Hunderten von Löchern hindurch. Mehrere salzige Quellen entsprangen hier in Becken, die an der grünen Farbe erkennbar waren. Es arbeiteten nur wenige Leute. Jede Familie besaß eine Anzahl Salzpfannen. Eine Frau wässerte gerade eine Stelle im umgebenden Damm, der ständig für die Salzherstellung benutzt wurde. Wie der Bäcker erläuterte, werden kleine Haufen nassen Sandes eine Woche lang mit Salzwasser getränkt, bis man daraus ein größeres, flaches Becken machen kann. Nach einem letzten Begießen mit Salzwasser wird der flüssige Schlamm in Löcher gegossen, die etwa dreißig Zentimeter Durchmesser haben. Die vielen kleinen runden Salzpfannen glitzerten wie Münzen in der Sonne. In den dunkleren, roten Becken war der Salzgehalt höher als in den bernsteinfarbigen.

Wenn es richtig heiß ist, entsteht durch die Verdunstung in einem halben Tag eine Salzkruste. Ich beobachtete, wie eine Frau die Kruste mit großen Wassertropfen aus ihrer Kalebasse besprengte, damit sie brach und auf den Grund fiel. Sie sagte, sie mache das jedesmal, wenn sich eine dicke Kruste gebildet habe, bis die Salzschicht am Boden ganz dick und alles Wasser verdunstet sei. Eine andere Frau leerte eine der Pfannen und fegte das braune Salz in flache Schalen, die sie zum Trocknen wegtrug. Sie suchte sich kreuz und quer zwischen den Löchern hindurch ihren Weg, kerzengerade in uralter Manier mit den Schalen auf dem Kopf. Das Salz wird in traditionellen, länglichen Barren getrocknet. In einer Hütte, an der wir auf dem Rückweg hielten, zeigte uns ein Mann, wie er zuerst eine längliche Grundplatte aus dem Salz formt, sie ein paar Tage trocknen läßt und dann eine zweite Schicht Salzkristalle daraufládt, die er mit den Daumen flach und rund andrückt. Zuletzt bringt er mit dem Zeigefinger in der Mitte eine Kerbe an, die Markierung für seine Produkte.

Die Menschen hier am Ort sind weder Tuareg (obwohl sie hier im Tuareggebiet leben) noch seßhafte Vasallen berberischer Abstammung, noch eine Haussa-Sklavenkaste aus dem Süden. Sie werden Azawaren genannt, ihre Sprache unterscheidet sich völlig von den anderen hier, und sie halten auch kein Vieh. Möglicherweise stammen sie von einer übriggebliebenen Kolonie der Songhai-Völker aus Gao, dem heutigen Mali.

Am Nachmittag trafen in Tegguiddan Tessoum einige Gendarmen ein, die uns suchten, weil keiner sie von der Ankunft fremder Besucher unterrichtet hatte. Ihr Vorgesetzter, der Chef de Poste, verlangte unsere Pässe und wollte sie einbehalten, solange wir uns auf seinem Territorium aufhielten. Ich sagte nein. Es ist zwar nicht klug, solche Forderungen zurückzuweisen, aber ich bin der Meinung, mein Paß gehört der Britischen Regierung und niemand hat das Recht, ihn wegzunehmen, auch nicht einen Tag lang. Ich wurde störrisch und er wütend.

Nachdem wir kräftig aneinandergeraten waren, suchten wir nach einem Kompromiß. Er bot an, über Funk in Agadez Auskünfte über uns einzuholen, und ich sagte, ja, bitte tun Sie das. Die Antwort muß in Ordnung gewesen sein, denn plötzlich ließ der Chef de Poste seine mißtrauische Haltung fallen und wurde sanftmütig. Um die Wahrheit zu sagen, er wurde sogar ziemlich liebenswert und humorvoll und bot uns freundlich an, wir könnten, wenn wir nach In Gall kämen, etwa 100 Kilometer im Süden, im Gästehaus der Regierung übernachten.

In der Stadt In Gall befand sich sein Hauptquartier, sie war unser nächstes Etappenziel. Diesmal war ich der Pilot. Der festeste Sand als Startbahn für uns war die festgefahrene Spur des Landrovers. Sie machte zwar eine Biegung, aber wir hofften, daß wir vorher abheben konnten. Es wurde jedoch recht schwierig, weil der Motor im falschen Moment wieder zu stottern anfing und ich nicht vor jener

Biegung hoch kam; dafür gelang es mir dann aber nach der Kurve. Während ich versuchte, Höhe zu gewinnen, fiel der Motor teilweise aus, aber er schien sich Gott sei Dank zum richtigen Zeitpunkt zu erholen, und wir flogen weiter. Die ersten sieben Minuten blieben kritisch, und wir überlegten, ob wir den Flug abbrechen sollten. Die Luft war überraschend turbulent, und einmal riß es mir fast den Steuerbügel aus den Händen. David ermahnte mich, besser aufzupassen, also biß ich die Zähne zusammen und flog weiter.

Pegasus würgte nicht nur bei Vollgas, der Drehzahlmesser zeigte auch absonderliche Werte an, die niedriger als sonst üblich waren. „Wo würdest du landen, wenn du müßtest?" tönte Davids Stimme in meinen Ohren, und ich war mir nicht sicher, ob ich sie in mir drinnen oder tatsächlich über den Bordfunk gehört hatte. Die welligen grauen und hellgelben Wüstenhügel waren ungeeignet; die vielen ausgetrockneten Flußtäler waren übersät von Hindernissen aus dunklem Sand oder Felsbrocken, zwischen denen grüngoldene Flecken dürren Grases wuchsen; im weichen Licht sah es aus wie eine Mondlandschaft. Wir hätten landen können, wenn uns keine Wahl geblieben wäre, aber solange der Motor lief und die Winde mich nicht vom Himmel herunterbliesen, mußte ich weiterfliegen.

Eine Stunde war vorüber. Meine Armmuskeln schmerzten. Ich wünschte, ich wäre sonstwo; manchmal spürte ich lange Zeit nur das Auf und Nieder der Nase unseres Pegasus in den Luftströmungen. Ich konnte nicht sehen, wohin wir flogen, der Staubnebel hatte die Sicht entsetzlich verringert; das einzige, was ich gerade noch durch ihn hindurch erspähen konnte, war die schwache, verwischte Wagenspur, die ich um keinen Preis aus den Augen verlieren durfte. Weder David noch ich sprachen ein Wort. Hinterher sagte er mir, daß andere Schüler in dieser Situation gestöhnt und gejammert hätten. Es war ein böser Flug, ich haßte jeden einzelnen Augenblick, den er dauerte, und als wir endlich In Gall erreichten, schmerzten meine Arme fürchterlich, und mein Hirn war erstarrt vor Schreck. Ich wollte nie wieder fliegen.

Dinosaurier und Rennfahrer

Der Chef de Poste von In Gall, Alhaji Sidibe, brachte uns in einem entzückenden Haus unter und setzte uns ein köstliches Abendessen vor, das aus vier Gängen bestand: Suppe, Ziegenbraten in Kräuterkruste, Couscous mit Hammelsoße und zum Schluß Milchreispudding. Sidibe erzählte, daß zwanzig Jahre früher das ganze Gebiet noch von Wald bewachsen war und die Fahrzeuge, die zum Salzdorf wollten, sich einen Weg durch das Dickicht bahnen mußten. Seine Aufgabe, neben der Verwaltung von Recht und Ordnung, bestand darin, die Menschen durch diese lange Zeit der Not zu führen. Er war ein Peul, das ist die französische Bezeichnung für einen Fulbe. Der Name seiner Familie konnte 1400 Jahre zurückverfolgt werden, bis in die Zeit, als der Islam nach Westafrika kam: einer von Mohammeds Kalifen wurde nach Guinea geschickt, um dort den Islam zu verbreiten. Er bekehrte den Kaiser, der den Kalifen bat, dazubleiben und das guineische Volk im moslemischen Glauben zu unterrichten. Also ließ er sich nieder, heiratete die Tochter des Kaisers, und sie bekamen vier Söhne. Der zweite Sohn gründete den Sidibe-Clan.

Am folgenden Tag fuhr Sidibe mit mir in die Wüste, um mir seinen Gemüsegarten zu zeigen. Zwei Gärtner gossen gerade einige Setzlinge. Ich stichelte, er als Peul sei ja Nomade, deshalb müsse er wohl für die Landarbeit Gärtner einstellen. Aber er versicherte mir, er habe alles mit eigenen Händen gepflanzt.

„Wir müssen alle lernen, neue Dinge zu tun", sagte er, „wenn ich mir diese kahle Erde ansehe, genauer ansehe, dann entdecke ich, wie die Keime aus ihr sprießen." Und er zeigte stolz auf einige winzige Risse in der Erde, aus denen Triebe hervorbrachen.

Zurück in In Gall fand ich David sehr niedergeschlagen vor. Er hatte den ganzen Morgen damit verbracht, den Vergaser zum x-ten Mal auseinanderzunehmen und das Kraftstoffsystem zu reinigen, aber der Motor hustete immer noch. Ich erinnerte ihn an seinen eigenen tröstenden Leitsatz: „Besser, man ist auf dem Boden und wünscht sich, fliegen zu können, als man ist in der Luft und wünscht sich, am Boden zu sein.“

Sidibe merkte, wie ich überlegte, was ich jetzt tun wollte, und schlug vor, einen Ausflug zu einem Ort zu machen, den er vor kurzem bei der Jagd entdeckt hatte und wo einige ungewöhnliche Knochenfragmente lagen. Er hatte sie sich nicht näher angesehen, wollte aber noch einmal hin; also kletterten wir in den Landrover und fuhren hinaus in die Wüste.

Der Sand war sehr hell und übersät mit purpurroten Steinen, und malvenfarbiger Staub bedeckte ihn an manchen Stellen, als hätte man ihn darübergeblasen. In der Hoffnung, den richtigen Weg zu finden, folgten wir Sidibes alter Spur, soweit sie noch nicht vom Treibsand zugedeckt war. Wir kamen an einer Reihe ehemaliger Klippen vorüber, und vor uns lag noch eine Kette schroffer Felsen, so daß es aussah, als ob sie einmal die steilen Ufer eines Flusses gewesen wären. Versteinertes Holz zeugte von früherem Baumbestand in dieser Gegend. Sidibe zeigte auf einige Erdhügel, die weiß getupft waren und sich, als wir näherkamen, als Bruchstücke von riesigen Knochen erwiesen. In niedrigen Haufen, die fast ganz von Sand bedeckt waren, fanden wir mehr als zehn Ansammlungen von vielen Knochen, die wie zusammengefallene Skelette wirkten.

Aus einem der Sandhügel schaute oben ein übergroßer Beinknochen heraus. Sidibe und ich kauerten uns nieder und begannen vorsichtig, den Sand wegzuschieben. Ein 1,20 m langer Oberschenkelknochen, so dick wie ein Baumstamm, kam zum Vorschein. Oben hatte er eine knollenartige Verdickung, und unten ging er nach zwei Seiten auseinander. Der Sand unter ihm bestand aus trockenem Lehm und war zu der Zeit, als diese Lebewesen sich zum Sterben niederlegten, seichter Schlamm gewesen.

Es gab nicht den Anflug eines Zweifels, daß es Dinosaurierknochen waren, denn nichts anderes war viermal so groß wie ein Elefant. Schon früher hatte man in der Umgebung von Agadez Dinosaurierknochen gefunden. Einige Kilometer südlich von Agadez vermerkte meine Karte einen „Dinosaurier-Friedhof“; aber die Leute sagten, davon sei nichts mehr übrig, weil die Einheimischen den Ort geplündert und die Stücke als Souvenirs an Touristen verkauft hätten, bis nur noch winzige Bruchstücke übriggeblieben waren. Der letzte große Fund eines vollständigen Skelettes lag etwas mehr als zwanzig Jahre zurück; es befand sich jetzt in einem Museum.

An einer anderen Stelle fanden wir einen Beinknochen, der fast doppelt so groß war wie der erste, den wir freigelegt hatten; er maß über 1,80 m, aber er war in der Mitte durchgebrochen. Wegen ihrer Lage im Schlamm bezweifelte ich, daß die Tiere verdursteten, als das Wasser zurückging; es sah auch nicht nach einer verzweifelten Suche oder Flucht aus, dazu waren es zu viele. Ich schaute herum und zählte viele deutlich sichtbare Knochenhügel; bestimmt gab es auch noch welche, die noch nicht sichtbar waren. Nach der neuesten Theorie sind die kaltblütigen Dinosaurier deshalb ausgestorben, weil eine lange Kälteperiode sie daran hinderte, ihre Eier auszubrüten.

Ehe wir gingen, deckten wir die Knochen mit Sand zu, um sie vor Sonne, Sandstürmen und vor den Händen der Sammler zu schützen. Vom unberührten Zustand des vertrockneten Schlammes zu schließen, waren wir die ersten, die diese Knochen gesehen hatten. Dieser Gedanke war überwältigend; aber gleichzeitig fürchtete ich um den Bestand dieser Funde für den Fall, daß der Ort entdeckt würde.

Während des Abendessens sprachen Sidibe und ich über die Möglichkeit, eine internationale Gruppe von Paläontologen verschiedener Universitäten einzuladen, hier entsprechend fachkundige Grabungen durchzuführen. Wir vereinbarten, unser Möglichstes zu tun, damit die Knochen erhalten blieben.

Pegasus war wieder fit. Ich wollte mit David zu den Dinosauriern hinausfliegen, aber am nächsten Tag blies ein starker, böiger Wind, und dicker Staubnebel vereitelte unser Vorhaben. Jeden Tag wurden der Wind und der Staub schlimmer, sogar früh am Morgen war es schon böig und das Fliegen unmöglich. Wir standen mit der Weiterreise etwas unter Druck, unsere Genehmigung lief ab, und ich mußte sie noch einmal verlängern lassen. Was mich betraf, so hatte sich meine Begeisterung fürs Fliegen kurzzeitig gelegt; der Schrekken unseres letzten Flugabenteuers hatte sie vertrieben. Ich war sicher, das würde sich wieder ändern, aber im Augenblick neigte ich eher dazu, bei der nächsten Etappe mit den Füßen am Boden zu bleiben. Ich würde David vorausfahren. Ohne mein Gewicht könnte er auch bei weniger guten Wetterbedingungen fliegen.

Die ersten fünfzig Kilometer bis zur Straße westlich von Agadez fuhr ich per Anhalter. Es war früh am Morgen, kniehoch trieb dichter Sand über die Straße und deckte sie allmählich zu. Die Sicht wurde schlechter, die dunklen Berge verschwanden, und der Fahrer sagte, es könnte noch viel schlimmer werden. Wir erreichten die Kreuzung und hielten in einem Weiler, wo mich der Fahrer absetzte. Der Wind heulte jetzt und war voller Staub. Ich wickelte meinen Sarong wie einen „Sesh" um meinen Kopf und ließ nur immer ein Auge frei, mal das eine, mal das andere, weil ich ja immer sofort Sand hineinbekam. Gelegentlich raste ein Fahrzeug mit eingeschalteten Scheinwerfern durch den Staubschleier an mir vorüber; ich versuchte, es anzuhalten, aber eigentlich nahm ich nicht an, jemand würde bei meinem Anblick stoppen.

Es kamen ungewöhnlich viele Fahrzeuge, es mußte sich um die Vorhut der Rallye Paris–Dakar handeln. Auch solche Teilnehmer, die bereits ausgefallen waren, und Begleitteams waren darunter. Eines der französischen Begleitfahrzeuge bremste und nahm mich mit. Wir fuhren nach Südwesten. Ich wollte in einer kleinen Stadt namens Alabak anhalten und nachsehen, ob bei der Gendarmerie Benzinkanister von Mobil deponiert waren.

Während der Sturm draußen heulte und am Fahrzeug rüttelte, erzählten mir die Franzosen, wie sie mit der Rallye durch die Sahara nach Süden bis Agadez gekommen waren und daß es bis jetzt schon drei Tote gegeben hatte. Zwei waren gestern gestorben, durch die Ermüdung wurden die Teilnehmer unachtsamer. Ein Rangerover war von der Straße abgekommen, und ein Lastwagen war zu hart in ein großes Schlagloch gefahren. Die Männer erzählten, der Laster sei in die Luft geworfen worden, heruntergeknallt und explodiert. Die meisten Fahrer hatten jedoch Glück und erlebten nicht so schlimme Unfälle. Am meisten Glück hatte wohl ein Mechaniker, dessen Zelt von einem Wagen überrollt wurde, während er ruhig darin schlief. Von den 600 Fahrern, die an den Start gegangen waren, waren nun noch etwa 300 im Rennen. Als erste hatten die Motorradfahrer Agadez erreicht: Männer, die, vor Erschöpfung fast schlafend, nur noch ihre Maschinen auf eine Seite und sich selbst auf die andere fallen ließen und nicht einmal mehr in ihren Schlafsack kriechen konnten.

Die Rallye verließ am nächsten Morgen auf dieser Straße Agadez, ich könnte sie nicht verfehlen, vorausgesetzt die Sicht war gut.

Hoffentlich suchte David sich nicht ausgerechnet diesen Zeitpunkt aus, wenn er im Staubnebel auf der Straße zu landen versuchte.

Die Franzosen achteten nicht auf die Welt, die draußen an uns vorüberzog. Selbst als das Unwetter aufklarte, hockten sie weiterhin nur da und zogen kettenrauchend ihre Gauloises durch. Einer schlief hinten im Wagen, einer las einen Roman, und der Copilot hatte seine Nase in der Karte vergraben. Keiner sah aus dem Fenster.

Die Gendarmen in Abalak waren reizend und hilfsbereit – und unser Benzin war da. Ich sah mich nach einem geeigneten Platz zum Landen um und ließ David nach In Gall über Funk eine Nachricht durchgeben, mit dem Zusatz, daß ich noch weitere 100 Kilometer bis zu einem Dorf weiterreisen wollte, das verwirrenderweise Tabalak hieß. Dann nahm mich ein Minibus mit, in dem schon neunzehn Personen saßen. Das Gesicht meines Nachbarn war mit Pfeilen und Zickzacklinien tätowiert, und der Mann neben ihm hatte konzentrische Kreise auf den Wangen und eng nebeneinander laufende parallele Linien auf den Schläfen.

Das Dorf Tabalak war sehr hübsch, es lag am fruchtbaren Ufer eines langen, blauen Sees, wo die Sanddünen bis ans Seeufer hinunterliefen. Auf meinem Weg zum Wasser mußte ich durch den Schulhof. Der Schulleiter sagte mir, ich könne hier kampieren. Auf dem Markt traf ich einen Reiter, den ich fragte, ob ich sein Pferd für ein paar Tage mieten könne. Es war ein rabenschwarzer Hengst, klein, aber stark, und nachdem ich ihn um den Markt herum probegeritten hatte, war der Besitzer mit meinem Vorschlag einverstanden. Er würde mir das Pferd für den Rest des Tages überlassen, es bei Sonnenuntergang holen und besonders gut füttern, damit es für den nächsten Morgen fit wäre.

Also machte ich mich zu Pferde auf, um zu erkunden, wo ich gelandet war. Mein Roß nannte ich in Ermangelung eines anderen Namens Blackhorse. Sein Zaumzeug schien zu lang, und das Gebiß saß nicht eingepaßt in der Lücke hinter den Backenzähnen, sondern hing ihm zwischen den Vorderzähnen; aber es war wohl daran gewöhnt. Es hatte einen Sattel mit roter Decke, erhöhtem Sattelknauf und -rücken und ging mit schwingendem Laufschritt. Es war leicht erregbar, aber nicht schwer zu lenken.

Die Dorfbewohner sahen aus wie eine Mischung aus Peul und Tuareg. Vom Pferd aus konnte ich über die Hofmauern blicken und

Peulfrauen zusehen, die in klobigen alten Holzmörsern Hirse zerstampften. Bei uns in Surbiton (Vorort von London) hätte man das als Einbruch in die Privatsphäre betrachtet, aber in Afrika gibt es so etwas nicht, jedenfalls kicherten und quietschten sie, wenn sie mich bemerkten, und winkten zurück.

Eine der Schönen fiel mir besonders auf, denn sie klatschte ab und zu in die Hände, wenn sie mit der Mörserkeule nach oben ausholte, dabei ließ sie den Stiel nur so kurz los, wie sie brauchte, um den Takt zu klatschen. Sie hatte eine herrliche Frisur, viele eng am Kopf geflochtene dünne Zöpfe, die zu den Ohren herunterliefen, wo sie als Ponys endeten. Über ihrer Stirn baumelte ein dicker Haarknoten und über dem Rücken Haarbündel. Ich fragte, ob sie beim gleichen Hub auch zweimal klatschen könne, was ihre Freundinnen belustigte. Sie konzentrierte sich und begann: zuerst stieß sie sehr kräftig zu, dann holte sie hoch aus und klatschte zweimal, beim darauffolgenden Hub dann wieder einmal.

Seit Nigeria hatte sich der Baustil der Getreidespeicher verändert. In Tabalak waren es große, halbkugelförmige Tongefäße mit Füßen, die ein kegelförmiges Korbdach trugen. Die Hütten aus Lehm oder Hirsestroh waren rund oder quadratisch. Drei Männer trabten auf Kamelen an mir vorüber, die Köpfe der Tiere wippten bei jedem Schritt. Ich war froh, auf einem Pferd zu sitzen, denn für mich ist das bei weitem das beste Fortbewegungsmittel.

Ich kam an anderen Frauen vorüber, die an der Dorfpumpe Wasser holten. Wenn eine Ziegenhaut voll war, hängte die Frau sie dem Esel unter den Bauch, so konnte sie nicht herunterfallen. Am Seeufer stellten Fischer Stangen auf, die sie auf dem Kopf herantrugen, und legten dicke Angelleinen mit Haken aus. Kanus ruderten auf dem Wasser hin und her, das in der untergehenden Sonne glänzte. Das Ufer fiel nur langsam ab, es war sandig, und Blackhorse watete entschlossen hinaus. Ich wußte nicht, wollte es sich niederlegen und im See wälzen oder nur einen kräftigen Schluck nehmen. Später am Abend, als ich das Pferd für die Nacht im Stall untergebracht hatte, lehnte ich mich in meinem Lager im Schulhof zurück und lauschte dem leisen Rauschen der Wellen im Sand, dem Zirpen der Grillen, dem Wind, der in den Bäumen raschelte, und dem Blubbern meines Teekessels.

Der Schulleiter kam vorbei, um nachzusehen, ob alles in Ordnung war, blieb zum Tee und teilt seine Sorgen mit mir. Im letzten

Monat hatte er sich eine zweite Frau genommen, weil die erste nicht gut war. Sie lief dauernd nach Hause und machte ihm das Leben schwer. Er hatte vor einiger Zeit die Scheidung gegen sie ausgesprochen, aber da beharrte sie plötzlich darauf, zurückzukommen, nur um ihm Schwierigkeiten zu machen. „Als ich um sie geworben habe, war sie nicht so, aber als wir heirateten, veränderte sie sich." Er hatte gehofft, daß seine erste Frau zur Vernunft käme, wenn er eine zweite heiratete. Aber im Augenblick war sie nur wahnsinnig eifersüchtig. Die neue Frau war ein Schatz – sie brachte mir einen Tellervoll von ihrem Abendessen, Hirsebrei und scharfe Fischsuppe. Als ich versuchte, ihren Paraffinherd auszuschalten, ging er nicht aus. Die zweite Frau probierte es auch, aber er blieb hartnäckig an; da nahm sie einem Eimer voll Wasser und goß es darüber: „So, jetzt ist er aus."

Ich wusch mich im See, obwohl ich wußte, daß es Wasserschlangen gab, die Bilharzia übertragen können – vielleicht verantwortungslos, aber ich hatte auf meiner letzten Afrikareise bereits latente Bilharziose; deshalb weigerte ich mich, das so ernst zu nehmen, wie andere das vielleicht tun. Das Wasser war kalt und erfrischend, trotzdem brauchte ich an diesem Abend nicht lange, um einzuschlafen, so bequem lag ich im Sand.

Am nächsten Morgen brach ich früh mit Blackhorse zu den riesigen Sanddünen nördlich des Dorfes auf. Sie sind etwa 45 Meter hoch, goldgelb und stellenweise mit Yamsbohnen bewachsen. Auf der ersten Dünenkette ritt ich an einigen kleinen Weilern aus Strohhütten vorbei. Blackhorse tänzelte beim Anblick eines anderen Hengstes, der gerade gesattelt wurde, und die Männer riefen zu mir herüber und wollten wissen, wohin ich ritt. „Spazieren", antwortete ich und beschrieb eine weite Geste über die Landschaft. Hinter den vielen Dünen verflachte das Land zu einer weiten Ebene, die in weiter Ferne von Bergen begrenzt wurde.

Die nächste Siedlung, zu der ich kam, war neu und aus Hirsestroh gebaut. Das Gewicht der dicken Dächer ruhte auf einem Ring aus Pfosten um die Strohwände herum. Jedes Dach bestand aus fünf oder sechs aufeinandergesteppten Strohschichten, die an der Spitze zu einem Knoten zusammengebunden waren. Einige waren noch im Bau, aber die Hirsespeicher waren fertig; sie standen auf Beinen aus Felsbrocken, und die Leitern aus gegabelten Ästen waren auch schon angebracht. Es war eigenartig, es so unbewohnt vorzufinden.

Das Grabmal Askias, eines der bedeutendsten Herrscher Westafrikas, in Gao.

Diese kleinen Dogon-Mädchen in Sadia/Mali waren in der Woche zuvor beschnitten worden und wurden nun, feierlich gekleidet, zeremoniell wieder mit der Gemeinschaft vereint.

Fischreusen bei Tielde im Nigerbinnendelta.

Riesige vulkanische Felstürme ragten bei Hombori über der Wüste aus dem Dunst.

In der Landschaft dahinter wuchsen kleine dornige Bäume und ausgebleichtes Gras. Kamel- und Ziegenherden wanderten grasend umher. Der Boden war sandig, und Blackhorse sprang munter voran. Wind kam auf, er war fast frostig, und ich wünschte, ich hätte meinen Fliegeranzug und meine Handschuhe an. Die Luft war nicht nur kalt, sondern auch trocken, sie machte die Haut an meinen Händen rissig.

Etwa sechs Kilometer weiter schlug ich einen Bogen und ritt wieder zu den hohen Dünen und auf dem Grat entlang. Der See zog sich lang am Horizont hin; das andere Ufer war unfruchtbare Wüste, gelb mit einem blauen Dunststreifen. Auf meiner Seite verlief die Straße, auf der zwei Lastwagen dahinbrausten – ich hatte die Rallye Paris–Dakar fast vergessen. Kopf an Kopf rauschten die Laster vorüber; sie nahmen die ganze Straße ein, und als sie das Dorf erreichten, drückten die Fahrer wild auf die Hupe, aber keiner verringerte sein Tempo. Dann verschwanden sie hinter ihrer Staubwolke, und ich beobachtete, wie andere Rennfahrzeuge heranschossen.

Sie kamen in Wellen, und als der Verkehr zwischendurch abebbte, ritt ich mit Blackhorse von der Düne hinunter näher zur Straße hin. Drei Lastwagen tauchten auf, alle wollten überholen, und ich entdeckte mittendrin ein Motorrad. Hupen ertönten, und plötzlich sah ich, wie das Motorrad von der Straße herunter in eine Sandwehe hineinraste. Die Laster verschwanden in einem Staubwirbel. Der Motorradfahrer kam auf die Füße und schüttelte den Staub ab, aber sein Fahrzeug steckte so tief im Sand, daß er es nicht herausziehen konnte. Hier kommt die Hilfe zu Pferd, dachte ich und spornte Blackhorse mit den Hacken zum Galopp an.

Im nächsten Augenblick standen wir neben dem Motorrad. Ich wickelte das Halteseil vom Sattel, und das Pferd zog die Maschine heraus. Nun stand sie zwar noch in einer Mulde im tiefen Sand, aber der Fahrer strahlte: den kleinen Haufen schaffe ich allein, schwang sich, ohne noch mehr Zeit zu verlieren, auf sein Motorrad und stob davon.

Da stand ich mit meinem Pferd, das über und über voll Sand war und erschrocken vom Lärm. Blackhorse versuchte auszubrechen, also ließ ich ihn einfach laufen, bis zwischen uns und dem Straßenlärm ein sicherer Abstand lag. Nach sechs Stunden war ich fast wieder zurück an der Schule; es war Zeit für eine Mittagspause, ich kaufte also einen Ballen Heu für Blackhorse und hängte ihm sein Futter um, so daß er während des Gehens ab und zu ein Maulvoll rupfen konnte.

An Nachmittag ritt ich östlich an den Dünen entlang zu einem ausgetrockneten Flußbett, in dem ich zufällig den Grigri-Verkäufer vom Markt in Tabalak traf. Er hatte einen Hyänenkopf dabei und zeigte mir, daß er innen leer war, daß aber Schädeldecke und Haut unversehrt waren: Man könne damit Krankheiten heilen, die von den bösen Geistern geschickt würden. Später kam ich in ein Dorf, wo die Frauen im Gesicht tätowiert waren. Die Muster sahen aus wie kleine Bahngeleise, und als Ohrschmuck trugen sie ganze Bündel Metallringe, die ganz oben an den Ohren anfingen. Sie nahmen mich zu ihrem Brunnen mit, damit ich meine Wasserflasche nachfüllen konnte, und sie ihre Ziegenhäute. Noch einen kurzen Galopp, dann lege ich aber wirklich eine Rast ein, dachte ich und kehrte nach Tabalak um.

Als ich über eine Anhöhe ritt, bremste Blackhorse so plötzlich, daß er schlitternd zum Stehen kam. Ich wurde gegen den Sattelknauf gedrückt, aber zum Glück rutschte der Sattel nicht über den Hals meines Pferdes. Der Grund: ein Kadaver, ein erst seit kurzem toter junger Esel mit verdrehtem Kopf; die Haut des Maules war zusammengeschrumpft und hatte das Gebiß freigelegt, als würde das Tier die Zähne blecken. Der Kadaver stank nicht, er war vertrocknet, Blackhorse hatte ihn nicht gewittert, sondern gefühlt.

Als ich später nach Tabalak hineinritt, vibrierten die Straßen noch von der Rallye, die den ganzen Tag über weiterging. Die meisten Familien hatten ihren Kindern verboten, aus dem Haus zu gehen, weil sie leicht überfahren werden konnten. Jemand sagte, es habe noch einen Unfall bei der Rallye gegeben – ein Versorgungsflugzeug sei abgestürzt. Bei den schlechten Wetterbedingungen hatten die Piloten nicht erkennen können, ob das Land nun anstieg oder abfiel. Sie überlebten, obwohl ihr Flugzeug mit der Nase voran wie ein Pfeil in eine Düne geschossen war. Ein Auto mit Rallye-Aufklebern bog in den Schulhof ein, und heraus sprang David. Ich ritt zu ihm hin, und er fragte: „Was willst du zuerst hören, die gute oder die schlechte Nachricht? Die gute ist, daß ich noch lebe, die schlechte, daß Pegasus ein wenig verbogen ist.“

Er war bei starkem Wind von In Gall abgeflogen, und nach dreißig Minuten hatte der Motor entsetzlich zu husten angefangen.

Die Drehzahl war auf ein Drittel der Normalleistung gefallen, hatte sich für zwei Minuten erholt und war dann erneut abgesunken. David hatte sich mühsam auf 1500 m hochmanövriert und über der Abzweigung zur Straße nach Agadez einen Sandsturm bemerkt. Es war derselbe, den ich gestern vormittag erlebt hatte. Wie David erzählte, flogen über der Straße, 600 m unter ihm, zwei Hubschrauber, wahrscheinlich mit Funktionären und Presseleuten der Rallye Paris–Dakar. Die Straße war voller Rallye-Fahrzeuge. Das Unwetter kam näher, und im nächsten Augenblick gingen die Hubschrauber hinunter. David blieb oben und versuchte umzukehren, aber es war zu spät; der Wind war stärker als Pegasus, und er mußte auch tiefer gehen; dabei bemerkte er, wie der Himmel schwarz vor Staub wurde, und das hieß: er mußte landen.

Wegen der dahinbrausenden Lastwagen konnte er die Straße nicht benutzen; also suchte er eine freie Stelle im Gelände und kreiste, um gegen den Wind zu landen. „Ich setzte auf wie eine Krähe auf einem Torpfosten", erzählte er und zog ein Gesicht, als hätte er die Hölle durchqueren müssen. Seine Landespur war keine drei Meter lang, und sofort, nachdem er zum Stehen kam, montierte er das Segel ab. Ein Dutzend Tuareg halfen ihm, aber dabei verbogen sie die meisten Stangen des Tragsegels. Das würden wir zwar ohne Probleme wieder hinbekommen, aber wir mußten jetzt überlegen, wie wir in Zukunft weiter vorgehen wollten, denn: ein klappriger Motor und dazu noch Sandstürme, das war keine gute Kombination.

Am 13. Januar brachen wir auf, um Hilfe für Pegasus zu holen. Wir fuhren mit einem Lastwagen, der Ersatzteile für Armeefahrzeuge und eine volle Ladung Passagiere mit ihrem Gepäck transportierte. Beim ersten Halt wollten noch zehn weitere Männer und ein fettes Schaf zusteigen. Alles murrte und protestierte, als sie sich auf den Wagen quetschten, weil sie die Leute mit ihren Schwertern anstießen. Die meisten waren junge Burschen mit angeberischen Gewändern, Turbanen, Schwertern und Dolchen. David und ich saßen auf einem Stapel Reifen, die Füße auf ein Getriebe gestützt. Das Land wurde immer trockener, die Bäume immer dürrer, das Gras abgestorben und ausgebleicht, übrig blieb nur noch bloßer wehender Sand. Alle fünfzig Kilometer fuhren wir an einer Siedlung vorbei, die von Wanderdünen umgeben war, die die Lehmhäuser fast überragten.

In Alabak lud der Lastwagen noch eine Ladung Feuerholz und sechs Ziegen ein. David sagte: „Wir sehen aus wie ein Flüchtlingstreck, der in einem wackligen Lastwagen über windgepeitschtes dürres Land rattert.“ Dazu paßte stilgerecht der Armeepullover, ein Geschenk der deutschen Bundeswehr, den ich mir um den Kopf gebunden hatte, weil der Wind so eisig pfiff. Bei der Mittagsrast kauften wir uns gegrilltes Ziegenfleisch und Tomaten; der arme David schnitt sich mit seinem Messer kräftig in die Hand, aber es gelang uns schließlich, das Blut zu stoppen. Außerdem litt er entsetzlich unter seiner Sucht nach Süßigkeiten und Sahnekaramelbonbons. Ich hatte heimlich welche für ihn dabei, aber er jammerte ohne Unterlaß danach. Er sah immer noch mitgenommen und bleich aus, obwohl sich sein allgemeiner Gesundheitszustand gebessert zu haben schien.

Als wir wieder bei unserem Ultraleichtflugzeug waren, begann David, die Tragflächenstangen durchzusehen – fast alle mußten wieder in Form gebogen werden, zum Glück hatten wir Papiermuster dabei. Am Abend sollte der Wind sich legen, aber er ließ nicht nach. In was für eine gottverlassene Gegend waren wir da geraten – einige jämmerliche Viehunterstände und ein paar Kamele! Der Wind konnte noch tagelang anhalten, er blies schon seit einer Woche.

Ein leerer Lastwagen hielt an der Abzweigung, und ich ging hin, um mit dem Fahrer zu verhandeln. Dank der Muskelkraft von sechs Männern gelang es uns, Pegasus auf die Ladefläche zu heben. So fuhren wir samt Ultraleichtflugzeug auf der Straße weiter. Der Fahrer war einverstanden, uns kurz vor Tahua abzusetzen, wenn er von der Straße abbiegen würde. Allmählich verschluckte der Nebel den Tag, es wurde dunkel.

Wie wir noch einmal sechs starke Männer finden sollten, um unseren Flieger nachts abzuladen, war ein Problem, das ich jetzt nicht lösen wollte. Tatsächlich fanden sich an der Abzweigung genug Leute, die uns halfen. Wir stellten Pegasus in einem dunklen Raum neben einem schiefen Hirsestrohschuppen und einer Lehmhütte unter, die mit einem Vorhängeschloß zugesperrt war, und schlugen unser Lager auf. Das Haus sah verlassen aus, aber durch unseren Lärm wachten die schlafenden Bewohner auf. Sie waren jedoch zu benommen, um mehr zu sagen als „Sava, Sie können hier schlafen“ und wieder ins Bett zurückzukehren.

Der Morgen brachte eine Enttäuschung: Unser Motor sprang nicht an. Kein Zündfunke – und als wir den Magnetzünder öffneten, war er voll Sand. Also kaufte ich etwas Feuerholz und machte Kaffee, während David das Gerät reinigte. Ohne Erfolg, er brauchte ein Werkzeug, das wir nicht dabeihatten, und eine Werkstatt, in der er alles komplett zerlegen konnte.

Mitten am Morgen traf ein Armeejeep ein: irgend jemand hatte die Behörden über uns informiert, und sie wollten uns Hilfe anbieten. Ein Armeelastwagen wurde losgeschickt, der uns nach Tahoua bringen sollte. Er hatte keine aufklappbare Laderampe hinten, also mußten wir den Ultraleichtsegler 2,40 m hoch über die Seite hieven. Alle Passagiere eines Minibusses, der gerade eine Panne hatte, halfen mit.

Der Laster setzte uns am Flugplatz von Tahoua ab, und der Kommandant hieß uns willkommen. Unser Flugplan war hoffnungslos überzogen, aber niemand regte sich auf, denn eine der drei Mitteilungen, die ich über Funk durchgegeben hatte, war zumindest angekommen.

Während David die Kurbelwelle öffnete und sich noch einmal durch Pegasus' Innenleben arbeitete, wollte ich die Gelegenheit nutzen, die mir diese Verzögerung bot, und eine Gegend erkunden, die auf den Karten als riesiger weißer Fleck im Nordosten eingezeichnet war. Es führte nur eine einzige Straße zu einem Dorf mit Namen Tchin Tabaraden. Vielleicht könnte ich mich Händlern anschließen, die den Wochenmarkt besuchten. Was mich besonders interessierte, war die Möglichkeit, auf Viehhirten des Woodabe-Stammes zu treffen, die für ihre Gesichtsbemalungen und die Schönheitswettbewerbe ihrer Männer berühmt sind.

Der weiße Fleck auf der Karte

Am ersten Abend erreichte ich das Dörfchen Kao, wo ich in der Hütte einiger junger Peul-Männer übernachtete. Sie waren Tierärzte und konnten so die für ihren Stamm traditionelle Verbindung zu Rindern aufrechterhalten. Während unseres gemeinsamen Abendessens erzählten sie von ihrer Arbeit, und einer von ihnen erläuterte mir, welche Rolle Kühe im Schöpfungsmythos ihres Stammes spielten. Er hieß Bimbo – wenigstens einer, der hier in Afrika tatsächlich so heißt, dachte ich.

„Der Vater der Peulrasse war Araber, die Mutter Berberin – es gibt viele Theorien, aber Peul-Historiker neigen am stärksten zu der folgenden." Sambo war als Geschichtenerzähler ein Naturtalent, er verfiel in die melodische Redeweise eines Barden oder Griot, jener fahrenden Dichter und Musikanten Westafrikas. „Dem Paar wurden Zwillinge geboren, in Guinea, am Meer. Eines Tages tauchte eine Kuh aus den Wellen auf, und als die Zwillinge ein Feuer anzündeten, kam sie näher. Sobald die Flammen erstarben, entfernte sie sich. Jedesmal, wenn das Feuer neu entfacht wurde, näherte sich die Kuh wieder, denn sie liebte das Feuer. Die Zwillinge nutzten das Feuer, um die Kuh immer weiter vom Meer wegzulocken, bis sie schließlich bei ihnen zu Hause war und Haustier wurde."

„Wir Peul sind überzeugt, daß wir die Kuh in dieses Land gebracht haben und daß alles Vieh von dieser Meerkuh abstammt. Unsere Kühe kommen von selbst ans Feuer und lieben es. Wenn ein Peul abends im ‚Doudal' (Korral) ein Feuer anzündet, trottet das Vieh herbei und stellt sich in seiner eigenen Rangordnung dazu – der Leitstier steht am dichtesten bei den Flammen."

Bimbo machte eine Pause, und die anderen jungen Männer gaben ihre Kommentare dazu und sagten, das Vieh habe sie nach Niger geführt. Ganz anders als die Eroberung der kriegerischen Tuareg mit dem Schwert, ist die Invasion der Peul in Westafrika als friedliche Infiltration von Viehzüchtern auf der Suche nach Weideland vor sich gegangen. Als Fremde zahlten sie den Völkern, deren Länder sie durchwanderten, Weidegebühren. „Aber wir sind Bororo, die reinsten der Peul, unverdorben und deshalb überlegen. Einer der Hauptunterschiede zu den übrigen ist, daß wir Animisten geblieben sind, während die normalen Peul Moslems wurden."

Bimbo nahm seine Geschichte wieder auf und erzählte, wie einige Bororo ihre Sprache und ihre Bräuche während der Wanderungen verloren. Die Worte strömten über mich hinweg, vor Müdigkeit verstand ich sie nicht mehr, ich hörte nur noch den fließenden Tönen zu. Die Männer unterhielten sich bis tief in die Nacht hinein, aber sie trennten mit einem Vorhang am Ende des Raumes ein Bett für mich ab, und ich schlief beim Gemurmel ihrer Stimmen ein.

Am nächsten Morgen überließ ich meinen Vordersitz im Lastwagen einer Frau mit einem Säugling und kletterte hinten auf die Ladung. Es waren Säcke mit „Trotot", zerstoßenen Erdnüssen, die man gekocht und dann zu Kugeln getrocknet hatte, eine harte und knubblige Sitzgelegenheit. Ich hockte gefährlich nah am Rand und hatte nichts, woran ich mich festhalten konnte. Dazuhin rammte mir der Mann hinter mir dauernd seinen Ellbogen in den Rücken. Der Laster ratterte und schaukelte über die schlechte, wellige Straße. Noch schlimmer wurde es, wenn er eine Böschung hinunterschoß, um einen holprigen Wadi zu durchqueren, und auf der anderen Seite wieder hinaufschwankte. Ich konnte mich nur mit einem Fuß abstützen, die Hände aber fanden nichts, das war zu wenig, und ich suchte nach irgendeinem zweiten Halt. Ich tastete herum, da half mir ein schön angezogener junger Mann, er reichte mir von der anderen Seite des Wagens seine Hand, und ich griff dankbar nach ihr. Händereichen über den Ozean ist eine schöne Sache, aber Händereichen über den Laster ist ebenso gut.

Die Säcke hatten viele Löcher, und wir hinterließen eine „Trotot"-Spur auf der Straße. Niemand sprach französisch, sie sprachen Haussa und Tamaschek oder Fulfulde. Aber ich hatte einige wichtige Haussa-Wörter gelernt und kam damit zurecht. Der neblige Himmel vor uns wurde dunkler, die Männer bemerkten es und zogen ihren „Shesh" fester, den der Wind gelockert hatte.

Nachdem ich in Tchin Tabaraden angekommen war, meldete ich mich bei der Gendarmerie und konnte von einem der Polizisten ein Pferd mit Namen Hamidoun mieten. Ich wollte das kleine, etwa

25 km entfernte Dorf D'Akarana besuchen, das genau in der Mitte des weißen Flecks auf meiner Karte lag. Ich war nicht sicher, ob ich dort Stammesangehörige der Woodabe finden würde, aber zweifellos gab es dort Peulfamilien.

Im Staubsturm mußte ich meinen Kompaß benutzen, um nach Norden zu reiten, aber ich wußte nicht genau, wo D'Akarana lag. Es dauerte nicht lange, und ich hatte mich verirrt. Schwarze, steinige Berge öffneten sich um mich herum, und mein Pferd, das ich Blackhorse II. nannte, ging vorsichtig. Viehherden waren für einen Augenblick im Nebel zu erkennen und verschwanden dann wieder. Der Tag wurde heiß. Ich fand die Straße nach D'Akarana zwischen dichtem Gestrüpp und Yamsbohnenbäumen, die so alt waren, daß die Rinde am Stamm in langen Rissen aufgesprungen war.

Eine ganze Heerschar Esel, schwer beladen für den Markt, kam die Straße entlang, geführt von Frauen in Schwarz mit Kalebassen auf dem Kopf, in die weiße Muster eingeritzt waren. Die Sonne durchbrach den Nebel und enthüllte blauen Himmel mit hohen Zirruswolken. Blackhorse II. wurde hungrig und begann an den Stellen, wo der Boden noch nicht ganz abgegrast war, sich ein Maulvoll abzurupfen. Ich gewährte ihm eine halbe Stunde Pause, aber es war ziemlich schwierig, ihm die Zügel wieder anzulegen, denn Blackhorse II. war sehr lebhaft und trug ein dreizinkiges Gebiß. Es war das grausamste Gebiß, das ich je gesehen hatte, mit einem Metallring um die Zunge und das Kinn.

In der Nähe von D'Akarana hielt ich vor einem Lager mit sechs braunen Tuaregzelten mein Pferd an. Eine Familie lud mich zum Tee ein, der bereits angebrüht war. Als ich mich setzte, sprangen ein paar junge Ziegen über die große flache Kohlenpfanne, und die Frauen scheuchten sie weg. Ihre Kleider waren mit schwarz-weißer Stickerei geschmückt; sie selbst trugen herrliche, silberne Ohrgehänge, Halsketten mit Silberanhängern und die typischen Kreuze ihres Heimatortes.

In D'Akarana angekommen, brachte ich zuerst mein Pferd in das umzäunte Grundstück des Schullehrers. Er stellte mich seiner Familie vor, die mich zum Bleiben einlud. Ein alter Kameltreiber kam dazu und fragte, warum mein Land seinem Volk keine Entwicklungshilfe geschickt hatte, um einen Brunnen mit Zementwänden zu bauen. 1984 war das meiste Vieh an der Dürre eingegangen, trotzdem schlugen die Leute lustig weiter Bäume und Sträucher für

Feuerholz. Zwei Schuljungen zeigten mir die derzeitigen Dorfbrunnen, Zwölf-Meter-Löcher im rieselnden Sand, schnell gegraben, aber von kurzem Bestand, denn die Seiten rutschten schnell ein. Jeder Herdenbesitzer durfte zu einer bestimmten Zeit sein Vieh tränken, eine große Herde brauchte bestimmt eine Stunde, während für einige Tiere zehn Minuten reichten.

Dann begleiteten die Schuljungen mich auf einem Spaziergang in leichtes Hügelland, wo verkrüppelte Dornbäume wuchsen. An einem von ihnen hielten wir, um „Ajin"-Beeren zu naschen. Die Jungen schüttelten die Zweige, damit die reifen Beeren herunterfielen, die aussahen wie kleine runzlige Kirschen mit einer harten süßen Schale.

In einem Lager nahmen wir drei neugeborene Kamele in Augenschein, und ich lernte, wie man die Muttertiere melkt. Damit sie stillstanden, hakte der Mann ihnen ein Vorderbein um das andere herum. Jedes Kamel gab eine Schale voll schaumiger Milch und bekam zur Belohnung eine Wochenration Salz. Als die Tiere das Salz rochen, vollführten sie ungebärdige Freudensprünge und fielen fast über den Mann her, der niedergekniet war, um den Salzbarren zu zerstoßen.

Auf dem Rückweg hielten die Jungen an einem Akazienbaum und schlugen einen etwa zweieinhalb Zentimeter großen Gummiharz„kristall" herunter. Sie gaben mir ein Stück zum Probieren, es schmeckte wie Klebstoff, aber ich erinnerte mich, gehört zu haben, daß die Ureinwohner Australiens davon tagelang leben können. Das Innere war pappig und schmeckte weder süß noch nach sonst irgend etwas außer nach Klebstoff, es blieb mir an Zähnen und Zahnfleisch hängen. Die Leute lebten wahrscheinlich deshalb tagelang von diesem Zeug, weil sie die ganze Zeit versuchten, es von den Zähnen wieder runterzukriegen.

Zurück in D'Akarana, vergewisserte ich mich, daß Blackhorse II. Wasser und Futter bekam. Ein Kamel besuchte das umzäunte Grundstück; sein Reiter war ein weiser, wegen seiner Armut geachteter Greis. Er trug einen zerlumpten „Sesh", der nur knapp zwei Meter lang war, und besaß keine Decke. Wir tranken Tee in einem Raum vor dem Hoftor, da keine männlichen Besucher in den Hof eingelassen wurden. Ich trank meinen Tee besonders heiß, weil ich das klebrige Gummizeug endlich von den Zähnen herunter haben wollte.

Am nächsten Morgen erfuhr ich, daß sich die Woodabe nur dreißig Kilometer südlich bei einem kleinen Dorf mit Namen Oduc Zwei aufhielten. Um dahin zu kommen, mußte ich wieder durch Tchin Tabaraden, ein Vergnügen für mich, denn ich liebe Märkte.

Ehe ich D'Akarana verließ, füllten die Jungen meine Wasserflasche auf – zu spät, ich bedankte mich nicht, als ich sah, wie schlammig ihr Wasser war. Es war ein windiger Tag, aber mit klarem Himmel, und außer den Wölkchen, die Blackhorses Hufe aufwirbelten, war kein Staub in der Luft. Nach einem Ritt von etwa sechzehn Kilometern hielt ich an und suchte Feuerholz zusammen, um Tee zu kochen. Da es fast Mittag war, aß ich Brot und Datteln dazu. Ich bot dem Pferd ein dickes Stück Brot an, aber Blackhorse II. sabberte nur daran herum und ließ es liegen, er wußte nicht, wie es schmeckt.

Lautlos tauchte ein Mann auf, der zu Fuß ging. Er trug einen hölzernen Bogen, der mit Rindenstreifen zusammengebunden war, und dicke, kurze Pfeile. Er blieb stehen und sah mich eine ganze Weile an, weshalb ich es für besser hielt, weiterzureiten. Das Dorf Tchin Tabaraden lag verlassen da, alle waren auf dem Markt, dessen Hauptattraktion das Vieh war. Ich zählte mindestens hundert Kamele, plus deren Junge, zweihundert Schafe und Ziegen, fünfzig Esel und ein Pferd, mit dem Blackhorse kämpfen wollte. Ein Mann probierte ein Kamel aus und verlor die Herrschaft darüber, sehr zum Vergnügen der Menge. Ich traf immer wieder auf Bekannte aus D'Akarana, andere kamen hinzu, um mir die Hände zu schütteln. Wenn man etwas Lustiges oder Kluges sagt, bekommt man einen zusätzlichen Handschlag. Dann brachte ich Blackhorse II. zu seinem Besitzer, dem Polizisten Hamidoun, zurück. Er sagte, ein Gendarmerielastwagen würde nach Oduc Eins fahren, der mich mitnehmen könne.

Sie setzten mich wie vereinbart ab und zeigten mir den Weg nach Oduc Zwei, einige Kilometer östlich. Es war später Nachmittag, ich wanderte durch die Ebene und über Berge, die mit trockenem Gras bedeckt waren. Einige große Herden weideten dort, und vereinzelt standen Zelte im dichten Gehölz.

Bei Einbruch der Dämmerung wunderte ich mich, warum ich Oduc Zwei noch immer nicht erreicht hatte. In der großen Stille, die über dem Land lag, hörte ich, wie Hirse zerstampft wurde, und ich folgte dem Geräusch zu einem Lager, dessen Bewohner mir die Richtung wiesen. Ein Stück weiter traf ich einen Bororo, der mich mit seiner Herde aus zehn Kühen begleitete. Schließlich erreichte ich die Siedlung von Oduc, wo der Häuptling – ein Marabout, ein Weiser namens Kidik – mich willkommen hieß. Er beendete gerade sein Abendessen und bot mir die Reste an: Hirse in Bratensoße und Knochen mit Fleisch dran, aber ich fand keine weiche Stelle, in die ich meine Zähne hätte graben können.

Viele Leute besuchten seinen Strohunterstand oder „Hangar“ an diesem Abend, um mit ihm zu sprechen und sich Rat zu holen. Von draußen aus dem Dunkeln beobachteten mich die Frauen. Einige davon waren Woodabe, erkenntlich an ihren Frisuren und den schmalen, ovalen Gesichtern mit langem Kinn. Alle trugen Talismane, sie waren mehr Animisten als Moslems. Die Woodabe-Männer sahen schön aus und waren stolz auf ihre Schönheit. Die „Pullo“ (heiratsfähige Männer), die den jährlichen Schönheitswettbewerb mit Gesangs- und Dichtkunstvorträgen veranstalten, sagten, ihr nächstes Fest finde statt, sobald der Regen komme, so schreibe es die „Art der Woodabe“ vor.

Die „Art der Woodabe“ heißt „pulaaku“ und besteht aus drei Eigenschaften: „seemtende“ – Bescheidenheit und Zurückhaltung im täglichen Leben, woraus gutes Benehmen und Zusammenarbeit entsteht; „hakiilo“ – Vorsicht und kluge Entscheidungen, was sich in der Praxis gesunden Menschenverstands äußert, in der Aufmerksamkeit gegenüber dem Vieh, im Finden von neuen Weidegründen für die Wanderungen; Männer, die ihr Vieh verlieren, haben kein „hakiilo“ mehr. Die dritte Eigenschaft ist „munyal“, die Fähigkeit, geduldig zu sein und Kummer zu ertragen, sei es in großen Krisen oder im täglichen häuslichen Ärger der Polygamie oder mit dem kranken Vieh.

Mehr Männer kamen hinzu, setzten sich nieder und sprachen mit dem Marabout. Man sagt, ihre Sprache sei besonders schwer zu lernen und zu verstehen, denn die Wörter ändern ihren Klang je nach Fluß und Poesie der Sätze. Ich fragte meinen Nachbarn nach den Schönheitswettbewerben der Woodabe, und er beschrieb einen Tanz, der „Yake“ genannt wird. Junge Männer bemalen dazu ihr Gesicht mit Ocker und stellen sich dann zur Begutachtung vor den Frauen auf. Sie versuchen, einen möglichst verführerischen Gesichtsausdruck zu zeigen, ziehen das Gesicht lang, rollen mit den Augen. Er demonstrierte, wie sie die Augen rollten und die Zähne zeigten. Als weitere Schönheitsmittel verwenden sie Kohle, damit die Lippen schmaler aussehen, und färben die Haut mit Ocker heller. Ihren Haaransatz rasieren sie zurück, um eine freie Stirn zu zeigen. Mit hellen Linien betonen sie die Länge der Nase, denn eine lange Nase gehört zu ihren Schönheitsidealen. Aber wie bei unseren Schönheitswettbewerben ist auch hier Schönheit allein nicht alles, ein Mann muß auch liebenswert und anziehend sein.

Eine andere Spezialität dieses Volkes ist seine Heilkräuter-Medizin. Ehe die Männer gingen, fragte ich sie, wo ich Badaadi-Rinde gegen Davids Magenkrämpfe kaufen könne, oder Sotoore-Blätter, die es auch täten, obwohl man damit normalerweise Geburtswehen lindert.

Die Abendluft trug den Gesang arbeitender Frauen herüber, andere saßen mit ihren Kindern am Lagerfeuer und sangen ihnen vor. An den dunklen, niedrigen Bergen flackerten viele Feuer; es war leicht auszumachen, wo die Leute in der waldigen Gegend ihre Lager versteckt hatten – die vielen kleinen Feuer leuchteten in der schwarzen Nacht, als spiegle der Himmel mit seinem glitzernden Sternenmuster sich auf der Erde.

Der Marabout führte mich zu einer Strohhütte, in der ich schlafen konnte. Die Türöffnung war etwa einen Meter groß und hatte lange Fransen gegen den Staub. Ich ließ die Strohtür offen, da wanderten laufend Ziegen, Küken und Perlhühner bei mir ein und aus. Meine Haut fühlte sich schmutzig an, und meine Muskeln waren sattelmüde; der Nachtwind blies durch die Strohwände, trotzdem schlief ich schnell ein.

Mein Frühstück bestand aus „boule", einem Brei aus Milch und Hirse ohne Zucker, und die Milch war sauer wie Joghurt. Die Schale wurde herumgereicht, als erste bekam ich sie, dann der zweite Gast und zum Schluß der Marabout. Er war Häuptling von Oduc Zwei, seit man 1984 eine dauerhafte Ansiedlung daraus gemacht hatte. Seine Leute hatten angefangen, Getreideanbau zu lernen; aber dieses Jahr hatten sie nichts angepflanzt, weil es zu wenig regnete. Ihr Brunnen war zwar fast acht Meter tief, aber er reichte zum Bewässern der Felder nicht aus.

Ich verließ die Siedlung auf meiner eigenen, gut sichtbaren Schuhspur und folgte ihr zurück in ein trockenes Flußbett und hinaus in die Ebene. Nur wenige neue Fußabdrücke waren zu sehen, und obwohl ich die Spur verlor, weil eine Ziegenherde darübergegangen war, konnte ich die Richtung nicht verfehlen. Der Wind trug wieder Staub mit sich, aber er kam von hinten und trieb mich angenehm vorwärts.

Eine Gruppe „pullo“ und einige Frauen begegneten mir, die alle sehr lustig waren und über irgend etwas lachten. Der einzige Mann, der Französisch konnte, war schwer zu verstehen; aber anscheinend waren sie gerade dabei, einen bei ihnen üblichen Spaß auszuführen und eine junge Braut zu ihrem zukünftigen Heim zu begleiten. Ein Mann schlürfte etwas Milch aus einer Schale und pustete sie auf die Braut, andere hatten Stecken dabei, um ihr symbolisch eine Tracht Prügel zu verabreichen. Die Braut wird zur Mutter des künftigen Ehemannes gebracht, die sie mit einem Stock aus „abuhinia“, dem Baum der Segnungen, berührt. Die Braut bleibt zwei Tage bei ihrer Schwiegermutter an einem Ort, der für Männer tabu ist. Dann geht sie für eine letzte Woche noch einmal nach Hause, ehe sie zu ihrem Mann zieht und ihre Haartracht ändert. Die neue Frisur heißt „beekteedo“, das bedeutet „versöhnt“.

Das Mädchen war eine leibliche Kusine ihres Bräutigams, eine beliebte Verbindung, denn so blieb der Viehbestand in der Familie und die hochgepriesenen Gesichtszüge wurden vor fremden Einflüssen bewahrt. Wenn ich die jungen Männer so betrachtete, alle reinen Blutes, mußte ich zugeben, daß ihre Gesichter sich tatsächlich glichen.

Nach weiteren drei Kilometern konnte ich durch den Staubnebel die behäbigen Umrisse von Hirsespeichern und die hellen Linien der Strohhütten erkennen: Oduc Eins. Ich setzte mich an die holprige Straße und wartete auf ein Fahrzeug, das mich mitnehmen würde. Der Staub regnete so stark auf mein Tagebuch herab, daß mein Kugelschreiber darin steckenblieb.

Ein Lastwagen tauchte auf und hielt ächzend an. Er hatte Feuerholz geladen und fuhr nach Tahoua, in der Kabine war noch Platz für mich. Wir waren halb in Tahoua, als auf einer Strecke bergab ein Vorderreifen platzte und der Laster ins Schleudern kam. Er schlitterte über die Böschung, krachte schwer in den Graben, wurde auf der anderen Seite hochgeschmettert und schlingerte weiter, während Äste und Holzstämme der Ladung von hinten durch das Fenster des Fahrerhauses flogen. Ein erneuter Stoß schleuderte uns herum, dann rollten wir aus und kamen zum Stehen. Zum Glück hatte ich meinen Kopf nach unten gedrückt, aber mein linker Arm, mit dem ich mich am Fahrersitz festgeklammert hatte, tat sehr weh.

Meine Schulter fühlte sich verrenkt an, aber wenn ich mir sonst nichts getan hatte, konnte ich von Glück sagen. Wir hatten alle Glück gehabt, niemand war ernstlich verletzt, und ich dachte an den Rallye-Lastwagen, der in den Graben gerast und explodiert war. Unsere Sachen waren rundum auf der Erde verstreut, die Uhr des Fahrers fand ich zwanzig Schritt weit entfernt.

Ich konnte mit einem Laster nach Tahoua zurückfahren, zu einem ebenfalls leidenden David. Allerdings bemerkte ich das zuerst nicht und flippte aus nichtigem Anlaß fast aus vor Wut. Er sagte: „Gut, fliegen wir weiter. Kannst du in einer halben Stunde fertig sein?" Also kramte ich meine Sachen zusammen und bemerkte dann, daß er weder sein Geschirr gespült noch seine Sachen gepackt, noch das Werkzeug zusammengeräumt hatte. Es gab wirklich keinen Grund, mich abzuhetzen. Er sagte, die Sicht sei jetzt zu schlecht zum Fliegen und widersprach sich im nächsten Augenblick, indem er mir eine Flugstunde vorschlug. „Mit meiner Schulterzerrung", gab ich zurück, „nein, danke." Also machte er einen Probeflug, und der Motor setzte wieder aus. Das Leben ist wirklich nicht einfach!

David fand meine Energie vermutlich unerträglich, solange er sich so mies fühlte. Ich drangsalierte ihn dauernd damit, er trinke nicht genügend Wasser. Das ist eine meiner Schwächen: ich bin überzeugt, wenn man täglich literweise gutes Trinkwasser schluckt, kann man viele Magenprobleme kurieren, es gibt nichts Besseres dagegen. David versuchte sein Bestes, damit es ihm wieder gut ging, aber er wollte dabei nicht aufhören zu arbeiten. Er blieb bis vier Uhr morgens auf, dann schlief er zwei Stunden und stand wieder auf, weil er irgendeinen Geistesblitz hatte, und zerlegte den Motor erneut. Das Ärgerliche war nur, daß er nirgendwo einen Fehler entdecken konnte.

Es war der Tag des Präsidentenbesuches in Tahoua. Der alte Präsident war vor kurzem gestorben, und nun wurde sein Nachfolger, Präsident Ali Saibou, eingesetzt. Für Tahoua würde das der wichtigste Tag seit Jahren werden. Man hatte das Flughafengebäude geputzt und poliert, Nationalflaggen an die Bäume gehängt und einen neuen Windsack aufgestellt. Wir frühstückten neben der Garage des Feuerlöschwagens, Pegasus war zerlegt, Werkzeuge und Filter lagen schön verteilt auf dem breiten Trittbrett des Löschfahrzeuges wie auf einem praktischen Regal. Aber um halb sieben Uhr morgens erschienen die Feuerwehrleute, um ihren Lastwagen auf

Hochglanz zu bringen. Um sieben traf eine Schar Trommler ein und begann, sich warmzuspielen, daß die Luft zitterte.

Ein Strom von Fahrzeugen setzte ein: Menschen mit Hupen und Signalhörnern, die sie beim Vorbeifahren kräftig ertönen ließen – sechs Lastwagen voller Soldaten und ein Dutzend Autos. Sie schwärmten alle auf die Landebahn aus. Der Präsident war in Niamey noch nicht abgeflogen, da stand in Tahoua schon die Menge bereit. Ich schürte unser Feuerchen, um noch eine Tasse Kaffee zu machen, und David arbeitete weiter. Die Morgenluft war ruhig, sie wäre zum Fliegen ideal gewesen.

Der Rhythmus der Trommeln schwoll dramatisch an, und im nächsten Augenblick hörten wir das Dröhnen eines Düsenjets. Er landete in Wolken von aufgewirbeltem Sand, und als der Präsident aus der Flugzeugtür stieg, schrie die Menge vor Begeisterung. Das Militär grüßte, dann wurde die Ehrengarde abgeschritten. Wir hielten uns in der Feuerwache im Hintergrund, denn wir wollten keine Aufmerksamkeit erregen. Dann heulten Sirenen auf, und eine zehnköpfige Motorradeskorte geleitete den Wagen des Präsidenten in die Stadt.

Unser nächster kurzer Flug hätte über unbewohntes Buschland nach Westen bis Fillingué gehen sollen und dann zur Hauptstadt Niamey. Aber David war durch unsere ständigen Schwierigkeiten so demoralisiert, daß er, ständig darauf bedacht, uns beide heil ans Ziel unserer Reise zu bringen, lieber eine sicherere Route weiter südlich wählte, auf der Hilfe in Reichweite war. Also verlegte ich mich, wie schon vorher, mit unseren Benzinvorräten aufs Anhalten und versuchte, mit David auf der Straße Schritt zu halten. In jener Nacht trafen wir uns in Nkonni und schliefen unter Pegasus' Segel. Ein Fulani auf einem geschmückten Pferd, der anhielt, um uns zu betrachten, weckte mich, dann trabte er weiter. Als nächstes führte ein Mann eine Kuh daher, die nicht an unserem Ultraleichtflieger vorbeiwollte; danach folgten: eine Ziegenherde, Leute auf Fahrrädern und Kamele, die mit Heu beladen waren. Es wurde Zeit, aufzustehen.

David flog wieder allein, und ich reiste mit den restlichen Benzinkanistern per Straße weiter. Diesmal fand ich den Ultraleichtsegler auf einem Flugplatz kurz vor der Stadt Dosso, wo uns erneut die Menge belästigte. Die Leute husteten und scharrten und wirbelten den Staub auf. „Zamna (hinsetzen), zamna, alle bitte!" sagte ich in befehlendem Ton und schwenkte die Arme im Kreis. Wie vom Zauber berührt, setzten sich die Leute nieder, die vor mir standen. Ich schritt die Runde ab und wiederholte den Spruch, es war, als dirigierte ich ein Orchester oder als besänftigte ich einen Ozean.

David wechselte den Propeller aus, denn der erste war von einem Stein beschädigt worden. Man hätte ihn zwar mit Araldite flicken können, aber David wollte am Nachmittag weiterfliegen, und bis dahin wäre die Flickstelle nicht getrocknet. In Dosso beschlossen wir, wieder zusammen mit vollem Gewicht weiterzufliegen. Als wir von der Staubpiste abhoben, begann der Motor erneut zu husten. Wir versuchten, Höhe zu gewinnen, aber wir verloren an Kraft und sanken schnell wieder herunter. Die Landung war einfach, für unsere Reise jedoch ein empfindlicher Rückschlag. Mir schien, wir hatten uns bereits mehr an Motorausfälle als an normal verlaufende Flüge gewöhnen müssen. Wenn wir es bis Niamey schafften, so versprachen wir uns gegenseitig, dann wären wir mit dem Ultraleichtsegler ein für allemal fertig.

Also flog David allein in Richtung Hauptstadt, und ich versuchte mein Glück als Anhalter auf dem letzten Stück hinter Dosso. Es stellte sich als überraschend schwierig heraus, aber als der Direktor von Mobil in Niger, Daniel Trevidic, erfuhr, daß ich in Dosso festsaß, kam er selbst im klimatisierten Wagen angefahren und holte mich. Ich konnte sogar mit Hilfe seines Büros meine Papiere wieder auf den neuesten Stand bringen. Er tat wirklich alles, was er konnte.

In der Zwischenzeit steckte der arme David erneut in Schwierigkeiten. Weil unsere Funkfrequenzen nicht auf dem laufenden waren, konnte er mit dem Kontrollturm von Niamey keine Verbindung aufnehmen. Da er wußte, daß irgendwann die Maschine des Präsidenten ankommen würde, konnte er aber nicht landen, ohne vorher Bescheid zu sagen. Also landete er im Busch, fünf Kilometer vom Flughafen entfernt, wo er bald von Polizei, Feuerwehr und Militär umringt war, die ihn als verdächtiges Subjekt betrachteten. Unser Gepäck wurde auf dem Boden ausgeleert, und weil David kein Französisch sprach, gelang es ihm nicht, eine Nachricht an den Kontrollturm oder an Mobil Oil durchgeben zu lassen. Das Verhör brachte überhaupt nichts, bis schließlich das Militär Mitleid mit ihm hatte, so daß er vier Stunden später in den Flughafen Niamey einfliegen konnte. Dabei ging der neue Propeller zu Bruch, weil sich von den Tragekorbsäcken ein Strick löste und zwischen die Blätter kam. Nach der Landung stand er dann erneut vor einer amtlichen Hürde. Ich war erleichtert, als ich ihn endlich zu Gesicht bekam, aber er hatte die Nase voll an dem Tag.

Dann kam ein Anruf vom Büro des Präsidenten. Er ließ uns seine Empfehlungen ausrichten und wünschte, uns am Mittag in seinem Büro zu empfangen, um mit uns über Dinosaurier und Ultraleichtflugzeuge zu sprechen. Der gute Daniel Trevidic lieh David Hemd, Krawatte, Hose und Schuhe, und seine Frau Marlene gab mir einen ihrer schicken Röcke, eine Bluse und Schuhe. Wir kamen uns beide ein bißchen absurd vor. Vor der Audienz konnte ich noch einen kurzen Blick ins Museum werfen und schauen, wie groß der dort ausgestellte Dinosaurier war, ein Ouranosaurus Nigeriensis, angeblich der erste, in einem afrikanischen Museum gezeigte Saurier. Zu meiner Freude war es selbst im Vergleich zu dem kleinsten, den ich in der Wüste gesehen hatte, ein Kleintier.

Das Büro des Präsidenten befand sich im Armeehauptquartier, und ich wunderte mich, ob er ein ängstlicher Mensch sei, weil er sich in einem Militärbunker versteckte, aber Daniel Trevidic widersprach. Er benutzte immer noch sein altes Büro als Chef der Armee und hatte nicht den Wunsch geäußert, in den prunkvollen Präsidentenpalast überzusiedeln.

Zuerst war ich ein wenig nervös und befürchtete, daß mein mangelhaftes Französisch mich vielleicht einen Verstoß gegen das Protokoll begehen lassen könnte. Der Präsident, in Militäruniform gekleidet, empfing uns drei mit Handschlag und bot uns Lehnstühle an. Ich merkte bald, daß er über die leeren Regionen in seinem Land Bescheid wußte und sich Gedanken darüber machte. Auf der Karte an der Wand zeigte er mir verschiedene Orte, an denen man Dinosaurierskelette entdeckt hatte. Er wußte sogar, wo versteinerte Bäume lagen, und als ich ihm zeigte, wo ich die Knochen gesehen hatte, zeigte er sich erfreut, aber nicht überrascht.

Er war seit zwei Monaten Präsident und bereits beliebt und geachtet. Er war überzeugt, daß er seine Verwaltungsbeamten dazu bringen würde, die Landwirtschaft zu entwickeln und die Bedeutung des Bodens zu erkennen. Unsere Audienz dauerte eine halbe Stunde, und am Ende beglückwünschte ich den Präsidenten zu der Ehrlichkeit und Freundlichkeit der Menschen seines Volkes. Er dankte uns, daß wir ihm über die Entdeckung der Dinosaurier berichtet hatten, und wünschte uns eine gute Reise.

Es gibt noch eine interessante Nachbemerkung zu unserer Dinosaurierentdeckung: es waren Knochen von einem vierbeinigen „Camarasaur", dem ersten, den man in Afrika mit Bestimmtheit identifiziert hat. Einige von ihnen fanden inzwischen den Weg in das Naturgeschichtliche Museum von London, wo die Experten berechnet haben, daß dieses Exemplar zu Lebzeiten von der Schnauze bis zur Schwanzspitze etwa achtzehn Meter lang war. Sein Oberschenkelknochen maß 1,67 m. Das Museum entdeckte unter den Knochenfragmenten auch zwei neue Spezies des Coelacanth (eines prähistorischen Fisches, den es heute noch bei Madagaskar gibt), eine neue, kleine Krokodilart und eine neue Schildkrötenart.

An diesem Abend schenkte mir Marlene Trevidic etwas, was ich mir schon immer gewünscht hatte – einen der legendären schwarzen Steine Zentralafrikas. Der Stein fühlt sich warm an, hat etwa die Größe einer Eßkastanie und wird in der Medizin dazu benutzt, bei Bissen oder Stichen von Schlangen, Skorpionen, Spinnen, Tausendfüßlern, Bienen und Wespen das Gift aus dem Körper zu ziehen. Er zieht auch bei Abszessen und Geschwüren das Gift an sich, wenn man ihn auf die Wunde legt. Danach wird er in Milch gereinigt und kann erneut verwendet werden. Belgische Mönche haben vor vielen Jahren in Zaire seine Heilkraft entdeckt, aber sie hielten seine Herkunft geheim. Später habe ich erfahren, daß es versteinerte Holzkohle ist, im Begriff, sich in Gagat oder Jet zu verwandeln, jedoch noch immer im Besitz aktiver Holzkohle-Eigenschaften.

An Pegasus probierten wir ihn natürlich nicht aus, aber am nächsten Tag entdeckten wir die Wurzel des Mechanik-Übels, das uns seit Kamerun plagte. Es lag nicht am Motor, der einwandfrei arbeitete, wie David immer vermutet hatte, sondern daran, daß wir nicht gewußt hatten, wie man ihn für die Verbrennung von Avgas einstellt. Wir hatten, bevor wir England verließen, nur Kraftstofftests mit niedrigen Oktanwerten durchgeführt und nie an Avgas gedacht, das eine sehr hohe Oktanzahl von 110–130 aufweist. Wir überlegten, welche Veränderungen wir vornehmen sollten, denn unseres Wissens waren Ultraleichtflugzeuge noch nie mit solch hohen Oktanzahlen geflogen. Dann bestellten wir eine Kiste Zündkerzen mit besonders hohem Wärmewert.

Während die Tage dahintröpfelten, bemerkte ich, daß sich das Wetter änderte: die Nachtluft war nicht mehr eiskalt, und am Morgen war es nur noch kühl. Die heiße Jahreszeit begann, sie würde sich im Lauf der nächsten Wochen immer mehr durchsetzen und Temperaturen bis 50 Grad bringen. Wenn wir unsere Reise jetzt nicht fortsetzten, würden wir in der Wüste gebraten werden.

Vor unserem Abflug in Niamey zeigte das nigerianische Fernsehen live, wie wir vom Flughafen zur Pferderennbahn flogen und dort landeten. Ich war froh, mich mit diesem Flug bei Mobil für die hervorragende Unterstützung bedanken zu können, aber die Menge, die sich versammelt hatte, war entsetzlich. Kaum waren wir zum Stehen gekommen, überfiel uns die Meute mit einer Begeisterung wie Fans ihren Popstar: Sie wollten uns berühren, alle Drähte anfassen und versuchten sogar, auf unser herabgelassenes Tragsegel zu steigen. Tausend hysterische Menschen gerieten über uns so in Verzückung, daß wir fürchteten, wir würden in Stücke gerissen. Der Kameramann und der Tonmeister wurden zu Boden gestoßen, aber der entschlossene Reporter sprach weiter, so daß David und ich Angst bekamen, es könnte das Ende unserer Maschine, ja sogar unserer Reise werden.

Die Episode endete auf lächerliche Weise. Es gelang uns endlich, ein Stück Piste für den Start freizuräumen, aber da fiel David ein, daß er die neue Funkfrequenz des Flughafens Niamey vergessen hatte und es unklug wäre, ohne sie abzufliegen. Also sprang ich wieder aus der Gondel und bat ihn, sofort hochzugehen (solange er noch die Möglichkeit dazu hatte), und ich würde ihm mit dem stets hilfsbereiten Daniel Trevidic und unserem Ersatzfunkgerät zum Flughafen nachfahren, den Tower nach der Frequenz fragen und diese sofort David durchgeben. Alles in allem ein weiterer anstrengender Tag.

Der Fluß der Flüsse

Wir bereiteten alles vor, um Niamey zu verlassen und nach Nordwesten zu fliegen, flußaufwärts, den Niger entlang, dem wir 240 km weit bis Gao in Mali folgen wollten. Wir dachten, diese Strecke sei einfach, denn die vorherrschenden Ostwinde würden uns unterstützen, so daß wir bis Gao nur zwei Tage brauchen würden. Die Morgendämmerung war sehr dunstig, aber Pegasus stand mit gut verschnürtem Gepäck zum Abflug bereit. Also sagten wir der Familie Trevidic und dem Mobil-Team herzlich Lebewohl und tuckerten hinaus auf die Startbahn. David erfragte über Funk vom Kontrollturm den Wind und bekam zur Antwort: „Wind dreißig Knoten von Nordwesten."

„Was?" schrie David. „Bitte Wind wiederholen." Es kam die gleiche Antwort, und wir fragten ein zweites Mal, denn wir konnten einfach nicht glauben, daß sie sich nicht getäuscht hatten. Aber sie bestätigten die Angaben, und so rollten wir zum Büro des Flugwetterdienstes, hielten und schalteten den Motor aus.

Der Wetterdienstleiter kam mit einer Wetterkarte herausgelaufen. „Obwohl, wie Sie sehen, der ganze Norden Afrikas heute normalen Ostwind hat, besteht über Gao eine Spiralströmung, durch die der Wind das Nigertal hinunter geleitet wird. Das Flußtal von hier bis Gao ist die einzige Zone, die durch diese Strömung beeinträchtigt wird."

Das Zentrum unserer Schwierigkeiten hatte sich über Gao festgesetzt. Windgeschwindigkeiten von über vierzig Knoten wurden von dort durchgegeben, und es war zu erwarten, daß der Sand, den der Sturm hochtrug, mehrere Tage lang durch das Nigertal geblasen wurde. Ich war sprachlos, das Wort „unglücklich" war zu schwach für das, was uns traf.

Wir entschlossen uns zu einem Probeflug, um zu sehen, wie schlimm es wirklich war. Seit dem letzten vermehrten Auftreten der

Motoraussetzer waren wir nicht mehr voll beladen geflogen, und heute hatten wir etwa fünfzig Pfund Übergewicht. Pegasus hob mühelos ab, und bald waren wir 250 m über der Startbahn, die allerdings bei der sich rasch verschlechternden Sicht nicht mehr gut auszumachen war. Wir konnten gerade noch zwei alte Wracks von Passagiermaschinen am Boden erkennen, eine mit abgebrochenem Flügel. Der Fluß war ein undeutliches, verschwommenes Band. Es wäre unvernünftig gewesen, weiterzufliegen.

Ich war trotzdem dafür, es zu riskieren, denn ich wollte raus aus der Stadt. Gegen mein Argument, der Wind sei in dieser niedrigen Höhe doch nicht so schlimm wie befürchtet, legte David sofort sein Veto ein, denn bei solch schlechten Sichtverhältnissen war Fliegen gesetzlich gar nicht erlaubt. Jedes weitere Argumentieren war unangebracht, denn ich hatte David auch deshalb verpflichtet, weil er mich zu einem verantwortungsbewußten Piloten ausbilden sollte. Wir landeten, und ich schnallte mein Übernachtungsgepäck los. Aber ich war voller Unruhe und Unvernunft; so unterhaltsam es auch in Niamey gewesen war, ich brauchte Raum und wollte zurück in den Busch.

Ich ließ David und den Ultraleichtflieger in Niamey zurück und nahm die unbefestigte Straße nordwestlich nach Ayorou, einem Dorf 160 km nigeraufwärts. In letzter Minute verstaute ich noch einige Leuchtraketen und eine Abschußpistole in meinem Gepäck, damit ich, wenn es David gelang, flußaufwärts zu fliegen, ihm Zeichen geben konnte, wo er mich fände, und ihm die sicherste Stelle zum Landen anzeigen konnte.

Die Straße nach Ayorou war zerfurcht und sandig. Zu meiner Überraschung klarte sich nach fast einer Stunde die staubbeladene Luft auf, und es enthüllte sich ein wolkenloser, blauer Himmel. Bedauerlich, daß ich es David nicht sagen konnte. In der Sonne hoben sich die hohen, königlichen Silhouetten der Fächerpalmen und dornigen Akazien dunkel gegen den bleichen Sand des breiten Flußbettes ab. Grünliche, überhängende Felsen türmten sich neben zerbröckelnden Lehmdörfern auf. Männer in Festtagskleidung, die auf Pferden und Kamelen ritten, und Frauen, die Eimer auf den Köpfen balancierten, bevölkerten die Straße. Das Spiel der Schatten in der offenen Landschaft gab mir wieder das Gefühl, frei zu sein.

Ayorou lag dicht an der Grenze zu Mali, und der Direktor des Zollamts kümmerte sich persönlich um mich. Er schickte seine

Soldaten auf die Suche nach einer geeigneten Behelfslandebahn und brachte mich für die Nacht in einem leeren Teil des Gästehauses der Regierung am Flußufer unter. Ein Soldat holte für mich mit einem Blecheimer Wasser zum Waschen aus dem Fluß, ein anderer brachte eine Kerosinlampe, und der Rest half mir, mein Moskitonetz aufzuspannen, wobei sie sich über dessen schlapp herunterhängende Seiten fast kaputtlachten.

Als ich auf dem Markt zu Abend aß, hörte ich, wie Trommler sich für ein nächtliches Fest warmspielten. Zwei Männer mit Sprechtrommeln unterm Arm saßen am nächsten Tisch, sie preßten mit den Armen die Saiten aus Kuhhaut an den dünnsten Punkt der engen Trommeltaille und klopften mit einem kurzen, gebogenen Stecken auf die Trommelhaut, dadurch entstanden die dumpfen Rhythmen aus wechselnden Tönen, mit denen Nachrichten weitergegeben werden.

Ich folgte ihnen zu dem Fest und fand einen mit Menschen überfüllten Garten. Zwei große dicke Trommeln und eine dritte, sogar noch größere, wurden so kräftig und schnell geschlagen, daß die Blätter an den Bäumen zitterten. Der Anführer der Sprechtrommler begann zu tanzen, und die Menge wich zurück. Er stampfte mit gebeugten Knien und raschen, ausschlagenden Bewegungen, drehte sich halb hockend im Kreis, wirbelte um sich selbst und ließ seine Gewänder um sich fliegen, ohne jedoch auch nur einmal darauf zu treten. Eine Frau in einem Sarong mit engem Mieder trat auf den freigeräumten Platz, ließ sich ähnlich in die Knie und tanzte und hielt dabei ein langes Halstuch zwischen den ausgestreckten Armen.

Ihre Kreise überschnitten sich wieder und wieder, die Männer schlugen ihre Trommeln, während sie marschierten und bei jedem vierten Schritt mit einem Sprung seitwärts einen Fuß hochschleuderten. Die Kreise der Tänzer wurden enger und der Trommelwirbel heftiger, die Schlegel brachen fast ab, sie schwirrten so schnell, daß sie einem vor den Augen verschwammen. In einem Trommelcrescendo brachen die Tänzer zusammen. Einen Augenblick lang blieben sie ausgestreckt am Boden liegen und wurden vom Publikum mit Applaus überschüttet, dann winkten sie zwei anderen Frauen, die an ihrer Stelle weitertanzten. Sie legten die Hände auf ihre kreiselnden, wippenden Hüften und ließen in einer ständig wiederkehrenden Wellenbewegung die Bäuche erzittern.

Sie begannen mit einem eigenartig schlitternden Seitwärtsschritt, stießen sich zuerst mit den Zehenspitzen, dann mit den Hacken ab, ohne die Berührung mit dem Boden zu verlieren, und bewegten sich dann mit einem kräftigen Schwung ihrer Hüften weiter. Beim Tanzen stießen sie konzentriert und mit viel Kraft zischende Laute aus, ein seltsam urtümliches Geräusch. Als sie aus dem Lampenlicht herausglitten, traten zehn Tuaregfrauen in den Kreis. Sie klatschten in die Hände und schlugen sich nach jedem Klatschen gegen die Brust. Zwei schlanke, biegsame Männer mit Turbanen auf dem Kopf schlossen sich mit schnellen, schleifend-stampfenden Schritten an. Die Armreifen der Frauen klimperten zu ihrem Gesang, und der Metallschmuck in ihrem Haar blitzte im Licht. Die Männer tanzten paarweise – etwas unmännlich, aber faszinierend – und schwangen ihre Schwerter.

Nun ging einer in die Hocke, verlegte sein Gewicht auf die Hände und begann nach Art der Kosaken, abwechselnd eine Hand kurz hochzuheben und die Beine darunter durchzuschleudern. Die Vorstellung wurde von Minute zu Minute spektakulärer. Der andere Mann tat nun ein Gleiches, wirbelte seine Beine zuerst nach einer Seite und, als der Tanz hitziger wurde, bald auch nach der anderen. Der erste Mann ließ sich vorwärts in den Handstand fallen, berührte mit der Stirn den Boden, sprang dann zurück in die Hocke und tanzte weiter.

Es war die gekonnteste Schau, die ich seit Monaten gesehen hatte. Jede Tanzgruppe hatte ihren besonderen Stil. Die Djerma bestand aus Mädchen mit schlangenförmigen Bewegungen, angeführt von Sprechtrommeln; die Tuareg hatten keine Tam-Tams, ihnen genügte das schnelle Trommeln ihrer Füße auf dem harten Boden.

Ich ging herum, überall war etwas los, und als die Tänze langsam ihrem Ende zugingen, stand ich neben der Familie des Chef de Poste, die mich einlud, mit ihnen zu einem traditionellen Fest zu gehen, das gerade auf der anderen Seite des Marktplatzes begann.

Es war ein malisches Fest. Nach einigen offiziellen Begrüßungsreden stellten sich die malischen Männer in einer Reihe ihren Frauen gegenüber auf und begannen, langsam und würdevoll hin und her zu schwingen und sich mit wellenförmigen, gewundenen Armbewegungen der Reihe der Frauen zu nähern. Eine Gaslampe warf dunkle, anmutige Schatten auf die Lehmwand eines Hauses. Die Männer trugen Gebetskappen, die Frauen lange Kaftane. Einige hatten perlenbesetzte Kalebassen, die sie in die Luft warfen, daß die Perlen und Samen nur so rasselten. Die Höhe der Würfe bestimmte den Rhythmus. Langsam näherten sich die Reihen und durchdrangen einander. Einer der Männer war allerdings in seiner Eleganz etwas beeinträchtigt, er trug übergroße gelbe Plastikgaloschen.

Der einzige Trommler saß auf dem Boden und schlug mit den Händen auf einen halben Kürbis, wobei er einen Fuß unter den Kürbisrand klemmte, um die Töne herauszulassen. Als er sich warmgespielt hatte, begann er herumzuhopsen und den Kürbis zwischen den Schlägen um seinen Kopf zu schwenken. Ich war fasziniert, wie geschickt er auf diesen Kürbis schlug, den Fuß unter ihm zur Seite wegzog, trommelte, dann seinen Fuß darüberhob, schlug, den Fuß wieder zur anderen Seite hob, und dabei nicht eine Spur langsamer wurde.

Die Leute begannen, den Tänzern Geld auf die Stirn zu kleben, was das Ende der Darbietung signalisierte. Ich preßte alle meine Münzen auf das Gesicht des Trommlers, sie blieben im Schweiß gut haften, und bald war er geschmückt wie ein Weihnachtsbaum. Auf dem Heimweg fragte mich der Chef de Poste, ob ich am nächsten Tag nach Flußpferden Ausschau halten wolle.

„Natürlich", antwortete ich aufs Geratewohl. „Wo soll ich suchen?" Er schlug vor, es flußauf mit dem Kanu zu versuchen, und warnte mich, daß die Muttertiere aggressiv seien, wenn sie Junge hätten. Sie könnten, wenn sie in Wut geraten, ein ganzes Kanu durchbeißen.

Am Morgen frühstückte ich mit einer Familie von Tchin Tabaraden, die auch im Gästehaus wohnte. Sie kannten mich von meinem Ausflug mit Blackhorse II. Es gab ausgezeichneten Hirsepudding – warm, milchig und süß – und Tee dazu. Auf dem Fluß waren bereits viele Boote zu sehen, also wanderte ich zum Ufer hinunter und begann, um den Mietpreis für ein kleineres Kanu zu feilschen.

Ich bekam ein Kanu aus Holzplanken mit flachem Boden; die Besatzung bestand aus zwei halbwüchsigen Jungen mit Stocherstangen sowie deren kleinem Bruder mit einer Blechdose zum Wasserschöpfen. Wir glitten flußauf am Ufer entlang, aber als der Fluß sich in mehrere Rinnen aufteilte, stocherten die Jungen zu den Inseln auf die andere Seite hinüber. Ich saß in der Mitte des Kanus auf einer Querstange und ruderte ab und zu mit einem Reservepaddel, damit wir schneller vorwärts kamen; aber anfänglich war die Strömung, gegen die wir fuhren, nicht stark, und das Wasser war seicht, so daß die Jungen uns ohne Mühe mit der Stange vorwärtsbrachten.

Der Wasserspiegel fiel, es war die Zeit zwischen der Hochwasser- und der Niedrigwasser-Saison. Meine Begleiter sagten, dieses Jahr habe es kein großes Hochwasser gegeben und sie hofften, daß der Fluß in der trockenen Jahreszeit nicht versiegte, wie er das in einem der letzten Jahre getan hatte. An dem roten Moos auf den Felsen, die aus dem Wasser ragten, konnte man erkennen, wie schnell der Wasserspiegel sank. Wo der Fels schon lange trocken war, gab es nur braunes, sprödes Moos, darunter war es einige Zentimeter hoch rot, bis zum augenblicklichen Wasserstand.

Gelb blühende Schlingpflanzen schleiften im Wasser an den sandigen Uferklippen, auf denen auch Büschel von Purpurwinden sprießten. Ein Schwarm Wildenten ging hoch, als wir uns näherten, und flatterte über den Fluß weg. An den seichten Stellen standen Graureiher, weiße Silberreiher und große schwarzköpfige Vögel mit langen Hakenschnäbeln. Ich suchte den klaren blauen Himmel nach den etwas bunteren Schwingen unseres Pegasus ab, aber er war nirgends zu sehen, und ich fragte mich, ob David immer noch vom Nebel in Niamey festgehalten wurde.

Wir kamen in schneller fließendes Wasser, der Wind riffelte die Oberfläche und sprühte Gischt über die Kanuseite herein. Der jüngste Bruder schöpfte mit einer zerbeulten Blechbüchse träge das Wasser aus dem Boot. Die älteren beiden stocherten uns kräftig voran. In einem der Flußarme mit starker Strömung zwischen den Felsen begann das Kanu zurückzutreiben. Ich blieb sitzen, es hatte den Anschein, als würden wir gleich zur Seite drehen und kentern. Holz quietschte, und das Kanu fuhr auf einen Felsen auf; die Wellen umrauschten es wütend. Die Jungen versuchten, mich rückwärts abzustoßen, aber wir saßen fest. Sie stemmten sich gegen die Stangen, versuchten sie als Hebel zu benutzen; ich zog mein Paddel durch, und der Kleine trug mit einem abgebrochenen Ruderblatt das Seine bei. Die Planken unter uns ächzten, und zu meiner Erleichterung glitten wir mit der Strömung von dem Felsen herunter. Dann steuerten die Jungen in die Mitte des Flusses, und wir fuhren auf eine breite, niedrige Felsbank zu, über die das Wasser steil herunterschoß. Die Kraft unserer Stangen und Paddel würde nicht ausreichen, uns hier hochzubringen. Aber als wir direkt vor der Stromschnelle waren, sprang der Junge im Bug hinaus auf den

Fels, packte das Bugseil und schleppte uns hinauf, während wir wie wild paddelten. Als wir durch waren, hopste er wieder ins Boot, und wir fuhren weiter stromaufwärts, jetzt allerdings triefend naß.

Zehn Kilometer von Ayorou entfernt, kamen wir nach Firgune, einem Dorf, das zum Teil am linken Flußufer und zum Teil auf einer malerischen Insel im Wasser lag. Dahinter wurde der Fluß tiefer, und meine Begleiter mußten ihre knapp vier Meter langen Stangen ganz oben anpacken. Die meisten anderen Kanus fuhren flußabwärts zum Markt, sie hatten Stroh, Matten, Yams und Tomaten geladen. Die Mädchen in den Booten trugen ihr Haar in vielen Zöpfen am Kopf geflochten und hatten sie mit Münzen geschmückt. Zwei fast zwanzig Meter lange Kanus begegneten uns. Sie gehörten umherziehenden Fischern, die ständig zwischen Mali und Nigeria auf dem Fluß hin und her fuhren und mit der ganzen Familie auf dem Boot lebten. Sie verkaufen ihren Fang unterwegs in den Dörfern. Einige Dörfer haben sich auf Räucherfisch spezialisiert, den sie im Inland verkaufen. Der beste Fisch hier ist der „Kapitän“ oder Nilbarsch; die Jungen behaupteten, er könne bis zu 200 Pfund schwer werden.

Mein Kanu ritt auf den Wellen dahin. Der Jüngste der drei war inzwischen eingeschlafen, und ich hatte das Schöpfen übernommen. Die Stunden verrannen. Ich fragte die Burschen, ob sie wüßten, welches Datum wir hatten, und sie meinten, wahrscheinlich der 1. Februar. Das war mein Geburtstag – was für ein herrlicher Tag für einen Geburtstag! Wir schlängelten uns zwischen grasbewachsenen Inseln und Sandbänken hindurch und genossen die köstliche Lautlosigkeit einer Flußreise.

Wenn eine Bucht kam, spähten wir nach Flußpferden, aber ohne Erfolg. Der Fluß wurde wieder unruhig und felsig. Meine Begleiter nahmen ihr Stochern wieder auf, aber die Stangen fanden keinen Halt mehr im Untergrund, und das Boot war schwierig unter Kontrolle zu halten. Die Gesichter der beiden wurden besorgter, als wir plötzlich mit der Breitseite auf einen Fels zutrieben. Wir hatten im Spaß darüber gelacht, wie oft ihre Boote kenterten, und sie hatten mir versichert, das passiere ihnen selten, sie seien fast im Boot zur Welt gekommen.

„Hippos“, riefen beide und suchten mit den Augen den Fluß ab, „wir müssen näher hin.“ Mit Gebrüll gingen zwei Flußpferde im Wasser hoch. Ihre großen Mäuler klappten weit auf, sie stürzten sich im Spiel aufeinander, schlossen die Kiefer, balgten sich, ließen los und versanken. Dann schossen ihre Köpfe erneut aus dem Wasser hoch, noch einmal gingen sie aufeinander los, ein Ringkampf auf Nilpferd-Art. Ich staunte, wie groß und stark sie waren, wenn sie aus dem Wasser hochstiegen, zusammenkrachten und riesige Wellen verursachten, die über die Seiten unseres Kanus hereinschwappten. Wir waren ziemlich nah, hätten aber schnell entfliehen können, falls es gefährlich geworden wäre.

„Plus des hippos", rief der Junge im Bug und gestikulierte wild in Richtung auf zwei graue Brocken vor uns, die sich für mich von den Felsen drumherum nicht unterschieden. Erst als sie sich bewegten, merkte ich, daß es keine Steine waren. Keiner dieser Blöcke war ein Stein, es waren alles Flußpferde, ungefähr zwanzig Stück. Die Köpfe ruhten auf der Wasseroberfläche, acht der Tiere schnaubten, sie hatten die Schnauze auf dem Rücken eines anderen riesigen Exemplares liegen. Einige Junge planschten vergnügt um ihre Mütter herum, aber es war eines der männlichen Tiere, das sich erregte und auf uns zuschwamm.

Wir zogen uns ans Flußufer zurück. Das Flußpferd beruhigte sich und hielt wieder Wache, dabei schwamm es ständig zwischen uns und der Herde hin und her. Die anderen waren nicht beunruhigt, sie gähnten und zeigten ihre großen, rosafarbigen Mäuler und die langen Zähne, grunzten und quiekten wie riesige Schweine, bliesen zischend die Luft aus und sogen schlürfend Wasser ein. Es kam mir vor, als ob ihre großen fetten Körper irgendwie mit Luft aufgeblasen wären, damit sie besser schwimmen konnten. Diejenigen, die ich an Land gesehen hatte, waren mir dünner vorgekommen, ihre Haut war locker und faltig, nicht so straff und prall wie bei diesen hier.

Die Mittagssonne begann uns auf dem Wasser zu rösten, und wir fuhren nach Ayorou zurück. Ich mußte fast auf der ganzen Strecke Wasser schöpfen, denn durch den kleinen Riß in der Planke, durch den zuerst nur wenig Wasser hereingedrungen war, quoll nun eine ziemliche Menge. Wir stopften einen Lumpen in das Loch, danach konnte mein Schöpfen mit dem Leck Schritt halten.

Bei Ayorou war der Fluß voller Boote, die alle zum Markt unterwegs waren. Bis vor fünfzehn Jahren noch war der Markt von Ayorou für seinen Sklavenhandel bekannt gewesen. Sklavenhändler wie der berüchtigte Emir von Potiskum ließen ihre Gefangenen von Zentral-Nigeria, insbesondere aus der Gegend um Bauchi, in den

Norden marschieren und verkauften sie dort an Sklavenkarawanen, die durch die Wüste zogen.

Als ich auf dem Marktplatz ankam, verspürte ich Hunger. Also kaufte ich zuerst etwas Kebab, Süßkartoffeln und Rettiche und verschlang es, ehe ich weiter auf Erkundungen ging. Große Haufen rosagelber Kürbisse lagen am Boden, Körbe voller leuchtend roter Tomaten, gelbe, aus Stroh geflochtene Matten, schwarze feuchte Kugeln aus irgendwas, das zum Kochen von Saucen verwendet wurde, und ziegelbraune runde Tonscheiben mit Löchern, die man Neuvermählten als Zimmerschmuck schenkte. Mir fiel auf, daß die Verkäufer gleicher Waren beieinander saßen; so hatten sie ständig ein Auge auf ihre Konkurrenz.

Ich spürte, wie mich jemand am Rock zog, und entdeckte, daß eine Ziege meinen Rocksaum fest zwischen den Zähnen hielt. Sie wollte trotz guten Zuredens nicht loslassen, und die Leute barsten vor Lachen. Also schickte ich einen kleinen Jungen los, er solle einen Maiskolben kaufen, und hielt den der Ziege hin, damit sie ihr Maul öffnete. Das gelang, und mein Rock blieb heil. Aber die Leute lachten immer noch, denn jetzt wurde ein Esel herangeführt, den man mit einem schweren Sack beladen wollte. Kaum hatte er den Sack erblickt, da legte er sich schon trotzig auf den Boden. Man stellte ihn wieder auf die Füße, belud ihn, und er legte sich ein weiteres Mal hin.

Frauen mit dekorativ geflochtenen Haartrachten verkauften Feuerholz. Eine protzte mit Holzstücken, die sie am Scheitel entlang angebracht hatte und die ihr Haar wie einen Kamm hochstehen ließen. Die meisten hatten Perlen und Münzen in ihre Frisur eingeflochten. Ihre Haut war sehr dunkel, und ihre Kleider waren schwarz und bestickt. Ich fragte eine von ihnen, wie die Münzen befestigt seien, und sie zeigte mir, daß sie an Fäden geklebt waren, die dann in die Zöpfe geflochten wurden. Es waren Bella-Frauen, ehemalige Sklavinnen. Sie sagte, es sei gut, frei zu sein, aber unbequem, sich an die harte Wirklichkeit zu gewöhnen und sich selbst durchschlagen zu müssen; man wisse nie, woher der nächste Bissen Nahrung kommen würde.

Als die Nachmittagshitze ihren Höhepunkt erreichte, zog ich mich ins Gästehaus zurück; dann badete ich im Fluß, und später setzte ich mich ans Ufer und beobachtete, wie die Marktbesucher wieder mit ihren Kanus nach Hause strebten. Diejenigen, die

Kamele oder Esel gekauft hatten und am anderen Ufer wohnten, hatten Schwierigkeiten. Der Gedanke, ein Kamel oder einen Esel in ein Boot zu verfrachten, schien absurd, die Tiere konnten ja schwimmen. Aber die neuen Besitzer versicherten mir, bis zur anderen Seite sei es zu weit. Als ob sie es beweisen wollten, überredeten sie zwei Kühe zum Schwimmen, und eine von ihnen kippte plötzlich mit dem Kopf unter Wasser und streckte die Beine in die Luft. Die Männer sprangen rasch in den Fluß, drehten die Kuh um, banden das Seil wieder an den Hörnern fest und nahmen sie sicher neben dem Kanu ins Schlepptau. Die Sonne ging unter, und der Fluß glühte wie flüssiges Gold.

Von Pegasus und David war immer noch nichts zu sehen, aber ich wußte, sie konnten jederzeit vor Einbruch der Nacht eintreffen. Ich schlenderte zum Chef de Poste hinüber, der gerade Gericht hielt. Die Leute, die Beschwerden vorbringen wollten, saßen auf einer Bank. Meist wurde in Tamaschek verhandelt, aber Unschuld und Verbrechen sprechen eine universelle Sprache. Während der Verhandlungen entdeckte ich, daß unser Datum erst der 31. Januar war, also hatte ich erst morgen Geburtstag.

Ich hörte von fern ein Motorengeräusch und sprang sofort auf die Füße. Auch der Häuptling erhob sich, verließ seinen Gerichtshof und lief zu seinem Wagen. Wir konnten bereits das breite Segel des Ultraleichtflugzeuges sehen, das sich schnell näherte. Ich griff hastig in meine Tasche und suchte nach der Pistole mit der Leuchtrakete. Ich drückte ab, aber nichts passierte, man hörte nur ein dumpfes Klicken. Beim fünften Versuch endlich detonierte die Rakete mit einem so schrecklichen Knall, daß den Zuschauern die Ohren dröhnten. Die rote Leuchtspur ging hoch, und David begann zu kreisen, er hatte ihn bemerkt. Nun hieß es schnell zu der Landebahn fahren, die wir ausgesucht hatten, ehe es zu dunkel wurde und David die Büsche nicht mehr sehen konnte. Wir mußten ohnehin schon jetzt mit Scheinwerferlicht fahren, um unsere Spur nicht zu verlieren.

David drehte in 300 m Höhe weiter seine Kreise. Ich hoffte, daß er unsere Autoscheinwerfer sah und ihnen folgte. Drei Bellafrauen auf Eseln versperrten den Weg. Zwei der Esel gingen zur Seite, aber der dritte stellte sich in die Mitte des Weges und bockte. Die Frau sprang verlegen von seinem Rücken, zog an dem Halteseil und schrie gellend auf ihn ein, aber er rührte sich nicht. Verzweifelt packten die Frauen den Esel an den Ohren und zogen ihn weg, so konnten wir vorbei.

Kreischend hielt der Wagen am Landeplatz, und ich versuchte mit beiden Händen, die zweite rote Rakete abzuschießen, um David „hier landen“ zu signalisieren, während der Chef de Poste das Fernlicht einschaltete, damit man eine möglichst lange, freie Strecke sehen konnte. Pegasus setzte schnell und schwer auf und kam erst kurz vor ein paar Bäumen zum Stehen.

Die Leuchtraketen waren schon eine gute Idee gewesen, aber jetzt wußte natürlich ganz Ayorou, daß hier draußen irgendwas vorging. Die bis dahin leeren Büsche belebten sich, ganze Horden von Menschen liefen mit fliegenden Gewändern herbei, Jungen sprangen über die Steinbrocken, sie wollten noch vor der riesigen Menge, die ihnen folgte, zur Stelle sein. Der Chef de Poste war zum Glück sehr erfahren im Umgang mit dem Mob, und es gelang uns, Pegasus in einem Viehkorral in der Nähe abzustellen.

Wir verließen Niger am nächsten Morgen, nur ein Mann und fünf Kamele sahen uns zu, und gewannen langsam an Höhe über dem Fluß, den ich am Vortag mit dem Kanu hochgefahren war. Nun konnte ich die Grenzpfähle auf dem breiten, sandigen Weg nach Norden sehen, sie erinnerten mich daran, daß Normalreisende sich da unten mit den vielen militärischen Straßensperren herumschlagen und Schmiergelder austeilen mußten. Davon blieben wir zum Glück verschont. Meine Erfahrungen im Umgang mit Soldaten waren bis jetzt sehr erfreulich gewesen, und ich war natürlich dankbar dafür.

Die tatsächliche Grenze war nicht markiert, oder jedenfalls bemerkte ich sie nicht. Wir folgten dem Fluß; der breite, von Inseln durchsetzte Wasserlauf verengte sich zu einem schmalen Band. Es gab nur noch sehr wenige kleine Flecken mit Ackerland, der Sahel wurde trocken und mager, nur noch öder Sand, der sich wellig bis in den Fluß hinein erstreckte. Der Niger ist insgesamt etwa 4800 km lang, und er hat eine ebenso lange Geschichte. Schon der griechische Historiker Herodot und später der Römer Plinius erwähnte ihn. Im zweiten Jahrhundert verwechselte der Geograph Ptolemäus Niger und Kongo. Die Berber nennen ihn Gjer M-ighere, den „Fluß der Flüsse“.

Die Flußbiegungen dienten uns als Orientierungsmarken. Bis zur ersten flogen wir niedrig, um Benzin zu sparen, denn wir hatten

Gegenwind; David zog hart am Steuerbügel, um zu beschleunigen. Bis zur zweiten, gleiche Entfernung, steuerte ich und kam schneller hin: Ich fand das anstrengende Ziehen am Steuerbügel so ermüdend, daß ich nachgab, und da wir die zusätzliche Kraft nicht für die Geschwindigkeit benutzten, trieb sie uns in die Höhe, wo wir bei 600 m zufällig in eine noch günstigere Windströmung gerieten.

Der Fluß wich zeitweise nach Osten aus, wir hielten geradeaus und kürzten den Bogen ab. Die Sicht war schlecht, aber nach einer halben Stunde war der Fluß wieder da, und ich war genau auf Kurs, schon viel besser als beim letzten Versuch.

Wir hatten nun die Grenze von Niger nach Mali überflogen, aber das einzig Neue war eine Unzahl von hohen Termitenhügeln. Ich zeigte etwas enttäuscht darauf, und David antwortete: „Laß uns nach Niger zurückkehren, ich möchte nicht in ein Land, in dem Riesenameisen leben."

Mehrere Kilometer lang säumten hohe Klippen das Ostufer des Flusses. Das Land war spärlich besiedelt, wir sahen nur einmal eine Gruppe Nomadenzelte, große, ovale Halbkugeln aus hellgelbem, gewebtem Stroh mit dunkelbraunen Bändern. Ein Mann, der auf einem Esel an den Klippen entlangritt, entdeckte uns über sich und ließ sich plötzlich vom Rücken seines Reittiers gleiten. Er blieb wie angewurzelt stehen und starrte zu uns hoch, während der Esel ungerührt weiterging. Als ich zurücksah, stand der Mann immer noch da und starrte in die Luft, während sein Esel davontrottete.

Auf der Hochfläche über den Klippen tankten wir auf, sie bot genug ebenes Gelände zum Landen und Starten; dann folgten wir weiterhin dem Fluß, der jetzt wieder breit geworden war. An seinen Rändern dehnten sich Lagunen, und sandige Inseln sprenkelten sein Wasser. Die Sanddünen, die unter der Wasseroberfläche lagen, machten ihn noch schöner. Neben einigen kleinen Dörfern erstreckten sich quadratische Felder, und als wir über sie hinwegflogen, erkannten wir Wehre und Deiche – hier gab es Bewässerungssysteme.

Wir stritten uns, wie weit wir wohl noch von Gao entfernt waren, da bemerkte ich im Dunst ein großes Dorf und suchte auf der Karte danach. Dann schaute David zufällig nach rechts und sagte überrascht: „Du liebe Güte, da ist ein Flugplatz."

Das war Gao. Wir hätten es leicht verpassen können. Wir riefen den Kontrollturm, bekamen aber keine Antwort, und bei unserer

Anflugschleife sahen wir, daß er unbesetzt war. Der Flugplatz hatte einen Hangar und eine gute Landebahn russischer Bauart. Der Windsack zeigte starken Gegenwind an, und da der Ort verlassen schien, landeten wir auf dem Vorfeld des Hangars.

Könige und Sklaven

In Gao wollte ich als erstes ein Monument aus der Zeit besichtigen, als der Ort noch die Hauptstadt des ehemaligen Songhai-Königreiches war. Es barg die Gräber mehrerer Könige und wurde gegen Ende des dreizehnten Jahrhunderts erbaut. Der erste hier begrabene Monarch war der Gründer des Songhai-Reiches, Sonni Ali, der aus dem kleinen, unbedeutenden Königreich ein mächtiges Imperium machte. Er war grausam und ehrgeizig, aber – wie es heißt – auch ein starker Führer.

Sein Nachfolger wurde von einem temperamentvollen afrikanischen Statthalter aus dem Amt gedrängt, der als Askia der Große berühmt wurde. Er war einer der geachtetsten Regenten in der Geschichte Afrikas. Er vergrößerte das Reich noch mehr und bildete eine Regierung, die zwar streng, aber human und barmherzig war. Er verbesserte auch die Landwirtschaft, indem er Brunnen bohren ließ und das Vordringen der Wüste in Schranken hielt. Unter Askia erreichte Westafrika den Gipfel seines kommerziellen und kulturellen Ruhms. 1528 wurde er von seinen aufrührerischen Söhnen gestürzt, die ihn auf eine Insel im Niger verbannten, wo er in Elend und Erniedrigung leben mußte. Vor allem sein Grab wollte ich sehen.

Es war eine Pyramide aus rauhem Lehm, aus der überall hölzerne Stöcke herausstanden. Auf meine Frage, was diese Stöcke zu bedeuten hätten, antwortete mir der Wärter, er wisse es nicht, das Grabmal habe schon immer so ausgesehen. Wir stiegen die Treppe hinauf, die um die Pyramide herumführte; der Lehm unter meinen bloßen Füßen war heiß, aber die Sandalen hatte ich vorher ausziehen müssen. Dann mußten wir gebückt durch einen tunnelartigen Durchgang gehen und kamen auf der Spitze heraus, wo der Muezzin steht und zum Gebet ruft. Von oben konnte man eine riesige rote Düne am entfernten Flußufer sehen.

Am späten Nachmittag bekam ich wieder Flugunterricht; ich hatte jetzt ingesamt zwölf Flugstunden mit Lehrer absolviert. David wollte mir einen Intensivkurs in „kurz aufsetzen und wieder abheben" geben, aber daraus wurde nichts wegen des starken Seitenwindes. Also startete ich gegen den Wind diagonal über die geteerte Rollbahn und lernte, wie man mit Turbulenzen in niedriger Höhe und Windgradienten fertig wird. Die Reibung am Boden hat bis hinauf in etwa 600 m Höhe Einfluß auf den Wind. Plötzliche Böen, die sich unter dem Flügel fangen, drücken beim Abheben vom Boden die Nase des Fluggerätes steil nach oben. Bei meinem steilen Steigflug war ich immer versucht, Gas wegzunehmen, aber David beharrte darauf, daß ich mit Vollgas bis 100 m raufging. „Du bist in einer Bö, der zusätzliche Antrieb durch die Luftströmung wird gleich aufhören, und dann hast du so wenig Geschwindigkeit drauf, daß du in der Luft stehenbleibst, aber dabei kannst du 100 m Höhe verlieren."

Der Effekt von Windgradienten bei meinen Landungen war noch gefährlicher; er ließ mich glauben, ich sei schnell, aber wenn ich den Gradienten durchflogen hatte, verlor Pegasus plötzlich seine Schubkraft. Je näher am Boden, desto langsamer die Luft. Ich spürte, wie Pegasus rasch fiel, und versuchte, ihn abzufangen, indem ich seine Nase höher drückte, aber da fing der Flügel an, in der Luft stehenzubleiben. „Gib Gas", befahl David ruhig, also beschleunigte ich und zog die Nase wieder runter. „Die Geschwindigkeit kommt von deinem Winkel", sagte er. „Du kannst sie auch ohne das Gaspedal verändern. Jetzt nach rechts."

Trotz meiner Fehler genoß ich die Übungsstunde. Es war ein wunderbarer Abend, der Wind blies stark, aber gleichmäßig. Die Sonne ging unter, und der Vollmond, gleich groß und mit gleicher Leuchtkraft wie die Sonne, stieg im Dunst herauf. Heute war tatsächlich mein Geburtstag. Die Jungen im Flußpferd-Kanu waren ihrer Zeit voraus gewesen. Aber an diesem Abend hatte ich keine Lust zum Feiern, der Flug war für mich Fest genug gewesen.

Am folgenden Morgen bekam ich noch einmal Flugunterricht. David wollte mir unbedingt beibringen, wie man den Augenblick vor dem Aufsetzen beherrscht, also machten wir Gleitwinkelübungen. Ich mußte im Tiefflug, etwa einen Meter über der Landebahn, versuchen, das Tragsegel waagrecht zu halten, was bei einem Seitenwind von sieben Knoten nicht ganz einfach ist, und die gleiche Höhe zu halten, während David beschleunigte oder Gas wegnahm. Bei mehr Gas mußte ich Pegasus am Aufsteigen hindern, indem ich die Nase herunterzog, bei weniger Gas mußte ich ihn oben halten, indem ich den Steuerbügel weit nach vorn drückte, bis ich spürte, wie das Segel uns Auftrieb gab. Wir hatten 70 Stundenkilometer drauf, und ich mußte versuchen, nicht den Boden zu berühren; der Motor wurde abwechselnd laut und leise, er lief nie gleichmäßig. Ich mußte mich sehr konzentrieren. Nur einmal reagierte ich falsch, und ein Rad berührte den Boden, aber David schien erfreut, und mir machte die Übung großen Spaß.

Danach steuerte ich nach Norden, um die große rote Düne von Gao aus der Nähe zu besichtigen. Wir flogen neben der Stadt flußaufwärts und hinaus über die Inseln. Die Rote Düne war etwa 45 m hoch und fiel steil ins tiefe Wasser ab, neben ihr wirkten die Kanus wie Zwerge. Ich zog gerade und folgte ihrem langen Grat, einer scharfen geschwungenen Linie aus Sand – rosa, wo die Sonne sie beschien, und rot im Schatten. Keine andere Düne im Umkreis glich ihr. Nach der Rückkehr zum Flugplatz legte ich eine schwache Landung hin, meine Entschuldigung war ein starker Seitenwind und unser Funkgerät, das nicht richtig funktionierte.

Am Nachmittag wollte ich nach Hombori, der nächsten Etappe unserer Reise. Die Sicht war gut, der Wind schwach, aber ungünstig. David jedoch stellte sich stur und redete etwas von unseren Benzinvorräten, die nicht bis dorthin reichen würden. Ich konnte nicht verstehen, was es ausmachen sollte, wenn wir nicht in einem Stück hinfliegen konnten. Warum sollten wir nicht irgendwo landen und auftanken können? Ich behauptete einfach, es gäbe genügend Tankstellen unterwegs, obwohl ich das überhaupt nicht wissen konnte.

Unseren ersten Start mußten wir abbrechen, weil der Batterieauflader mit dem Tourenzähler in Konflikt geriet. Der zweite war in Ordnung, aber Hombori würden wir nun vor Einbruch der Nacht nicht mehr erreichen. Für Ultraleichtflugzeuge sind Nachtflüge verboten, sie müssen sich an die Sichtflugvorschriften halten. Wir flogen über den Fluß nach Westen in ein riesiges, kahles Dünenmeer, „erg“ wird dieser Sandwüstentyp genannt. So weit das Auge reichte, lagen in jeder Richtung goldene Dünen mit weißen Sandmulden dazwischen. Aus der Luft konnte man gut die unterschiedlichen Dünenformen erkennen, manche liefen parallel, manche sichelförmig, manche wie Hufeisen.

Pegasus surrte dahin, es gab ein paar große Thermikauftriebe, aber sie waren nicht heftig, und wir nutzten sie, um Höhe zu gewinnen. Nach einer Stunde Flug bemerkte ich in den Dünen einige ausgetrocknete Tümpel, aber keine richtigen Dörfer, und so ging das noch eine zweite Stunde weiter. „Wo sind denn die Tankstellen, von denen du gesprochen hast?" fragte David, und ich mußte lachen. Ob er mir tatsächlich geglaubt hatte?

Das Tageslicht verblaßte, einige bauschige Wolken leuchteten rosa in der untergehenden Sonne, und die Farbe der Wüste unter uns veränderte sich. Ich übernahm für eine halbe Stunde den Steuerbügel, damit David sich ausruhen und unsere Position auf der Karte bestimmen konnte. Die Dünen bekamen weiße Streifen, und weit im Süden konnte man kleine schwarze Hügel erkennen, die auf unserer Karte nicht eingezeichnet waren. Die Dunkelheit kam, wir flogen weiter. Über einem Dorf an einem See entschieden wir, wegen der Menschenmenge dort nicht zu landen, aber es war schon fast zu dunkel, um den Boden zu sehen, und die Wüste schien kein Obdach zu bieten.

Im Licht der Sterne konnte man jedoch eine Teerstraße erkennen, das war eine gute Landebahn. Wir setzten auf und wollten herunterfahren, um irgendwo abseits zu kampieren, da erst bemerkten wir, daß die Straße wegen des Treibsandes auf einem Damm verlief, dessen Seiten zu steil waren, um Pegasus darauf hinunterrollen zu lassen. Dann kamen uns plötzlich die Scheinwerfer eines Lastwagens entgegen. Wir hatten kein Licht und versperrten ihm die Straße.

Schnell bremsten wir, ließen den Propeller aber weiterlaufen. Ich sprang ab, stellte mich in die Mitte der Straße, schwenkte meine Taschenlampe und versuchte, den Lastwagenfahrer zum Anhalten zu bringen. David stellte eine Tragfläche steil nach oben, und ich richtete den Lichtstrahl darauf, da bremste der Laster ab. Im ersten Gang kroch er langsam unter dem Segel durch, sein Kabinendach streifte unsere Flügelspitze. Ich hatte schon Angst, seine Ladung wäre zu hoch und würde unser Segel verbiegen, aber das Glück war auf unserer Seite.

Kurz dahinter entdeckten wir ein weniger steiles Stück der Böschung, wo wir von der Straße herunter konnten. Hoffentlich waren wir morgen früh stark genug, um Pegasus wieder hinaufzuschieben! Unser einziges sonstiges Problem war, daß uns das Benzin langsam ausging. Zum Glück hatten wir neun Liter Wasser dabei; also machte ich Feuer und begann, Abendessen zu kochen. Ein Wagen kam und hielt an, darin saßen zwei Franzosen, die von Algerien her die Wüste durchquert und so viel Super-Reservebenzin dabei hatten, daß es auch noch für uns bis zum 95 km entfernten Hombori reichte.

Der leichte Nachtwind war eisig. Ich konnte nicht schlafen, denn wenn der Wind stärker werden sollte, müßten wir sofort hoch und das Segel abmontieren. Sand fing an zu wehen und drang mir in Augen und Ohren, da zog ich mir das Moskitonetz über den Kopf und lauschte den fernen Geräuschen aus einem Lager, die der Wind mit sich trug.

Rosa getupfte Wolken kündigten den Tagesanbruch an. Als wir das Ultraleichtflugzeug auf die Straße zurückzogen, hatten wir einen einsamen Zuschauer: einen jungen Burschen, der auf der Suche nach seinem Kamel war. Er machte ein Gesicht, als sähe er ein Raumschiff. Wenn er nach Hause kam und das erzählte, würde ihm wahrscheinlich keiner glauben, und man würde sagen: „Der Junge war schon immer ein Träumer."

Wir hoben sauber gegen den Wind ab, Pegasus hustete ein wenig, erholte sich dann aber, und wir kamen in einen schnellen Nordostwind.

Unter uns erstreckte sich immer noch Wüste, im Süden felsiger, während sich nach Norden die „erg" mit ihren Dünen ausbreitete, ab und zu gesprenkelt von Mulden mit Büschen oder wenigen Rundhütten mit Kuppeldächern, von Ziegenherden und Kamelen. Ein ausgetrocknetes Sumpfgebiet zeigte ein dichtes Muster von Brunnen, die ein Dorf versorgten, und an einem Dünenkamm, der zu einer langen Barriere anstieg, gab es genügend Brunnen für eine ganze Anzahl kleiner Dörfer.

„Was um Himmels willen ist denn das?" staunte ich laut und starrte auf ein riesiges, wolkenförmiges Gebilde mit geraden Seiten und abgeschnittener Spitze, das vor uns am Himmel stand, höher als Pegasus. Beim Näherkommen wurde es nicht deutlicher, es wuchs eher wie ein seltsames, bleiches Rechteck, stand bewegungslos in etwa 1000 m Höhe, und unter ihm war alles von Dunst verhüllt. Es dauerte viele ehrfurchtsvolle Augenblicke, bis wir merkten, daß ein Berg vor uns lag. Langsam kam sein Fuß durch den Dunst zum Vorschein: ein breiter Bergkegel aus grauem Felsgestein, und oben drauf ein riesiger, hellgrauer Steinblock mit senkrecht aufsteigenden Wänden. Es war ein herrlicher Anblick.

„Hinter ihm am Himmel ist ein spitzer Felsturm, und noch einer", rief ich aus. Ein Wunderland aus hohen perlmuttfarbenen Felspfeilern und Spitztürmen tat sich vor uns auf. Wir zogen Kreise und genossen den Anblick. Unten an der Flanke des oben abgesägten Felskegels entdeckte ich ein Dorf, es war aus unregelmäßigen grauen Steinen gebaut – eine gute Tarnung. „Warum glaubst du, leben sie hier oben und nicht unten in der Ebene?" fragte David.

„Ich vermute, daß sie schon immer hier gelebt haben. Ursprünglich vielleicht, um den Sklavenjägern zu entgehen. Aber wenn sie keinen Brunnen besitzen, müssen sie das Wasser weit hochschleppen." Und ich fügte hinzu: „Was glaubst du, wo wir hier sind?"

Einen Moment später sahen wir eine kleine Stadt in der Ebene, und David meinte, das müsse Hombori sein. Von einem Flugplatz war nichts zu sehen, also gingen wir auf der Straße vor der Stadt hinunter und rollten auf einem Seitenweg bis zu einer Gruppe von Lehmhäusern, um zu parken. Diesmal war David an der Reihe, das Benzin ausfindig zu machen, das Mobil bei der örtlichen Gendarmerie für uns deponiert hatte. Ich setzte mich in den Schatten von Pegasus' Tragsegel und unterhielt mich mit den Einheimischen. Zwei der Frauen hatten eine helle Haut, ihr Mund war breit mit Schwarz umrandet, und hinter den Augen trugen sie die Narben ihres Stammes, drei kurze Linien. Einige Frauen mit dunklerer Haut hatten ihr Haar zu dicken Bündeln zusammengeflochten, zwei Zöpfe an den Seiten, einen hinten und einen vorn, mit einem Einschlag über der Stirn. Über den Ohren hatten sie mit glänzigem schwarzem Faden zwei gerade herausstehende, doppelte Hörner zusammengebunden, die nach vorn und unten zeigten. Sie sahen aus wie Amazonen mit Streithelmen, besonders diejenigen, bei denen Nägel und Stöckchen aus der Haartracht herausstanden und Lederriemen über die Stirn liefen. Ich erzählte, woher ich kam und fragte, woher sie stammten. Während wir miteinander plauderten, klimperte ein Junge auf einer einsaitigen Gitarre. Einige Kinder kamen zu ihren Müttern gelaufen, aber als sie mich erblickten, heulten sie vor Angst und rannten weg, um sich zu verstecken.

Über den Gipfeln der Felstürme kreisten Adler. Ein Mann nannte mir die Namen der Berge: La Main Heureuse de Fatima (die glückliche Hand Fatimas, der Tochter des Propheten Mohammed),

Homboriberg und der Hügel von Barcouchie. David kehrte mit zwei vollen Benzinkanistern zurück und berichtete, auf der Gendarmerie stünde noch einer; wir sollten uns überlegen, ob wir ihn nicht irgendwie vorausschicken könnten, denn unser nächstes Benzindepot war außer Reichweite. Da wir noch den ganzen Tag zur Verfügung hatten, um dieses Problem zu lösen, machten wir eine Wanderung auf den Homboriberg.

Wir fanden einen Weg, der zu dem Steindorf führte, das ich aus der Luft entdeckt hatte. Es war ein steiler Kletterpfad über die Felsen, den nur Tiere oder Menschen zu Fuß benutzen konnten. Wir kamen auf der Bergschulter heraus, passierten eine natürliche Pforte zwischen hohen erodierten Steinsäulen und gelangten zu dem Dorf. Die engen Gassen waren verwirrend, denn manche schienen an Haustüren zu enden, gingen aber durch die Tür hindurch weiter. Andere Gäßchen liefen in Tunnelgängen unter zweistöckigen Häusern hindurch. Das beste Gebäude war das Haus des alten Häuptlings, mit kleinen runden Fenstern und bogenförmig ausgezackten Brüstungen. Die Moschee hatte einen hohen, konischen Turm, aus dem Holzstöcke herausstanden wie beim Grabmal von Askia. Kinder bettelten um Almosen, deshalb machten wir uns aus dem Staub und wanderten hinter dem Dorf den Hang hinauf bis zu einem vorspringenden Bergkamm, auf dem ich einige seltsam erodierte Felsen gesehen hatte. Die einzigen, die wir nicht abschütteln konnten, waren ein paar junge Mädchen, dies zum Teil deswegen, weil eine davon, die ganz schöne Rundungen hatte, sich ständig David anbot und er, weil er kein Wort von dem verstand, was sie sagte, immer antwortete: „Okay, bon, très bon." Als ich ihm übersetzte, wozu er sich da einverstanden erklärt hatte, sah er mich entgeistert an.

Aber die Felsen waren den mühsamen Aufstieg wert – einige hatten eine Taille wie ein Stundenglas, einer war dünn wie eine Nadel und fast sechs Meter hoch, ein anderer stand wie ein umgekehrter Kegel mit der Spitze auf einem schmalen Hals. Wir umgingen das Dorf und kletterten zwischen den Steinen wieder bergab. Zurück in Hombori, kauften wir uns zum Mittagessen Kebab, Brot, Tomaten und Datteln, und während David sich auf die Suche nach dem Dorfbrunnen machte, versuchte ich, für unser Reservebenzin eine Transportmöglichkeit nach dem etwa 160 km entfernten Douentza zu organisieren. An der Straßensperre der Gendarmerie traf ich den Polizeichef, der im Schatten eines Baumes saß und mit seinen Kollegen zu Mittag aß. Sie bestanden darauf, daß ich mich dazusetzte und ein Ziegenkotelett aß, das köstlich schmeckte, gefolgt von Reis und Soße. Sie aßen mit den Händen, die sie wie Schöpfkellen formten, und der Chef zeigte mir, daß man für jedes Gericht die Hand anders halten mußte: gespreizte Finger ergeben eine Gabel, im Handteller rollt man Reis zu einem festen Bällchen; den Bissen muß man dann in den Mund werfen, nicht von den Fingern hineingleiten lassen. Um zu zeigen, wie man Spaghetti ißt, schlang er Zeige- und Mittelfinger umeinander, bog einen dabei leicht auf und klemmte die – imaginären – Nudeln dazwischen – sehr einfallsreich.

Alle Fahrzeuge, die den Ort verlassen wollten, mußten bei den Gendarmen erst einmal anhalten. Die riefen mich, als eines hielt, das noch Douentza wollte. Der Fahrer versprach, meinen Benzinkanister zur Gendarmerie nach Douentza zu bringen, und der Chef gab ihm eine Mitteilung mit amtlichem Stempel mit, damit die Sache ihre Ordnung hatte.

Am Nachmittag kehrte ich zu Pegasus zurück; David arbeitete gerade am Motor, und es gelang uns, die erwachsenen Zuschauer zum Hinsitzen und Ruhigsein zu bewegen, aber sie beobachteten uns, als führten wir eine Zirkusnummer vor. Ihre Kinder spielten in herumstehenden leeren 200-Liter-Ölfässern, ständig tauchte irgendwo ein Kopf auf und verschwand wieder, wie bei Ali Baba und seinen vierzig Räubern. Sie benahmen sich alle vorbildlich, als wir uns zum Start fertigmachten, befolgten meine Warnung vor dem Propeller, und jemand fragte sogar, ob sie sich flach auf den Boden legen und den Kopf mit den Händen bedecken sollten. „Nein, das ist nicht nötig“, erklärte ich, „aber bitte stellen Sie sich alle in einer Gruppe auf, und halten Sie die Kinder fest.“ Draußen auf der Straße beschleunigten wir und hoben auch bald ab, aber in 60 m Höhe wurde der Motor plötzlich schwächer. „Lächerlich“, murmelte ich vor mich hin und hielt mich am Sitzrahmen fest, während wir absackten. David mühte sich ab, damit das Flugzeug wieder stieg, aber ohne Erfolg. Wir plumpsten auf die Straße: eine schnelle, aber gute Landung. Gott sei Dank herrschte kein Verkehr. Ohne Zeit zu verlieren, rollten wir stotternd ein Stück weiter, hielten an, damit David die Zündkerzen auswechseln konnte, und versuchten es nochmal.

Als wir abhoben, fiel mir ein, daß ich während des Zündkerzenwechsels meinen Anschnallgurt geöffnet hatte. Ich fummelte wild daran herum, um ihn wieder festzuschnallen, denn ich wußte, was passieren konnte, wenn der Motor noch einmal ausfiel. Aber diesmal stiegen wir sauber hoch, flogen einen Kreis und winkten den Gendarmen und Dorfbewohnern Lebewohl, die eilig in die Gruppe zurückrannten und zu uns heraufwinkten.

Unsere Route führte an den spitzen Felstürmen entlang, bis sie schließlich endeten; danach folgten wir einer herrlichen, dunklen Verwerfungslinie im Fels, die sechs Kilometer lang war. Die Berghänge fielen sanft ab und waren voller Linien, die in großen Schleifen den Bergwindungen folgten, einmal entstand ein vollständiger, vielgebänderter Kreis. Was für ein Druck mußte geherrscht haben, um das hervorzubringen. Nach der Karte waren noch mehr Berge zu erwarten. Wir wußten, wir waren nahe dran, aber die Luft war so dunstig, daß man nichts erkennen konnte. Meine Nerven begannen zu flattern, ich war es nicht gewöhnt, im Nebel durch die Berge zu fliegen.

Als endlich der erste sichtbar wurde, waren wir tatsächlich sehr nahe, aber ich vergaß meine Angst und wollte zwischen den beiden Gipfelspitzen hindurchfliegen, etwa 760 m hoch. Aus der Luft sah es aus, als hätten sie einst, zusammen mit dem kurzen Grat daneben, einen Kreis gebildet. Auch das Plateau, aus dem sie herausragten, war rund. Ich ließ meinen Blick über die Landschaft wandern und bemerkte dabei, daß der ganze riesige Ring Teil einer noch größeren, runden Formation war. Sedimentgestein war vom Wind zerbröckelt. Die Gebirgsschichten waren eine Milliarde und zweihundert Millionen Jahre alt, aus dem Präkambrium, dem Zeitalter vor der Ablösung Afrikas vom südamerikanischen Kontinentalschelf.

Dann ragte ein Tafelberg aus der leeren Wüste, er schimmerte im nebelfeuchten Sonnenlicht. Dahinter stand ein einsamer spitzer Felsturm, in zwei Hälften geborsten. Wir schwebten um ihn herum und über ihn hinweg. Dann beschlossen wir, wenn es Abend würde, an einer schönen Stelle zu landen. Auf der linken Seite endeten die Berge, und rechts erhob sich ein kahles Gebirgsmassiv. Da wir auf dessen Leerseite waren, mußten wir entweder etwas höher gehen, so daß wir über den Turbulenzen blieben, oder hinuntergehen in seinen Schutz. Wir entschieden uns für letzteres, aber sobald wir in seinen Einflußbereich kamen, wurde unser Ultraleichtflieger böse herumgestoßen. Plötzlich sackten wir bis auf einige Meter über dem Boden ab, dann beruhigte sich der Wind, und wir tuckerten in drei Meter Höhe dahin. Starke Böen hoben uns wieder auf 30 Meter hoch und trieben uns an den senkrechten Felswänden entlang. Sie waren kahl, ab und zu war ein Stück Wand herausgebrochen, und große Steinbrocken hingen in der Schwebe, die unweigerlich auch noch herunterfallen würden. Einer der herabgestürzten Felsbrocken war so groß wie ein zweistöckiges Haus. Mehrere Nomadenzelte standen in einer kleinen Bucht zwischen anderen Felsen – was für ein romantischer Platz zum Leben!

Wir wußten, wir hatten keine Chance, bis Douentza zu kommen; also landeten wir zehn Minuten vor Einbruch der Dunkelheit auf einer Straße und fuhren über den Sand, bis wir neben einem Termitenhügel und einem umgestürzten Baum, von denen wir uns Windschutz versprachen, einen geeigneten Lagerplatz fanden. Den Ultraleichtflieger schützten wir dadurch, daß wir das Segel abmontierten und an einem Baumstamm festbanden.

Einige Peul-Nomaden erschienen, ihre Zelte standen hinter dem nächsten Hügel, und ich kaufte ihnen eine Schale Schafsmilch ab. Das Abendessen aus unserer eisernen Wüstenration – dehydrierter Eintopf mit Reis – schmeckte vorzüglich, denn wir hatten Hunger.

In der Nacht wurde der heiße Wind unangenehm. Kräftige Böen wechselten mit absoluter Windstille ab und wurden in Wellen immer heftiger, bis sie Sturmstärke erreichten. Große Kiesel flogen mit dem Sand hoch. Mein Schlafsack flatterte wild, und unser Tragsegel kämpfte mit den Halteseilen. Die Böen kamen immer heftiger, wirbelten von den Steilwänden herüber. Der Vollmond war aufgegangen, und die Konturen der Vorgebirge zeichneten sich großartig an den steilen Felswänden ab. In den frühen Morgenstunden nahm David einige der Stangen aus dem Segel und legte sich auf das Tuch, damit es am Boden blieb. Der Wind heulte, Böen rasten mit hundert Stundenkilometern vorüber. Ich hämmerte mir ein, der Sturm würde nachlassen, es könne nicht mehr schlimmer werden, aber mit jeder Stunde, die verstrich, schien er neue Kraft zu finden.

Als es Tag wurde, sah unser Lager aus wie der Schauplatz einer Katastrophe, einer noch anhaltenden Katastrophe, denn der Wind hatte überhaupt nicht nachgelassen. Wir legten das Segel vollends zusammen, dann versuchten wir zu frühstücken, eine Notration Haferflocken, aber der Sturm blies uns alles von den Löffeln, ehe wir es zum Mund führen konnten, obwohl wir uns mit den Tellern unter einen Felsen kauerten.

Als ein Geländefahrzeug die Straße entlang kam, hielten wir es an und überließen Pegasus der Obhut eines Peulnomaden, während wir nach Douentza fuhren und Benzin holten. Einer unserer Kanister war heil bei der Gendarmerie angekommen, aber er reichte nicht, und da es in Douentza keine Tankstelle gab, schickten die Gendarmen mich zu den Schwarzhändlern. Unsere Hauptsorge beim Kauf von Benzin auf dem Schwarzmarkt war, daß es auf seiner Schmuggelreise von Nigeria hierher vielleicht in Kanistern transportiert worden war, die vorher Dieselöl oder anderes enthalten hatten, was unseren Motor mitten im Flug sauer werden lassen konnte.

Wir kauften außerdem Lebensmittel. Am Eingang zu einem Projekt des Kinderhilfswerkes trafen wir eine liebenswürdige, spontane Engländerin mit Namen Fiona Patrick. Sie sah, wie zerzaust wir ausschauten, hörte sich unser Abenteuer an und lud uns sehr gastfreundlich zu sich nach Hause ein. Wir konnten uns waschen, bekamen eine Tasse Tee, und ich fragte Fiona, ob das Kinderhilfswerk immer noch solche Schwierigkeiten in Mali hätte. Sie erzählte, daß die Organisation während der Dürre von 1984/85 zehn Ernährungszentren für Kinder unterhalten, Saatgut an Bauern verteilt und Krankenstationen gebaut habe. Aber auf 25 000 Menschen war nur ein Arzt gekommen. Die Kindersterblichkeit hatte die zweithöchste Rate der Welt, die Hälfte der Kinder starben vor ihrem fünften Geburtstag. Die Lösung hieß Immunisierung, und da viele Dörfer nur zu Fuß zu erreichen waren, hatte das Kinderhilfswerk Impftrupps ausgeschickt – mit gutem Erfolg. Dieses Programm war nun ausgelaufen, obwohl das Zentrum immer noch ein paar Krankenstationen versorgte, in denen Kinder ihren täglichen Haferbrei bekamen.

Ein anderes Anliegen der Organisation war die Verbesserung des Warnsystems vor Hungersnöten in Mali. Es war eine der ärmsten Nationen der Erde, vier Fünftel des Landes bestanden aus Wüste oder Halbwüste.

Aber es hatte sehr viel Entwicklungshilfe erhalten und war, wie ein anderer Projektteilnehmer sagte, sehr geschickt darin geworden, derartige Gelder ins Land zu ziehen und eine Hilfsorganisation gegen die andere auszuspielen.

Auch in vorhersehbarer Zukunft würde Mali Entwicklungshilfe brauchen, denn es war wirtschaftlich nicht lebensfähig. Es hatte nicht die Rohstoffe, um auf eigenen Füßen zu stehen, und bei dem ungünstigen Klima und dem schlechten Boden bedeutete dies, daß es das auch in Zukunft nie schaffen wird.

In Douentza selbst merkte ich wenig von dem Sturm, der draußen in den Felsabstürzen getobt hatte, und erfuhr, daß das Gebiet als Windfalle berüchtigt war. Um Pegasus zu retten, müßten wir die erste günstige Gelegenheit nutzen und abfliegen. Bald nach Mittag begannen wir, unser Glück als Anhalter zu versuchen. Am Nachmittag hielt ein Lieferwagen, in dem aber nur einer von uns Platz hatte. Ich schlug vor, daß David zuerst fuhr, denn er konnte das Tragsegel zusammenmontieren. Als er weg war, kam kein Auto mehr. Eine Stunde später ging ein junger Mann vorbei und grüßte „Salaam Aleikum". „Aleikum-na Salaam", gab ich zurück, dann fügte er hinzu „Adieu", und „Bon voyage", und ich sagte „Xiexie", das heißt Dankeschön auf chinesisch.

Schließlich wurde ich ein Stück auf einem Kamel mitgenommen, aber ich kam einfach nicht schnell voran. Das verleitete mich, etwas von der Straße weg und einen Berg hinaufzugehen, an dem oben Höhlen zu sehen waren – natürliche Öffnungen in den Verwerfungen. Es reizte mich, sie mir näher anzusehen. Ein Junge kletterte mir nach und sagte, er wolle mir etwas zeigen, vielleicht Felszeichnungen, vermutete ich.

Wir stiegen über die Baumgrenze hinauf, ich hielt immer noch die Augen offen nach einem Fahrzeug, aber ich konnte es nicht verpassen, denn die steilen Felswände hier würden Motorgeräusche schon Kilometer entfernt auffangen. Der Fels war aus Sedimentgestein und hatte überall Spalten, in die man den Fuß setzen konnte, aber er war sehr brüchig. Das Kind kletterte auf einen Sims, ich folgte ihm, ohne zu merken, daß der Felsvorsprung nicht das Gewicht von uns beiden tragen konnte. Er brach unter mir durch, und ich schrabbte mit den Fingern am Stein entlang, konnte aber keinen Halt finden. Ich fiel ein Stück und rollte mich sicher ab, als ich aufkam; aber ich mußte irgendwo aufgeschlagen sein, denn aus meinem Mund rann Blut.

Der Junge saß auf dem Rest des Felsvorsprungs fest, ihm war der Rückweg abgeschnitten. Nachdem ich mich vergewissert hatte, daß ich nicht ernsthaft verletzt war und nur oberhalb eines Zahnes blutete, sah ich mich nach einem anderen Weg um, auf dem der

Kleine herunterklettern konnte. Als er schließlich unten war, brachte er mich zu einem Mann in seinem Dorf, der so eine Art Zahnarzt war. Er säuberte meine Wunde und zerstieß einige Kräuter, die ich gegen mein Zahnfleisch drücken mußte. Währenddessen erzählte er mir, er sei Dogon und komme aus einem Dorf in der Ebene bei Bandiagara. Seine normale Arbeit bestand darin, jungen Mädchen die Zähne spitz zu feilen. Hier im Dorf betrachteten die Mädchen spitze Zähne zwar als altmodisch, aber in anderen Dörfern war das noch beliebt. Er gab mir einen bitter schmeckenden Kaustengel, der den Einheimischen hier Zahnbürste und Zahnpasta ersetzt.

Der Junge kam hereingerannt, um mir zu sagen, daß sich ein Auto nähere. Ich hielt es an und stellte fest, es war der Geländewagen, der David und mich am Morgen in die Stadt mitgenommen hatte. Obwohl er voll besetzt war, verschaffte der Fahrer mir Platz. Da es schon Abend war, halfen mir alle, den Himmel nach Pegasus abzusuchen. „Aber es ist kein normales Flugzeug", sagte ich, „Sie müssen nach einem Hubschrauber mit Fallschirm suchen."

Trotz allem verfehlte ich David, irgendwann hatte das ja einmal passieren müssen; wir trafen uns erst wieder, als wir beide getrennt nach Douentza zurückkehrten.

Es war herrlich, einen entspannten, zivilisierten Abend mit Fiona Patrick zu verbringen. Sie hatte in dem kleinen Hospital operiert. Für die vom Patienten gewünschte Operation hatte das Licht nicht ausgereicht, statt dessen hatte sie aber mehrere Nierensteine gefunden und diese dann entfernt. Eines der Probleme bei ihrer Arbeit, erzählte sie, sei der Glaube der Einheimischen, alle europäischen Ärzte könnten Wunder vollbringen. Zum Glück waren die Leute auch schicksalsgläubig und nahmen es hin, wenn das Wunder nicht eintrat. Auch ich hatte die Erfahrung gemacht, daß die Leute überzeugt waren, alle Weißen seien Ärzte, und mit ihren kranken Säuglingen, ihren Wunden, ihren verklebten Augen und ihren-Bauchschmerzen zu mir kamen. Sie wollten nicht glauben, daß ich keine wirksameren Mittel als Malariapillen und Tigerbalsam besaß, die sich allerdings als überlegene Allheilmittel erwiesen, und ich ließ sie deshalb oft etwas davon auf ihre „Schmerzen und Leiden" reiben.

Wir schliefen auf Matten auf dem Lehmdach, wachten aber vor Tagesanbruch auf, weil der Muezzin begann, die Leute zum Gebet zu rufen. Fiona lieh uns einen Jeep, damit wir zu Pegasus fahren konnten, aber es stellte sich bald heraus, daß David nicht wußte, wo er eigentlich gelandet war. Wir fuhren über eine Stunde im Kreis, aber ich war nicht ernsthaft besorgt: Pegasus würde schon irgendwo sein, ein Ultraleichtflugzeug samt Flugplatz kann nicht verlorengehen. In Zukunft konnte mich David dafür nicht mehr wegen meiner Navigationsfehler aufziehen.

Als wir Pegasus dann wiederhatten, konnte ich meinen Flugunterricht fortsetzen. Platzrunden und Landungen: meine Starts waren kein Problem, aber ich hatte noch nicht begriffen, wie wichtig ein präziser Anflug war, und schien jede Landung zu verpfuschen. Immer kam ich gut bis auf einen halben Meter herunter, und dann wußte ich plötzlich nicht mehr weiter.

„Warum kannst du mir nicht beibringen, wie man richtig landet?“ flehte ich David an, aber er entgegnete: „Was man aus dem Gefühl heraus beherrschen muß, kann einem niemand mit Worten beibringen. Landungen hängen von verschiedenen Bedingungen ab: Geschwindigkeit, Gewicht, Windstärke, Windrichtung. Du mußt das alles mit den Händen am Steuerbügel spüren.“

Also tuckerten wir herum, flogen Linkskurven in 150 m Höhe über der offenen Wüste mit herrlichen Bergsilhouetten in der Ferne. Es gab wenig Turbulenz, aber sie nahm allmählich zu. Meine erste Landung war nicht schlecht, aber das war nur ein Zufall. Die zweite sah schwach aus: wir fielen aus mehreren Metern herunter, knallten entsetzlich am Boden auf, prallten ab und gingen wieder hoch. Meine dritte war genauso schlecht. Ich wünschte, ich hätte endlich gewußt, wie man es richtig macht.

David stellte mich einem Tuareg namens Abdourahaman vor, der über Nacht auf unseren Ultraleichtflieger aufgepaßt hatte. Wir zogen die Schuhe aus und wurden in einen geräumigen Hangar mit Strohdach geführt, der reich mit orientalischen Brücken ausgelegt war. Auf dem Teppich in der Mitte saß ein enorm fetter Mann, jedes einzelne seiner 160 bis 190 Kilo bewies, welche Bedeutung ihm zukam. Es war Häuptling Marouchett Agdbossa von Inhabou, einer der mächtigsten Männer in diesem Teil Malis. Er besuchte gerade das Tuareglager von Abdourahamans Vater, einem nur geringfügig schlankeren Mann. Wir saßen auf den Teppichen hinter dem Häuptling, während er seine zweite Morgenmahlzeit aus Hammelbraten beendete. Man braute Tee für uns, aber zuerst bewirtete man uns mit einem durststillenden Schluck Wasser aus einer hübsch geschnitzten Holzschale mit dekorativen Messinghenkeln. Ein Dutzend anderer Männer saßen in der Runde im Hangar, und wir sprachen mit einem oder zwei von ihnen, die Französisch konnten. Einer war ein Diener, ein ehemaliger Sklave. Sklaven hatten oft mehr Bildung als ihre Herren, denn die Tuareg lehnten die Schule ab. Die anderen Diener, die am anderen Ende des Hangars saßen, unterschieden sich durch ihre schwarze Haut und ihre negroiden Gesichtszüge. Abdourahaman erklärte, als die Sklavenhaltung noch erlaubt war, was erst fünfzehn oder zwanzig Jahre zurücklag, hätten sogar Sklaven sich Sklaven aus einer niedrigeren Kaste gehalten.

„Sklaven, oder Diener, wie wir heute sagen, die ihr ganzes Leben lang bei einer Familie gewesen sind, werden nicht mit Füßen getreten oder ausgebeutet. Der Oberdiener verwaltet den Geldbeutel seines Herrn, er ist für die Ausgaben verantwortlich und kauft ein, was er für alle anderen Diener braucht."

Die Diener des fetten Häuptlings mußten – neben ihrer Aufgabe, ihm beim Aufstehen zu helfen, denn bei seinem Gewicht konnte er das ohne die Hilfe mehrerer Männer nicht mehr bewerkstelligen – alle täglich im Lager anfallenden Arbeiten erledigen. Den Tuaregfrauen ist keine Arbeit irgendwelcher Art erlaubt.

Der Häuptling, der nun mit seinem zweiten Frühstück fertig war, schaukelte sich auf seinen Fleischrollen zu uns herum, lehnte sich gegen ein Lederkissen und beteiligte sich an unserer Unterhaltung. Er sagte, für eine Tuaregfrau sei es entwürdigend, zu kochen oder zu putzen oder zu waschen. Ihre Rolle bestünde darin, im Frauenzelt zu bleiben, sie dürfe nur heraus, wenn sie und der Mann ihr Lager verlegten. In diesem Fall reitet sie in einem geschlossenen „Zelt" auf einem Kamel und zieht am neuen Lagerplatz dann wieder in ihr übliches Zelt. Ich sah hinaus zu den Zelten der Frauen aus zusammengenähten braunen Ziegenhäuten; die Seiten waren hochgezogen, damit der leichte Wind durchziehen und den Frauen Kühlung bringen konnte, die lethargisch auf Kiefernholzbetten lagen.

Die Frauen dürfen kein Wasser trinken, nur Milch oder Tee ist ihnen erlaubt. Das mag vernünftig klingen, denn so bekommen sie keine Krankheiten durch unsauberes Wasser, trotzdem ist es nicht unbedingt gesund, wenn man bedenkt, daß Frischmilch hier oft voller Tuberkulosebazillen ist. Im heiratsfähigen Alter werden die Mädchen dick gefüttert, das gilt als attraktiv. Um schön dick zu werden, empfahl der Häuptling viel Milch, danach Butter und Trockenfleisch, und zum Abschluß solle man alles mit sehr süßem Tee runterspülen.

Was ich völlig absurd fand, war, als er mir erzählte, daß eine Frau im Laufe ihres ganzen Lebens nur mit fünf Sorten Männern sprechen darf – mit ihrem Vater, ihren Brüdern, ihrem Ehemann, ihren Söhnen und den Söhnen ihres Ehemanns. Wenn irgendein anderer Mann sie anspricht, ist es ihr verboten, zu antworten. Ich konnte nicht widerstehen und zeigte ihm eine Postkarte mit dem Bilde Queen Elizabeths; dabei betonte ich, daß Englands Oberhäuptling eine Frau sei und daß unser Land von einer zweiten bedeutenden Frau, Margaret Thatcher, regiert werde.

Der Häuptling sah mich entgeistert an und richtete einige Worte des Mitgefühls an David. Leider war David zu müde, um sich an unserem Gespräch zu beteiligen, er hatte sich hingelegt und die Augen geschlossen. Für ihn, der kein Französisch sprach, muß es sehr langweilig gewesen sein, und für den Häuptling sehr unangenehm, denn für einen Tuareg ist es eine Beleidigung, mit einer Frau sprechen zu müssen. Aber das konnte ich nicht ändern, und ich konzentrierte mich darauf, den Häuptling zu erheitern und sein Interesse an unserem Gespräch wachzuhalten.

Zum Thema „Tuareg und Arbeit“ erzählte er mir, daß Tuaregmänner mit der Idee aufwachsen, daß es für sie eine Schande sei, irgendeine Arbeit zu verrichten oder den Lebensunterhalt selbst zu verdienen. Das größte Problem dabei ist, daß die Tuareg, da sie durch die Dürre ihren einzigen Reichtum, die Herden, verloren haben, nun eigentlich sehr arm sind. Aber manche sind so stolz, daß sie es sogar ablehnen, überhaupt nach Arbeit zu suchen. „Was können wir denn schon tun?“ fragte mich ein Mann. „Warum sollten wir für einen anderen Mann Lasten tragen? Wir können keine niederen Arbeiten verrichten, und wir können uns kein Geld durch Stehlen beschaffen, denn ein Tuareg stiehlt nicht.“

„Die Angehörigen anderer Stämme sind von Geburt aus Gärtner oder Bauern, andere wiederum Händler“, sagte Abdourahamans Vater. „Das Metier eines Tuareg waren jedoch schon immer seine Herden.“

„Und das ist jetzt vorbei“, seufzte der Häuptling. „Die Rasse der Tuareg ist am Ende, unsere Geschichte ist geschrieben, es ist aus mit uns – fini, tout fini.“

Ein Begräbnistanz der Dogon in Jiggi-bombo an den Klippen von Bandiagara/Mali.

Ein Stelzenmann führt die Tänzer durch das Dogon-Dorf.

Getreidespeicher der Dogon.

Im Schatten eines Baobab zu campen war eine leichte Sache.

Der Innenhof eines reichen Hauses im abgelegenen Oulata – das ist alles, was von einem Reich übrigblieb, das der mauretanische Sand verschluckte.

Ich fühlte mit ihnen. Es muß jedoch gesagt werden, daß „am Ende“ ein relativer Begriff war. Diese Gruppe hier hatte noch etwa fünfhundert Kamele, außerdem Rinder und Ziegen, mit deren Zucht sie erst vor kurzem begonnen hatten. Ich beschloß, das Thema zu wechseln, ehe sie alle in Selbstmitleid zerflossen. „Wie ist das mit Heiraten?“

Der Häuptling taute auf. Er erläuterte mir, daß ein Tuareg nur ein Tuaregmädchen heiraten kann, denn man wünscht keine Vermischung mit anderen. Sie sind die Elite, und alle anderen Stämme stehen unter ihnen. Im Gegensatz zu den Moslems, denen bis zu vier Frauen erlaubt sind, hat ein Tuareg nur eine, für die er in der Regel etwa zwanzig Kamele bezahlt. Und während die Frauen der Moslems im Osten den Schleier tragen, bleiben Tuaregfrauen unverschleiert. Sie haben das Recht, selbst einen Ehemann zu wählen, und in vielen Clans gilt das Matriarchat, das heißt, die Sippe definiert sich über die mütterliche Linie.

„Wenn Sie schwarzhäutige Tuareg sehen, sind das nicht die echten Tuareg, auch wenn ihre Muttersprache Tamaschek ist. Sie gehören zu einer der abhängigen Rassen, deren Sprache sich verloren hat, nachdem wir sie versklavt haben. Unsere Hautfarbe ist die des Wüstensandes.“

„Wie lange steht Ihr Lager schon hier?“ fragte ich und war überrascht zu hören, daß es erst vor zwei Wochen aufgeschlagen wurde.

Also fragte ich, ob es Schwierigkeiten mit Einheimischen gäbe, denen sie nicht willkommen seien, denn sie hatten ihre gesamten, verbliebenen Herden in dieses Gebiet mitgebracht, in dem es ohnehin nur ärmliche Weiden gab.

„Douentza wurde ursprünglich von Tuareg beherrscht, ehe die Franzosen kamen und uns nach Norden in die Wüste vertrieben. Nun sind wir in unser Territorium zurückgekehrt und haben den gleichen Anspruch, hierzubleiben, wie irgend jemand sonst. Als wir in Douentza regierten, lebte das Peul-Volk mit seinem Vieh hoch oben in den Bergen und versuchte, sich unseren Sklavenjägern zu entziehen. Mein Vater hat immer gesagt: ‚Los, heute wollen wir ein paar neue Sklaven fangen.‘“

„Seit die Sklavenhaltung verboten ist, sind viele von ihnen heruntergekommen in die Ebene, um hier zu leben. Wie wir haben sie den Rest ihrer Herden mitgebracht, aber es ist nicht ihr Land.

Die meisten Leute, die hier lebten, als wir unser Lager hier bauten, sind auch Flüchtlinge.“

„Mein eigenes Lager“, fuhr Häuptling Marouchett fort, „steht im Norden, hinter diesem Gebirgszug. Auch wir leben an einem neuen Ort, und meine Diener versuchen, dort Gemüsepflanzungen anzulegen.“

Ich sah, wie in ein Zelt neben dem Hangar Essen getragen wurde. Das Oberhaupt des Lagers ging hinüber, um es auszuteilen. Es gehörte zu seinen Aufgaben, allen zu essen zu geben; das fing an mit den Gästen, dann kamen die Männer, Kinder, Frauen, Diener und zuletzt er selbst. Wenn nichts übrig blieb, mußte er hungern. Er häufte große Stapel Hammelfleisch auf eine Reihe Tabletts, die von einer Dienerparade in den Hangar getragen wurden.

Die Tuareg setzten sich in Gruppen von vier bis sechs Männern mit gekreuzten Beinen um jeweils eines der großen Tabletts. In meiner Gruppe saßen Abdourahaman, David, zwei alte Männer und der fette Häuptling, der es fertigbrachte, schon wieder Appetit zu haben. Nach dem Hammelfleisch gab es eine Schale Reis mit Soße und ein Gericht aus Nudeln mit Kartoffeln. Es schmeckte gut, und wir gewöhnten uns langsam daran, mit den Händen zu essen.

Nach der Mahlzeit lehnte ich mich zurück an das wunderschön gearbeitete Lederpolster in meinem Rücken, es war ein rundes in fünf Naturfarben getöntes Kissen mit langen Fransen aus Lederquasten. Unsere Nachbarn begannen, Tabak zu kauen; einer mischte Tabak halb und halb mit Holzkohlepulver, ein anderer kaute eine Tabakmischung mit Hirse und Natronpulver. Sie sagten, es mache nicht annähernd so süchtig wie der Tee, den sie tränken. Das war das Stichwort für ein abschließendes Glas Tee, dann dankte ich allen und überreichte dem Lager ein Geschenk als Gegengabe für ihre Gastfreundschaft. Für uns war es Zeit, weiterzufliegen.

Das Binnendelta

Am Nachmittag, etwa um Viertel nach drei, starteten wir, hoben mühelos ab und schwirrten über das Tuareglager hinweg. Zu unserer Überraschung und Ehre kam der große Häuptling Marouchett heraus und winkte. Ich hätte nicht geglaubt, daß ich je das Glück haben würde, ihn auf seinen Füßen stehen zu sehen. Wie viele Diener wohl nötig waren, anzupacken und ihm aus seinem weichen Pfühl aufzuhelfen?

Wir flogen auch über Douentza, um Fiona und der Mannschaft des Kinderhilfswerks zu winken. Dann bogen wir nach Westen und folgten den Bergkonturen am oberen Ende der Felsabstürze. Diese etwa 500 bis 700 m hoch liegenden Steilwände waren kleiner als die Gebirgskette, an der wir vor Douentza entlanggeflogen waren, und unterschieden sich außerdem darin, daß auf jedem verfügbaren Absatz Terrassen für Pflanzungen angelegt waren. Gut verborgen zwischen unverrückbaren Felsen lagen kleine Weiler aus Steinhütten, und oben auf dem Plateau entdeckte ich einige verlassene Dörfer. Es gab noch andere Gebilde in der Felslandschaft, besonders die Kronengräber aus der Zeit vor den Tuareg, die man aus der Luft sehr deutlich erkennen konnte.

Die Berge hörten auf, und wir flogen bald über wüstenartige, ausgedehnte Sandzonen mit Flecken von Gestrüpp und kleinen Wäldern aus Affenbrotbäumen. Die Sicht war nicht sehr klar, aber wir hatten guten Rückenwind. Wir plauderten über dies und das, und von Zeit zu Zeit übernahm ich das Steuer, während David seine Berechnungen anstellte. Nach eineinhalb Stunden sahen wir Wasser. „Das ist eine Fata Morgana“, witzelte ich, „jetzt wirst du gleich sagen, du siehst überall Seen.“ Die Seen kamen tatsächlich bald in Sicht; die niedrig stehende Sonne spiegelte sich in ihnen, als wir näherflogen. Es war der Anfang des Nigerbinnendeltas. Der Niger verbreitert sich hier in Mali zu einem 16 000 km^2 großen Labyrinth aus Becken und Flußarmen, die einen Teil des Jahres mit Wasser gefüllt sind.

Unser nächstes Ziel, Mopti, hatte laut Karte keinen Flugplatz; der nächste war in Sevare, etwa 16 km entfernt. Das war einfach zu finden, hier kreuzten sich vier Straßen: einmal die nach Mopti, Bandiagara, Douentza und dann die Hauptstraße, die nach Bamako, der Hauptstadt, führte, etwa 800 km westlich von uns. Wir riefen den Tower von Sevare, erhielten aber keine Antwort, nur ein Hallo von einem Leichtflugzeug in 1800 m Höhe über uns.

Die Landebahn war eineinhalb Kilometer lang und war mit einem guten Belag versehen. David legte eine perfekte Landung hin: Pegasus schwebte ein und küßte den Boden. Wir stellten ihn neben dem Flugplatzgebäude ab, das an den Kontrollturm angebaut war, und ich ging hinein, um irgendwo einen Beamten aufzutreiben. Der Flugplatzkommandant eilte herbei; er schien feindselig gestimmt zu sein und klagte, daß er nicht mit uns gerechnet habe. „Was?“ rief ich aus, „Sie meinen, Mobil hat Sie nicht unterrichtet? Ich gebe zu, wir sind einige Wochen im Verzug, aber die Verspätung entstand durch die vielen, wunderbaren Erlebnisse, die wir besonders hier in Mali hatten.“ Der Kommandant wurde freundlich und immer freundlicher, lieh uns seinen Wagen samt Chauffeur, damit wir in der Stadt Lebensmittel einkaufen konnten, und schloß das Flugplatz-Terminal auf, damit wir dort übernachten konnten. Unsere Stimmen hallten in der geräumigen, leeren Halle, und wir hatten die saubersten Duschen und Toiletten, die ich je auf einem Flughafen gesehen habe. Wir entschieden uns für den Bereich der Zoll- und Einreiseabfertigung; ich verteilte meine Habseligkeiten auf dem Verzollungstisch, und Davids Sachen wurden auf dem Paß- und Flugschein-Schalter ausgebreitet. Es kam mir absurd vor, mich an einem Ort häuslich einzurichten, mit dem man sonst die Vorstellung von Streitereien, Warteschlangen und Unrast verbindet.

Die Frau des Kommandanten schickte mir eine Thermoskanne kochendes Wasser für unseren Morgenkaffee; dann kletterten wir in unser Ultraleichtflugzeug und starteten. Es war der einhundertste Flug mit Pegasus, den ich damit verbrachte, eine Stunde lang Landungen zu versuchen, von denen aber keine gelang. Immer noch verlor ich im wichtigsten Moment, einen Meter über dem Boden, die Konzentration und setzte mit einem harten Aufprall auf. Aber ich genoß die Augenblicke, wenn wir in hundertfünfzig Meter

Höhe den Motor ausschalteten und im Bogen auf die Landebahn hinunterschwebten, nur das Pfeifen des Windes unter dem Segel in den Ohren. Jedesmal sank ich steil und schnell, mit gerade stehendem Segel, glich in 15 m Höhe leicht aus, so daß sich das Segel aufblähte, dann nochmal in 7 m Höhe, immer auf einer Linie mit meinem Peilpunkt, Augen nach vorn, mit gleicher Sinkgeschwindigkeit. Aber dann sah ich in den Augenwinkeln, wie der Boden auf mich zuraste, und ich erstarrte.

Also versuchten wir eine Scheinlandung in 160 m Höhe, aber das war nun gar nicht schwierig, weil ich ja wußte, es war kein Boden da. Als nächstes versuchte es David mit Übungen zum Ausschweben vor der Landung. Dabei mußte ich einen Meter über der Landebahn fliegen, während er Gas gab oder wegnahm und ich meine Höhe zu halten versuchte. Der Seitenwind erleichterte es mir keinesfalls, und ich schlug ein paarmal mit den Rädern so am Boden auf, daß David wütend wurde. Er wurde später noch wütender, denn bei meinem letzten Versuch machte ich alles genau richtig – bis zum letzten Moment, und plötzlich, wie vorauszusehen, hatte ich wieder alles vergessen, und wir plumpsten wie ein Stein herunter. Am Ende der Unterrichtsstunde tauschten wir die Sitze, und David flog uns nach Mopti, weil ich dort einige Formalitäten für die Reise erledigen und eine Kontaktadresse ausfindig machen mußte.

Die Stadt am Nigerufer mit ihrem alten Deich- und Kanalsystem wird auch das „Venedig Afrikas" genannt. Wir flogen am Wasser entlang in die Stadt ein und bewunderten die Lehmbauten, besonders die herrliche Moschee und ihre Fassade mit Bögen und Pfeilern. Es gab keine richtige Landebahn, also suchten wir einen Weg zwischen Reisfeldern aus, der allerdings holperig und rauh war und unseren Pegasus böse durchrüttelte. Wir kamen schnell zum Stehen; ich sprang hinaus, und David hob gleich wieder ab, um nach Sevare zurückzufliegen, gerade noch rechtzeitig, bevor die vielen Leute uns einholten, die uns nachgerannt waren.

Die Menschenmenge geleitete mich in die Stadt, als wäre ich eine heimkehrende Kriegsheldin. Zum Glück ließen sie mich in Ruhe, als ich das Postamt erreichte, und bevor ich es dann wieder verließ, wartete ich, bis sich alle verlaufen hatten. Dann begab ich mich auf die Suche nach meiner Kontaktperson, Richard Moorehead, den Direktor von World Wildlife Fund im Delta. Zufällig traf ich ihn in der Stadt, normalerweise hielt er sich nämlich in Youvarou auf, einem Dorf 90 Kilometer weit draußen im Delta. Ich freute mich sehr, als ich erfuhr, daß er mich tatsächlich in Youvarou erwartet und für uns sogar einige Kanister Benzin dort hingeschickt hatte.

Bei Sonnenuntergang fuhr ich per Anhalter nach Sevare zurück. Die Nacht war heiß, und wir trugen unsere Moskitonetze aus dem Terminal hinaus ins Freie, wo es kühler war. Bald nach Tagesanbruch weckte uns der Lärm des Feuerwehrwagens, der seine allmorgendliche Aufwärmrunde drehte. „Wenn man sich überlegt", rief David unter seinem Moskitonetz zu mir rüber, „daß in ganz Afrika in diesem Moment auf irgendwelchen Flugplätzen die Feuerwehr ihre Aufwärmrunde dreht, wo vielleicht nie ein Flugzeug landet..."

Gegen sieben begann ich mit den Vorflugchecks. Allmählich hatte ich Interesse am Fliegen bekommen und fühlte mich stärker einbezogen. Es hatte seine Zeit gebraucht, bis ich mich wirklich auf diese Reise eingelassen hatte, ganz zu schweigen vom Fliegenlernen; aber inzwischen fühlte ich mich doch wohl dabei und ging voller Vorfreude die Checkpunkte durch: CHIFWAP – auch eine von Davids hilfreichen Eselsbrücken: C für control oder Lenkung, ich zog am Bügel und ließ das Segel fast bis zum Boden wippen; H für Helm und Sicherheitsgurte: „Bei mir sitzt alles, wie steht's bei dir?" Ich wartete auf Davids Antwort, ehe ich weitermachte. „Instrumente, Höhenmesser, Uhr läuft, Motortemperatur steigt ordnungsgemäß, Treibstoff an und ausreichend, Tankverschluß zu, Schlüssel eingesteckt, Wind schrecklich, Startbahn und Luftraum frei, Vollgas zum Abheben."

In der ersten halben Stunde machte ich mindestens sechs Anflüge und Landungen; die erste war super, obwohl sie mir so viel Konzentration abverlangte, daß mir die Füße zitterten. Aber von da an ging es gut; zumindest war ich dieser Meinung. David kritisierte trotzdem zu Recht meinen unsauberen Anflug und das zu späte Ansetzen zur Landung (ich hatte bis zum letzten Moment damit gewartet, das Segel aufzublähen und das Aufsetzen abzufangen). Was mich in Erregung versetzte, war, daß ich zum ersten Mal gefühlt hatte, wie man landet. Jetzt kam ich mir in der Luft viel sicherer vor als vorher, denn nun wußte ich, wie man wieder auf den Boden kam.

Ohne Vorwarnung fing der Motor, während ich gerade mit Vollgas zum Start ansetzen wollte, an zu spucken, und ein Zylinder streikte. Er erholte sich nicht mehr, aber es gab keinen Grund zur Aufregung, wir hatten kaum vom Boden abgehoben. Wir rollten zurück zum Platz vor der Flughalle und schauten nach den Zündkerzen. Eine davon war verrußt, die klassische schwarze Kohlenstaublinie über dem Elektrodenabstand. Wenn das fünf Minuten früher passiert wäre, mitten in meinem mißglückten Anflug, wäre ich zu tief und zu weit von der Landebahn weg gewesen. Da merkte ich, wie wichtig ein guter Anflug war und warum ich das noch lernen mußte. David sagte: „Dein nächstes Übungsprogramm heißt Motorausfall beim Landeanflug."

Wir reinigten die Zündkerzen und schraubten sie wieder ein, das war zwar etwas riskant, aber bis Youvarou würden sie halten. Wir entschieden uns für den direkten Kurs, einen besseren gab es nicht.

Unter uns im trockenen, leeren Sand lagen runde Inseln. Auf der Spitze jeder Insel saß ein Dörfchen, man erkannte das Kuppeldach ihrer Moscheen. Wir überflogen den Niger und kamen in das riesige Binnendelta, aber es war nicht das Seenland, das ich mir vorgestellt hatte, es war ein ausgedörrter Lehmsumpf. Diese Seite lag höher, und fast alles Wasser der Regenzeit war in die nördlichen Teile abgeflossen; nur in ein paar kleinen Seen und vereinzelten Flußwindungen stand noch Wasser, sie waren wie Punkte, die eine Linie bildeten. Der Niger floß nach Osten weiter, im Westen mäanderte ein anderer großer Fluß. Ich hatte erwartet, viele Menschen hier zu sehen, die ihre Felder bewirtschafteten und große Bewässerungssysteme angelegt hatten. Statt dessen gab es nur leere Wildnis.

Diesmal hatten wir eine gute Karte. Mit 1:500 000 war ihr Maßstab zweimal so groß wie der unser anderen; sie war zwar veraltet, aber dafür wies sie viele Details für die Navigation auf. Was uns weniger kümmerte, war, daß der Besitz solcher Karten in Mali verboten ist. Alle Karten mit großem Maßstab wurden verboten, als die Militärregierung in Mali an die Macht kam.

Wir überflogen einen erhöhten Streifen dichten Buschwalds und dahinter eine Zone mit parallelen Sandbänken. Ein großer See lag auf unserem Kurs, aber eine freundliche Thermik trug uns so hoch, daß wir leicht darüber hinwegsegeln konnten. David erinnerte mich daran, daß ein Ultraleichtflugzeug für den Fall einer Notlandung immer in der Nähe festen Bodens bleiben muß; hier hätten wir allerdings dort, wo das Seeufer sich entfernte, die Möglichkeit, es noch im Gleitflug zu erreichen. Es war allerdings schwierig zu sagen, wo der See aufhörte, denn auf weite Strecken war das Wasser unsichtbar unter Schilf und Seegras, die den größten Teil der

Seefläche zu bedecken schienen. Kanus hatten Kanäle durch das Gras gezogen; sie sahen aus wie schnurgerade Wasserpfade, die in der Sonne glitzerten.

Auf dem flachen Land hinter dem See sahen wir die ersten Viehherden. In einem Zeitraum von drei Minuten zählte ich achtundzwanzig Herden. Jetzt, wo das Wasser sich abgesenkt hatte, bot das Delta Weideland, bis dann in der heißen Jahreszeit alles wieder austrocknete. Ich erinnerte mich, daß mir jemand erzählt hatte, in dieser Zeit würden die Peul mit riesigen Viehherden aus den nördlichen Wüsten zum Delta hinunterziehen.

Am Zusammenfluß von mehreren kleinen Flüssen kam ein Dorf in Sicht. Unserer Meinung nach mußte das Ombolori sein, und gleich dahinter mußte Youvarou liegen. Letzteres war auf unserer Karte nicht eingezeichnet, aber Richard Moorehead hatte es für mich markiert und gesagt, es gäbe dort auch eine provisorische Start- und Landebahn. Wir überflogen Ombolori, aber dahinter kam nichts als Sand, Gestrüpp und Wasserarme. „Er hat gesagt, es liegt gleich neben Ombolori, ganz bestimmt, am gleichen Flußufer. Laß es uns nochmal versuchen."

Über Ombolori gingen wir tiefer, um genauer sehen zu können, und plötzlich entdeckten wir die schwachen Umrisse einer Landebahn, deren weiße Markierungen vom Sand verdunkelt waren. Richard hatte gesagt, es gäbe zwei Dörfer, Ombolori und Youvarou, aber aus der Luft sahen sie aus wie ein einziger größerer Ort. Wir hatten durch unsere Anflugkreise Aufmerksamkeit erregt, und als wir landeten, kamen Horden von Menschen angerannt.

„Spring raus, spring raus! Paß auf den Propeller auf! Such uns einen sicheren Abstellplatz", schrie David halb in Panik, während sich der Mob hysterisch vor Aufregung auf uns zuwälzte. „Ich geh sofort wieder hoch, sag ihnen, ich würde wegfliegen. In zwanzig Minuten komm ich dann zurück."

In der Nähe gab es einen Hof, der von einer Mauer umgeben war und Eisengittertüren hatte, die aber mit einem Vorhängeschloß zugesperrt waren. Richard hatte vorgeschlagen, das Ultraleichtflugzeug neben den Landrovern im Verwaltungsgebäude von World Wildlife unterzustellen; und auch wenn er für mehrere Tage weg sei, könnten wir auf die Hilfe seiner Belegschaft bauen. Ich fand das WWF-Büro am Fluß, die Tore waren offen, aber es war niemand da, es war lange nach Büroschluß. Aber für Pegasus gab es Platz genug, wenn wir das Segel abmontierten, und das harte sandige Flußufer eignete sich gut als Landebahn.

Pegasus tauchte wieder auf, die Menge rannte zum Landeplatz zurück, und ich lief ans Ufer und schwenkte wie verrückt ein weißes Hemd, um David auf mich aufmerksam zu machen. Es klappte, er landete auf dem Strand, und wir begannen hastig, das Gepäck abzuladen und das Segel abzumontieren, bevor uns die Menge umdrängte. Aber innerhalb von fünf Minuten war sie da; es war ein Alptraum, denn gleichgültig, wie oft ich die vordersten Reihen zum Niedersitzen brachte, die hinteren drängten ständig nach vorn, zogen an den Drähten, schlugen mit Stecken auf den Propeller, weil sie wollten, daß er sich drehte, und einer wurde sogar auf unser armes, zerbrechliches Segel gestoßen. David flippte fast aus vor Wut.

Glücklicherweise trafen einige der WWF-Leute ein, so daß wir bald in der Lage waren, das zusammengelegte Tragsegel, das Trike und unser Gepäck in ihrem Hauptquartier in Sicherheit zu bringen. Wir konnten in ihrem „Case de Passage“ übernachten, und sie organisierten ein paar Leute, die unser Gepäck trugen. Vier Männer transportierten das Segel, zwei weitere wurden angewiesen, zusammen mit David unser Trike über die sandige Uferböschung hinaufzuschieben. Ich sauste wie wild umher und paßte auf, daß nichts vom Gepäck abhanden kam und keiner unserer Helfer an den Propellerblättern, dem dünnen Fiberglasgehäuse, dem Motor, Vergaser oder Luftfilter zog oder schob, denn nichts davon war so robust konstruiert, daß es dieser begeisterten Hilfswut hätte standhalten können. Wir schoben das Fahrgestell mit der Gondel im normalen Gehschritt, aber als tiefer Sand kam, mußten wir Anlauf nehmen und schnell darüber hinwegrennen. Die Menge geriet außer sich, alle wollten beim Schieben helfen, sie griffen überallhin, schoben, zogen, stemmten sich gegen alles und kreischten vor Eifer.

Als wir Pegasus endlich in Sicherheit hatten, zogen David und ich uns in das „Case de Passage“ zurück, wir waren müde und erschöpft.

In Youvarou wurden wir erfreulicherweise länger aufgehalten, weil wir auf neue Zündkerzen und auf die Bestätigung, daß eine Dose ohne Etikett aus dem WWF-Lager tatsächlich unser Zweitakteröl enthielt, warten mußten. Außerdem mußte ich die zuständige Behörde für unseren Flug nach Mauretanien ausfindig machen, die mir dann wiederholt versicherte, daß wir kein mit

Stempel und Nummer versehenes Dokument benötigten. Aber alle anderen Länder hatten darauf bestanden, und ich war sicher, wir würden Schwierigkeiten bekommen, wenn wir ohne es ankämen. „Mit dem Pferd zu reisen, ist einfacher", murrte ich und sandte Funksprüche über Mopti zu Mobil nach Bamako, damit man uns die gewünschten Telexe schicke.

In der Zwischenzeit nahm mich Jamie Skinner, ein Vogelkundler von WWF, mit zum Dorf Akka, einem der ältesten im Delta, mit einer alten, vielbögigen, verwitterten Moschee. Während Jamie mit dem Dorfvorsteher sein Männergespräch führte, schlenderte ich etwas herum. Es schien drei Arten von Bewohnern zu geben: die Peul mit ihren Viehherden; die Bozo, das waren Fischer; und die Bauern, meist Sonrai (früher Songhai), die in kleinen Ställen neben ihren Häusern auch ein oder zwei Schafe hielten. In einem der Häuser, die ich besuchte, lag in der Ecke des Raumes ein kleiner Haufen Reis, eine recht magere Ernte. Der Bauer sagte, seine Hirseernte sei genauso mager ausgefallen. Im Hof eines Bozo-Hauses sah ich einige Männer Fischreusen reparieren.

Auf unserem Rückweg nach Youvarou zeigte Jamie mir ein besonders interessantes Gras, das sich hier zufällig selbst regeneriert hatte und nun von der Bevölkerung begeistert überall verbreitet wird. Es ist ein stark wucherndes, widerspenstiges, dickhalmiges Gras, Burgu genannt. Es wuchs in irgendeinem der Seen im Delta, und man wurde erst darauf aufmerksam, als ein losgerissenes Büschel neben die Hütte eines Mannes geschwemmt wurde, der den aus mehreren Segmenten bestehenden Stengel zufällig in den feuchten Boden trat. Später bemerkte er, daß aus jedem Segment frische Wurzeln trieben und langes saftiges Gras wuchs. Die ausgewachsenen Halme wurden 1,80 bis 2,70 m lang. Jetzt wächst dieses Gras auf großen Flächen, denn die Dorfbewohner sorgen mit vereinten Kräften für seine Vermehrung. Sie verkaufen ihre Grasernte an Bauern, die ihr Vieh in Ställen halten; danach weiden die hungrigen Herden der Nomaden die Wiesen ab, und selbst den Fischern bringt das Gras noch Nutzen, denn wenn das Land überflutet wird, dient es den Fischen als Laichplatz, und in den Wurzeln finden die Jungfische Nahrung.

Ich konnte den Wachstumskreislauf in Aktion sehen, als ich ein Peulkollektiv besuchte. Die Leute legten nasse Grasstengel in den feuchten Uferschlamm, im rechten Winkel zum Wasser, und trampelten sie mit bloßen Füßen fest. Es war eine schmutzige Arbeit, der glitschige Morast schmatzte unter ihren Füßen.

Der älteste Mann im Kollektiv zeigte mir den Streifen, den sie in der vorhergegangenen Woche weiter oben am Ufer bepflanzt hatten, als das Wasser noch höher stand. Das Gras sah kümmerlich aus, denn es zog gerade Wurzeln und trieb noch nicht aus, während im Abschnitt dahinter bereits neue Blätter zu sehen waren und auf dem Stück, das sie vor einem Monat bepflanzt hatten, Massen von gesundem neuen Gras aus dem trockenen, rissigen Schlamm wuchsen.

Ich ging um den Flußarm herum zurück nach Youvarou. Der halbtrockene Schlammboden war rissig, krumme Schollen schuppten sich an der Oberfläche ab und bildeten eine Art Pflaster. Unter manchen dieser Schuppen war es noch sehr feucht, und sie rutschten weg, wenn ich drauftrat. Zweimal sank ich bis zum Schienbein ein. Der Wind blies mich voran, ich spielte Flugzeug und steuerte einen Kurs, bei dem ich bis Youvarou nie Gegenwind hatte.

Am Nachmittag lieh man mir einen Landrover mit Fahrer, damit ich einige Fischercamps besichtigen konnte. Wir rumpelten quer durch ausgetrocknete Seen; an den verschiedenen Farbtönungen konnte man noch die alten Flutränder erkennen: aus Grün wurde Rot, wo das Unkraut verdorrt war, und goldener Sand machte schwarzem Schlamm Platz. Undeutlich wurden kleine Fischercamps sichtbar, sie flimmerten am flachen Horizont wie eine Fata Morgana. In jeder Richtung nur ebenes Land, rund und flach wie ein Teller. Auch die vereinzelten Herden von Rindern oder Eseln konnten den Horizont nicht füllen. Einige große Geier kreisten in der Luft, sie hatten offensichtlich ihre nächste Mahlzeit entdeckt, und tatsächlich kamen wir bald daran vorbei, es war ein totes Kalb.

Wir erreichten Tielde mit seiner malerischen Sperre aus Fischkörben und Reusen quer über den Fluß. Hunderte von kleinen Fischen waren auf dem Boden in langen Reihen ausgelegt, damit sie in der Sonne trockneten; andere hingen auf Gestellen über Lehmöfen zum Räuchern. In früheren Tagen hätte man wohl die meisten wieder ins Wasser zurückgeworfen, aber heute war der Fisch so knapp, daß man auch die kleinen behielt, bevor die Leute im nächsten Dorf sie fingen.

Ein Mann erzählte mir, daß sie früher fünfzig oder noch mehr verschiedene Fischarten gefangen hätten; jetzt gab es nur noch eine

Handvoll Spezies: rote Karpfen oder Tilapia, Sardinen, Nilbarsche, kleine Haie und Welse; letzterer ist inzwischen der teuerste Fisch auf dem Markt. Das überraschte mich; ich hatte gedacht, Welse schmeckten schlammig, denn sie leben am Grund der Flüsse, aber mein Fahrer sagte, sie eigneten sich sehr gut zum Räuchern.

Den Einheimischen schmeckt auch das Fleisch der Manati, einer Seekuh-Art. Das ausgewachsene, 1,80 m lange Säugetier wird oft als eine der Ursprungsgestalten der Meerjungfrau-Mythen betrachtet. Die Tiere paaren sich an Land, und da sie dabei sehr laut sind, kann das mit dem Triumph des Jägers enden. Aber da die Manati geschützt sind, gibt niemand zu, daß man sie jagt.

Tielde war seit einem Monat bewohnt, vorher stand das Land unter Wasser. Die Bozo-Gemeinde bleibt bis Juli hier, und wenn der Fluß dann austrocknet, zieht sie auf eine andere Insel, bis auch dort das Wasser versiegt, und so weiter, das Delta hinunter. Es gab zwei Typen von Fischern: die Seminor oder Diaka, eine Kaste, die mit Booten fischt und deren Ursprünge zurückgehen bis ins Großreich Mali im vierzehnten Jahrhundert, und die Bozo, die außerdem auch Jäger und Sammler waren. Die Seminor sind rücksichtslose Geschäftsleute, sie kaufen den Bozo den Fisch ab und geben ihnen Kredite zum Erwerb von Getreide oder Fischnetzen. Wenn ein Bozo aber den Kreditköder geschluckt hat, kommt er nicht mehr los und ist verpflichtet, dem Händler seinen gesamten Fang abzuliefern. Kredithaie arbeiten anscheinend auf der ganzen Welt nach demselben Prinzip.

Ich unterhielt mich am nächsten Tag lange mit Richard, und danach verstand ich besser, warum die Leute im Delta ihre Energie jetzt auf alles verwenden müssen: Fischfang, Landwirtschaft und Viehhaltung; sie müssen ihre traditionelle Spezialisierung aufgeben und alles voneinander lernen, um ihr Risiko klein zu halten. Das Delta ist ein komplexes Territorium, es gibt Nomaden, aber auch relativ seßhafte und saisonbedingt wandernde Volksstämme, aber niemand bleibt eigentlich ständig an einem Platz. Die Herdenbesitzer ziehen zu Anfang der Regenzeit hinaus ins trockene Land, um Milch gegen Wild und Getreide wie „Hungerreis" (Fingergras) einzutauschen. Im Oktober tauschen sie Milch gegen Hirse, und gerade rechtzeitig zur Reisernte kehren sie in die Flußebenen zurück, um ihre Milch gegen ausreichende Mengen Reis zu tauschen, so daß es ihnen über die Trockenzeit reicht. Wenn der Reis nicht reicht, müssen sie auf dem Markt Vieh verkaufen, aber sie trennen sich nicht gern von ihren Herden.

Später am Abend erläuterte mir Richard, daß Regen und Hochwasser nicht die gleiche Bedeutung haben, denn das Hochwasser wird durch Regenfälle in Guinea verursacht, und der Fluß fließt in Lehmbetten, in denen das Wasser nicht versickern kann. Nur wenn es hier regnet, wächst das Getreide und das Gras. Niederschläge sind für mehrere Spezies von Flora und Fauna hier entscheidend, eine sehr lang anhaltende Trockenzeit überleben sie nicht. Aber es ist eine sich lediglich verändernde Umwelt, keine sterbende, Probleme haben nur die Menschen, die sich anpassen müssen. Sie rechnen nicht damit, daß irgendwo etwas wächst, das vorher nicht dagewesen ist, und verstehen nicht, daß Veränderungen im Grundwasserspiegel zur Folge haben, daß ein Getreide dort nicht mehr gedeiht, wo es in der Vergangenheit immer wuchs. Aber manchmal taucht plötzlich so etwas wie das Burgu-Gras auf und verbreitet neue Hoffnung.

Das Delta war unendlich faszinierend, und am nächsten Tag erkundigte ich ein Stück mehr davon mit dem Kanu. Es war eine Pinasse, ein langes Schiff mit einem Sonnendach in der Mitte, ein Schutzdach aus Strohmatten über Stützbogen aus gebündelten Stangen. Ali, der Bootsführer, mit seiner hübschen Strickmütze mit Pompon und aufgestickten Soldaten, lief vom Bug zum Heck über das Sonnendach hinweg, und bald schaukelten wir auf dem Flußarm von Youvarou hinaus auf den Hauptfluß. Auf der langen, seichten Landzunge an der Einmündung sahen wir Schwärme von Seeschwalben, Tauben mit Halskrausen, Regenpfeifer, heilige Ibisse und Graureiher, und ein weißer Reiher flog nur Zentimeter über unseren Bug hinweg. Beim Fliegen streckte und knickte er seinen Hals, es sah aus, als würde er mit den Halsbewegungen den Körper vorwärtsziehen, so daß er schnell genug wurde, um über uns hinwegfliegen zu können.

Der Fluß verbreiterte sich, und die Pinasse schwankte und schaukelte in den Seitenwellen. Grünliches und schlammbraunes Wasser spritzte auf Deck, ich war schnell durchnäßt. Allmählich entspannte ich mich und genoß den regen Schiffsverkehr im Delta, ich fühlte mich schon als Teil davon. Die Kanus hatten dekorative Schilder an Bug und Heck, bunt bemalt mit Arabesken und Gebetssymbolen. Offene Pirogen wurden an uns vorbeigestochert, Fähren für den

Güternahtransport, große Pinassen, beladen mit Fisch und Feuerholz, und ein Hausbootkanu mit Wäscheleinen und Strohbaldachin an beiden Enden.

Ali wollte etwa dreißig Kilometer flußaufwärts in Ambiri einen Freund besuchen. Unterwegs machten wir im Dorf Kabe Pause. Ein Bootsmechaniker stand im seichten Wasser und dirigierte eine Gruppe Männer, die ein fünfzehn Meter langes Kanu zu Wasser ließen. In der Nähe baute ein Mann ein neues Sonnendach für ein noch größeres Boot, das die grün-weiß-grüne nigerianische Flagge gehißt hatte.

Jedes Haus am Fluß hatte ein anderes Ziegelmuster, von eingelegten Pyramidenkonturen bis zu Spitzenornamenten. Die Eckpfeiler einer Grabmoschee in der Nähe waren mit Lehmkronen geschmückt, und in den Nischen an der Westseite sah man noch mehr Kronen modelliert. Zu Fuß gingen wir über eine schlammige Ebene zum Hauptdorf hinauf, das auf einer runden, leicht erhöhten Plattform lag, und sagten dem Marabout guten Tag.

Als traditioneller geistiger Führer hat der Marabout Einfluß auf die politische Überzeugung seines Volkes und auf dessen wirtschaftliches Wohlergehen. Der Militärregierung ist es nicht gelungen, seine Macht zu brechen, die auf mit den Regeln des Korans vermischtem Aberglauben beruht. Marabouts sind auch oft Weise, Heiler oder Wahrsager. Ali kannte den Marabout. Wir wurden durch ein Tor in einen ummauerten Hof gebeten, in dem verschiedene Häuser und eine wunderschöne alte Moschee mit spitzen Zinnen standen. Es gab einen Tagesraum, in dem der Marabout saß, der gerade zwei kleinen Buben die Hände auf die Köpfe legte, um ihnen einen kurzen Segen zu erteilen. Bei den Familien hier ist es Brauch, ihren dritten Sohn dem Marabout zu geben. Der erste Sohn ist dazu bestimmt, die Eltern zu versorgen, der zweite wird Kaufmann, und der dritte bekommt als Schüler des Marabout eine Bettelschale und muß für seinen Unterhalt singen, wie die Straßenjungen, die ich in den Cafés von Sevaré und Mopti gesehen habe.

Der Marabout bat uns, auf den Strohmatten vor ihm Platz zu nehmen, und nachdem wir uns begrüßt hatten, sprachen wir darüber, wie er die Astronomie nutzt, um den Leuten zu sagen, wann sie ihr Getreide pflanzen oder säen müssen. Die maßgeblichen Sterne dafür sind die Sieben Schwestern, die für landwirtschaftliche Ereignisse stehen. Ali erzählte mir hinterher, daß der Großteil der

Einkünfte des Marabout aus Spenden nach guten Ernten besteht. Ein kranker Mann kam und bat den Marabout, ihm die Hände aufzulegen; also überreichten wir dem Weisen ein Dankgeschenk und verabschiedeten uns, damit er mit seiner Arbeit fortfahren konnte.

Stromaufwärts hinter Kabe teilte sich der Fluß, beide Arme waren sehr seicht, und ich war froh, daß Ali den Weg wußte, denn wir mußten uns zwischen den Sandbänken in kaum schiffbaren Fahrrinnen durchschlängeln. Die Ufer waren Sandstrände, die sich weit ins Land hinein ausdehnten, bis dahin, wo Luftspiegelungen ferne Bäume vortäuschten.

Links begleiteten uns niedrige Klippen, und zwei spitz in den Fluß laufende Sandbänke versperrten fast den Weg. Wir bogen nach links und fuhren einen Bach hinauf, Inseln und noch mehr Sandbänke tauchten auf, und Ali steuerte kreuz und quer durch seichte Stellen wieder in tieferes Wasser hinaus. Hinter einer Biegung lag der Sammelplatz von Wildenten, die paarweise und in kleinen Gruppen aufflogen, als wir uns näherten. Gelegentlich kamen wir an Fischercamps vorbei und sahen Männer, die ihre Netze ausschüttelten oder sie überprüften und zum Trocknen aufhängten. Einige Nomaden bauten gerade ihre Kuppelzelte aus Mattengeflecht auf. Der Fluß verbreiterte sich mit Nebenarmen und Lagunen.

Als wir Ambiri erreichten, fuhr Ali auf den Ufersand hinauf, daß ich hinausspringen und eine Metallstange zum Festmachen in den Boden rammen konnte. Der erste Teil des Dorfes war das Bozoviertel. Jede Heimstätte besaß einen Torraum, für gewöhnlich ein leerer Raum zwischen Hof und Gasse mit einer Tür aus Dornbaumzweigen. Zwischen dem Bozo- und dem Peul-Viertel lagen eine Sanddüne und die umgestürzten Überreste einiger einst gigantischer Bäume. Das war wie ein Symbol für das Bestehen des Dorfes, denn hier lebten Menschen, die ihr Nomadenleben aufgeben mußten, weil der Sand sie bedrohte und die Bäume starben.

Ali führte mich zu einem weißen Haus mit zwei Räumen. Sein Freund, ein Peul, war ausgegangen. Man schickte ein Kind aus, um ihn zu holen, und seine Frau begrüßte uns im vorderen Raum. Darin hing eine Art Regal aus neun Körben, die aus farbigen Gräsern geflochten und mit einer ganzen Sammlung von Kalebassen gefüllt waren, von Töpfen und Pfannen, etwa sieben Gefäße pro Hängekorb. Ali sagte, es seien Hochzeitsgeschenke. Es sah nicht so aus, als ob diese Töpfe je benutzt würden, sie waren eher etwas wie ein Statussymbol.

Yoroks Frau trug einen goldenen Nasenring und zwei Ringe über den Ohren; das Haar hatte sie in schmalen Zöpfen direkt am Kopf geflochten, alle Zöpfe trafen sich oben in der Scheitelmitte und spreizten sich dann wie eine Fontäne in allen Richtungen auseinander. Ehe sie Tee machte, bot sie uns kühles Wasser aus den Tonkrügen an, die auf reich verzierten Tonuntersätzen standen. Sie flankierten die Seiten des doppelbögigen Zugangs zum hinteren Raum, einem Schlafzimmer mit einem geschnitzten Bettgestell, auf dem eine Binsenmatte lag. An der Wand zwischen den Bögen hing ein silberner Hammer mit einem fast einen Meter langen Schaft, er sah eigenartig aus, denn das Hammerende war schmal.

Yorok traf ein und freute sich, Ali zu sehen. Sie begrüßten sich mit einem herzlichen, warmen Lächeln; Yoroks Augen strahlten vor Glück, und es gab für alle von uns viele Händedrücke. Die beiden Männer mußten lokale Neuigkeiten austauschen, und ich sah solange in Ruhe den kleinen, rotbrüstigen Vögeln zu, die durch den Raum schossen und Insekten jagten. Ein Küken kreischte, als Yoroks Frau es im Hof einzufangen versuchte. Ich vermutete, es sei fürs Mittagessen gedacht. Aber das war falsch, Yorok bot es mir als Geschenk an; sie hatten ihm die Beine zusammengebunden und setzten es mir neben die Füße.

Als ich später der Familie meine Postkarten und Photos von England zeigte, wollte Yorok das Bild von meinen Eltern behalten, er zog es allen Ansichten von London vor. Ali erzählte ihm von unserem Pegasus und versuchte, ihn zu beschreiben; da zeichnete ich ihn, und alle im Hof drängten sich um das Bild. Die Köpfe der Kinder hatte man auf beiden Seiten geschoren und dabei einen langen Hahnenkamm stehen gelassen. Alle Kinder waren so frisiert, bis auf ein Mädchen: ihm waren noch Haardreiecke auf dem Oberkopf und ein Kranz um den Schädel herum geblieben. Die Jungen brachten mir das Zählen von eins bis zehn in Fulfulde bei, der Sprache der Peul, und ein älterer Junge spielte auf einer einsaitigen Gitarre.

Das Mittagessen kam in einer Holzschüssel, die wegen der Fliegen mit einem Kegelhut aus Stroh abgedeckt war: dunkle Hirse und Fisch. Mein gefesseltes Küken pickte jedes Krümchen auf, das in seiner Nähe herunterfiel.

Der Besuch dieser Felsformationen in der Wüste bei Ayoun war unsere Stürze vom Motorrad wert.

Sandsturm in Boutilimit/Mauretanien: Unser Pegasus ist fest verschnürt, aber die Kamele marschieren weiter, ohne sich um den Sturm zu kümmern.

Alleinflug-Übungen an der mauretanischen Küste.

Am Ende der Reise schweben wir im internationalen Flughafen von Dakar auf die Landebahn der Concordes ein.

Als wir Ambiri verließen, begleitete Yorok uns hinunter zum Ufer und ließ es sich nicht nehmen, unser Schiff zurückzuholen, das etwas abgetrieben war. Es war eine Geste des Respekts Ali gegenüber. Als wir flußabwärts davontuckerten, stand Yorok mit seinem strahlenden Lächeln am Ufer, beide Handflächen zum Gruß erhoben, und sah uns nach.

Knapp zwei Kilometer weiter sprang mein Küken ohne Vorwarnung plötzlich aus dem Boot ins Wasser. Es flatterte wild und versuchte, auf der Wasseroberfläche Fuß zu fassen, schlug mit den Flügeln in die Luft, kam aber nicht hoch. Ich rettete es und band seine Schnur an einer Querstange in der Pinasse fest. Die Wellen flußabwärts schaukelten uns und sprühten ein wenig Wasser ins Boot, ein willkommener Regen in der heißen Sonne. Das Küken spreizte die Federn zum Trocknen.

Zurück in Youvarou, aßen wir mit Richard Moorehead zu Abend. Bei unserem Erdnußeintopf unterhielten wir uns darüber, wie man in diesem Gebiet, das durch die vielen Flüsse und Schlammfelder für Fahrzeuge oft unzugänglich ist, Ultraleichtflugzeuge einsetzen könnte. Mit aufsetzbaren Schwimmgleitern könnte man auch auf den Seen landen.

Danach brannte ich darauf, wieder zu fliegen, und am nächsten Tag sahen wir uns das Gebiet um den Debo-See aus der Vogelperspektive an. Wir entdeckten Boote mit großen quadratischen Segeln, die man früher aus Grasmatten fertigte; die heute verwendeten alten Säcke von Lebensmittelsendungen sind jedoch praktischer. Wir flogen zweimal niedrig über Tielde hinweg, und alles winkte. Es war schön, daß niemand etwas gegen unser kleines Flugzeug hatte, es machte allen Spaß. Und uns auch.

Timbuktu

Wir wußten nicht, wie viele Tage wir bis Timbuktu brauchen würden. Bei dem starken Nordostwind würden wir vielleicht gar nicht hinkommen, aber ich wollte es unbedingt versuchen. Von Youvarou aus flogen wir auf der Route, die ich mit Ali in dessen Pinasse zurückgelegt hatte, über das Dorf Kabe. Dort lagen jetzt noch mehr Boote zur Reparatur, auch die eindrucksvolle Moschee des Marabout sah ich wieder, und dann überflogen wir Ambiri ziemlich niedrig, so daß ich Yorok winken konnte.

Dann bog der Fluß nach Norden, und wir folgten ihm, aber wir kamen nur langsam voran. Der Wind war stärker geworden, und wir bewegten uns kaum vorwärts, also landeten wir bei einer Fischersiedlung, hinter der das Dorf Gamou lag. Was ausgesehen hatte wie ein flacher, rissiger Lehmstrand, erwies sich als ausgetrocknete Suhle voller tiefer Rinderhufspuren, und unsere Landung wurde sehr holperig.

Unsere erste Aufgabe war, das Tragsegel abzunehmen und flach auf den Sand zu legen; dann entschied sich David fürs Dableiben und Aufpassen, während ich mich im Lehmhäusergewirr des Sonrai-Dorfes umsah. Eine Hochzeit war im Gange. Hochzeitsfeste dauern für gewöhnlich eine Woche, dieses hier währte bereits drei Tage. Ich traf den Bräutigam zuerst im Haus eines seiner Onkel, in ein Leintuch gehüllt. „Jon wiley“, sagte ich, das heißt „Guten Tag“ auf fulfulde. Er durfte nur den Gruß erwidern, sonst war es ihm nicht erlaubt, zu sprechen, nur zuzuhören. Er ließ die Ohren hängen. Seine Freunde sagten mir, er sei zweiunddreißig und habe 70 000 CFA (510 DM) für seine Braut bezahlt; auch sein Vater und seine Freunde hatten dazu beigesteuert. Das Paar durfte sich zwar nachts treffen, aber die sieben Tage mußte es tagsüber getrennt im Haus mit den jeweiligen Freunden verbringen, die noch letzte Ratschläge erteilten.

Nachdem wir etwas Tee getrunken hatten, führte man mich zur Braut ins Haus ihrer Schwiegermutter. Sie saß hinter einem Schirm und einem Moskitonetz versteckt auf dem Bett, trug ein Leintuch und hielt ihr Gesicht abgewandt. Ihre beiden besten Freundinnen hockten auf dem Bettrand. Das Zimmer füllte sich mit Leuten, die alle die Fremde sehen wollten, die der Braut guten Tag sagen wollte. Zwischen den Frauen, die mich umringten, war auch ein junger Fischer, der als Dolmetscher für mich fungierte, da keine von ihnen Französisch sprach. Eigentlich durfte kein Mann diesen Raum betreten, aber hier machte man eine Ausnahme, damit wir unsere Unterhaltung übersetzt bekamen. Die Braut war sechzehn und sah aus, als müsse man sie erst mal richtig aufpäppeln. Draußen tanzten stampfend Frauen und zischten durch die Zähne.

Einige der Frauen im Zimmer trugen große Bernsteinperlen im Haar, und bei einer blitzte eine Reihe Goldkronen, wenn sie den Mund öffnete. Nach einer Stunde ging ich zum Haus des älteren Bruders der Braut, einer schmucken Hütte, ganz mit malischen Teppichen ausgehängt. Alle versuchten mir zu folgen, aber ich scheuchte sie hinaus; wohin ich ging, es war wie eine Invasion. Mein Gastgeber war Bootsbesitzer, und sein Geld verdiente er damit, seine drei Boote zu vermieten. Vor kurzem hatte er seinen dritten Außenbordmotor für ein Hundert-Tonnen-Boot gekauft, ansonsten besaß er Fünfunddreißig-Tonnen-Kanus. Er sagte, keines davon könne in dieser Saison bis nach Timbuktu fahren, der Wasserspiegel sei zu niedrig und würde erst im nächsten Jahr wieder steigen. Er hatte die drei Außenbordmotoren am Fußende seines Bettes befestigt, so daß es aussah wie ein Rennbett.

Jemand brachte mir einen Säugling und sagte, das Kind liege im Sterben. Es bewegte sich nicht mehr und war wie ausgetrocknet, kein Fieber, keine Atemschwierigkeiten, es siechte nur dahin. Der Vater meinte, es gäbe zwei Arten von Krankheit, die eine könne man mit Arznei heilen, und die andere sei von den Dschinns geschickt und könne nur von einem Marabout behandelt werden. Da ich ihnen keine falsche Hoffnung machen wollte, erklärte ich ihnen, daß ich von Medizin nichts verstünde, aber daß das Kind vielleicht eine Chance zum Überleben hätte, wenn man es dazu bringen könnte, etwas Milch von seiner Mutter zu trinken. Ein Mann behauptete, es würde gesund, wenn jemand eine Eule sehen oder finden würde, Eulen stünden in enger Verbindung zur Welt der

Geister. Eine Eule fanden wir zwar nicht, aber ein Marabout tauchte auf. Er fühlte Haut und Puls des Säuglings und machte Gesten, mit denen er den bösen Geist herauszog; dann spuckte er in alle Richtungen aus, um die Krankheit auszutreiben. Danach gab er den Eltern einige getrocknete Heilkräuter zum Inhalieren und sagte ihnen, ihr Kind würde durchkommen.

Wir reisten weiter und folgten dem Verlauf des Flusses nach Norden. Sein rechtes Ufer säumten rote Dünen, und am linken zogen sich weiße Dünen mit Mulden dazwischen entlang. Es gab keine wasserführenden Nebenflüsse, nur einen stellenweise feuchten Wadi. Wir stiegen 900 m hoch bis ans obere Ende der Inversionsschicht. Es war kalt. Früher als erwartet erblickten wir Niafounké, wo David vor ein paar Tagen Benzin deponiert hatte. Schade, die ganze Höhe zu verschwenden, aber wir mußten hinunter und kreisten langsam tiefer, um unsere Trommelfelle nicht zu beschädigen. Wir tankten auf und hofften, damit vor Einbruch der Nacht die Bezirkshauptstadt Goundam zu erreichen; aber als es dunkel wurde, gelangten wir an einen großen See. Das andere Ufer war nicht zu sehen, obwohl der See nach unserer Karte nicht sehr groß sein konnte.

David flog ein kurzes Stück am Rand des Sees entlang, dann beschloß er, ihn in direkter Linie zu überqueren. Ich hoffte, er konnte schwimmen, und wir besprachen, wie wir im Wasser notlanden würden, falls wir mußten.

Es war dunkel, als wir den Flugplatz von Goundam entdeckten; aber da er etwa sechzehn Kilometer außerhalb der Stadt lag und wir Wasser und mehr Benzin brauchten, flogen wir weiter. In der Dunkelheit konnten wir am Boden nur zwei Farben erkennen: hellen Sand, wahrscheinlich weich, und dunkleren Sand, hoffentlich hart.

Vor der Landung schaltete David den Motor auf Leerlauf, damit sein Lärm keine Aufmerksamkeit erregte. Wir wählten eine freie Stelle, knapp zwei Kilometer vor der Stadt, landeten und parkten neben einem sandigen Erdhügel. Ich machte mich zu Fuß mit dem leeren Benzinkanister und den Wasserflaschen in die Stadt auf. Als ich am Stadtrand an einigen Peul-Zelten vorbeikam, stürzten zwei Hunde auf mich zu. Ich mußte stehen bleiben, sie eine Weile mit dem Benzinkanister abwehren und sie anschreien, bis endlich barsche Stimmen erklangen und die Hunde zurückriefen. Eine

Ladung Steine prasselte mir um die Ohren; ich hoffte, sie galt den Hunden und nicht mir.

In der Stadt erfuhr ich von einem Mann auf einem Esel, daß es keine Tankstelle gab, keine öffentliche Wasserpumpe und keine Cafés, die Essen verkauften. Aber da stand ein großes Gebäude, in dem Licht brannte. Also ging ich die eindrucksvolle Steintreppe hoch und durch die zweiflügelige Tür hinein. Es war ein grandioses Bauwerk, vermutlich der ehemalige Sitz des Kolonialgouverneurs. Drinnen im Allerheiligsten erklang Stimmengemurmel. Ich rief „Hallo“, und ein Chor bat mich, einzutreten.

Ich war in eine Sitzung der Regionalverwaltung geplatzt. Ich erklärte, daß ich Benzin und Wasser brauche, und man beauftragte einen Gendarmen, mich zum Haus eines Mannes zu bringen, der Schwarzmarktbenzin verkaufte. Er füllte mir auch Wasser in die Flaschen und half mir, irgendwo ein paar runde Fladenbrote zu kaufen. In der Zwischenzeit hatten die Beamten ihre Sitzung beendet. Ich traf zufällig einen von ihnen und bedankte mich für ihre Hilfe. Er lud mich ein, ihm eine zweite Steintreppe hinauf in einen anderen großen Saal zu folgen. Dort saßen seine Kollegen um einen langen Tisch herum beim Abendessen. „Bitte, essen Sie mit“, sagten sie und befahlen einem Diener, noch einen Teller zu bringen. Während sie aßen, besprachen sie die Organisation des bevorstehenden Besuches des Präsidenten in dieser Region. Ich blieb nicht das ganze Essen über da, denn ich wußte, David wartete auf mich.

Im Sand unter dem abmontierten Segel unseres Pegasus, das uns vor dem kalten Wüstenwind schützte, verbrachten wir die Nacht. Geweckt wurden wir beim ersten Morgenlicht von Goundams Männerspuckchor, vier jungen Männern, die zehn Minuten lang dastanden, sich räusperten und wiederholt zu Ehren von Pegasus ausspuckten; dann verschwanden sie. Der Morgenanbruch war zu windig für einen Start, und obwohl ich einerseits nach Timbuktu weiterfliegen wollte, freute ich mich andererseits, an so einem eigenartigen Ort festgehalten zu werden.

Ich ging früh zum städtischen Hospital, bekam meine Wasserflasche neu gefüllt und wurde vom Arzt herumgeführt. Nur eines der zehn Betten war belegt, eine Frau lag darin, die mit Kaiserschnitt entbunden worden war. Sie hatte bereits sieben Kinder, und der Arzt befürchtete, daß beim nächsten wieder ein Kaiserschnitt nötig würde. Verhütungsmittel sind bei Moslems mit Tabus belegt, und ohne die Erlaubnis ihres Mannes kann eine Frau nicht die Pille nehmen. Im Einzugsgebiet des Hospitals gab es nur zwei Frauen, die von der Familienplanung Gebrauch machten.

Der Operationssaal war sauber, alle Schränke mit deutlich lesbaren Schildchen beschriftet, und es gab ein Buch, in dem alle Einzelheiten über die untersuchten Patienten eingetragen wurden. Todesfälle waren ziemlich häufig, aber der Grund war für gewöhnlich, daß die Menschen hierher zuallerletzt kamen, dann nämlich, wenn ihre traditionelle Medizin gescheitert und es für eine Rettung bereits zu spät war.

Die Untersuchungen waren kostenlos, Arzneimittel ursprünglich auch, aber das wurde nicht geschätzt. Der Arzt sagte, eine Impfung koste nun eine geringe Gebühr, 100 CFA (70 Pf.), und nun glaubten die Leute allmählich daran. Vor dieser Änderung hatte er täglich 160 Patienten, jetzt sind es im Durchschnitt nur noch sechzig.

Er lud mich zum Mittagessen ein, deshalb erzählte ich ihm von David und ging ihn holen. Auf dem Rückweg bemerkte ein Junge auf einem lebhaften, starken Pferd meine bewundernden Blicke und bot mir an, es zu reiten; er glaubte wohl, ich hätte Angst davor. Es trug keinen Sattel und kein Zaumzeug, nur ein Halfterseil, und sein rechtes Vorderbein war lose ans rechte Hinterbein gefesselt. Es versuchte mich zu beißen, als ich auf seinen Rücken aufsprang, also fuhr ich es barsch an. Der Ritt machte riesig Spaß, denn durch den Strick zwischen den rechten Beinen konnte es nicht bocken oder galoppieren. Es schoß mit kurzen schnellen Schritten voran, als hinge hinter ihm eine Zündschnur mit einer Explosionsladung.

Am Nachmittag begleitete mich ein Tuareg namens Mohammed Ali auf einer Wanderung durch die angrenzenden Dünen. Nach fünf Kilometern ging mir auf, daß ich mich vielleicht in eine gefährliche Lage gebracht hatte. Ich war schon oft an entlegenen Orten von Männern begleitet worden, und mir war nichts passiert. Aber dieser Weggenosse war kein gewöhnlicher Mensch, nicht einmal für einen Tuareg. Sein durchdringender Blick hatte eine seltsame Intensität. Aber es bestand kein Grund zur Panik, ich brauchte nur meinen gesunden Menschenverstand zu nutzen und die Unterhaltung respektvoll zu halten.

Wir wanderten über eine Stelle, an der sich Dünen aus rotem, goldenem und weißem Sand vereinigten; dahinter lag ein schwarzer Berg mit abgeflachtem Gipfel. Mohammed behauptete, diese Dünen seien fünf Schritt hoch. Das hing natürlich davon ab, wieviel Schritte jeder bis zur Spitze brauchte, denn schon beim ersten rieselte der Sand von oben nach. Nicht der Fuß rutschte ab, sondern der ganze Hang rutschte nach.

Nicht weit von dem schwarzen Berg standen einige halbrunde Nomadenzelte, und hier und da wuchsen Pflanzen und Büsche aus dem Sand. Während wir gingen, erzählte mir Mohammed, wie seine Familie durch die Dürre in der Wüste gezwungen wurde, hierherzukommen, weil sie zu arm war, um ihr Schicksal irgendwie zu ändern. Er selbst hatte sich auf die medizinische Verwendung von Wüstenpflanzen spezialisiert. Er sagte, er wolle die Bedeutung der Krankenhäuser nicht in Frage stellen und würde in der Regel nur Fälle übernehmen, bei denen der Arzt die Krankheit als unheilbar erklärt hatte.

Ich zeigte auf eine Schlingpflanze am Boden, Buschäpfel, eine saure Frucht, die nicht einmal von Ziegen gefressen wird, und fragte, ob sie in der traditionellen Medizin verwendet würde. „Es ist eine schwierige Pflanze, weil sie so giftig ist, aber man kann sie gegen bestimmte Leberkrankheiten einsetzen", antwortete Mohammed. „Man kocht sie, trinkt den Sud und erbricht sich. Er soll die Krankheit aus dem Organismus des Patienten herausbrennen, aber wenn er in zu starker Dosis genommen wird, ist es oft tödlich." Einen Augenblick später fuhr er fort: „1984 mußte ich für mich selbst eine Arznei herstellen. Ich war in den schlechten Jahren, als wir alles verloren, krank geworden, und der Arzt sagte, es gäbe keine Behandlung, keine Heilung für diese Krankheit." Er habe dann sein traditionelles Heilmittel mit einer strikten Diät kombiniert. „Eine Woche lang war ich dem Tod nahe, aber nach einer weiteren Woche kehrte meine Kraft zurück. Krankheiten sind entweder heiß oder kalt, entweder Blut oder Wasser, Tag oder Nacht – jeder Gegensatz ist zutreffend und hilft bei der Behandlung der Krankheit. Es gibt keine, die man nicht diagnostizieren kann, wenn man den Patienten ansieht und mit ihm spricht." Er hatte eine komische Art, zur Unterstreichung seiner Worte ein klickendes „tsk" einzuflechten. „Tuareg gehen auch zu Hexern, und Marabouts nehmen Beschwörungen zu Hilfe, ich dagegen bediene mich nur der konkreten Pflanzenmedizin."

Wir machten im Schatten eines Dornbaums Rast. „Die getrockneten Dornen hier sind gut, um Infektionen herauszuziehen, für schwere Erkrankungen nehmen wir jedoch den Schwarzen Stein.“ Ich fragte, ob das Steine aus Zentralafrika seien, wie ich einen besaß, und er entgegnete, die Steine kämen immer noch auf den alten Handelsstraßen hier herauf. Er zündete sich eine Tabakspfeife an, die aus einem Stück Knochen geschnitzt war.

Langsam wurde mir klar, daß ich hier einen Menschen mit einer besonderen Gabe und einem tiefen Wissen vor mir hatte, kein Wunder, daß seine Augen so hell und klar waren. Er arbeitete gerade daran, alle Heilpflanzen zu katalogisieren und auch aufzuschreiben, für welche Behandlungen er sie verwendete. Es sollte ein Buch werden, das, so hoffte er, eines Tages von westlichen Ärzten zur Forschung benutzt würde.

Die majestätischen alten Kolonialgebäude von Goundam verschwanden langsam in der Ferne, während wir nach Norden weiterflogen. Der Fluß begann, sich in vielen Windungen dahinzuschlängeln, und schien zu schrumpfen; in einer Biegung verschwand das Wasser ganz, und das Bett war trocken. Bei der nächsten Flußbiegung sickerte es wieder aus dem Sand hervor. Nach einer halben Stunde Flug mußten wir notlanden, weil einer der zwei Motorzylinder ausfiel. David tauschte die Zündkerzen aus, und wir schwirrten wieder in die Luft. Die Nacht verbrachten wir in einem Sonrai-Lager, das in einer Sandmulde lag, und ich kaufte dort Tomaten und Kartoffeln für unser Abendessen. Wir hatten unsere Salztüte verlegt, deshalb schlug David vor, die Piloten-Notration zu öffnen. Was für ein armseliges Paket – kein Salz! Es enthielt ein paar Teebeutel, aber die schmeckten nach Brühwürfel, vermischt mit Schokolade, weil alles zusammen verpackt, zusammengedrückt und ineinander verschmolzen war.

Früh am nächsten Morgen erblickten wir Timbuktu.

Der Ruf Timbuktus als ferne, märchenhafte Stadt des Goldes, Ziel vieler Reisender der westlichen Welt, verdankt seinen Ursprung Mansa Musa, der im vierzehnten Jahrhundert Herrscher über einen Großteil Westafrikas war. Auf einer Pilgerreise nach Mekka wurde er von 60 000 Männern begleitet, und sie führten achtzig Kamele mit sich, die mit 300 Pfund Goldstaub beladen waren. Als er nach Timbuktu zurückgekehrt war, beschloß er, dem Ruhm der heiligen Stätte nachzueifern; er verstärkte die Handelsstraßen, ließ einen Palast und eine Moschee errichten und baute 180 Koranschulen. Timbuktu wurde ein Zentrum für Kultur und Bildung; einer seiner berühmten Gelehrten, Ahmed Baba, besaß eine eigene Bibliothek mit mehreren tausend Büchern.

1494 besuchte der vielbereiste spanische Maure Leo Africanus die Stadt und berichtete in seiner „Geschichte und Beschreibung Afrikas", daß in Timbuktu eine Fülle von Doktoren, Richtern, Priestern und anderen gelehrten Männern lebe, die der König großzügig aus seiner Kasse bezahle. Aber als die ersten Europäer wie Laing, Caillié, Barth zu Anfang des neunzehnten Jahrhunderts den Weg dorthin fanden, hatte sich viel verändert. Die Lehmarchitektur hatte unter den Verwüstungen von Wetter und wiederholten Invasionen gelitten; deshalb berichtete man von Timbuktu und seiner vergangenen Glorie alles andere als begeistert, vielleicht auch weil man enttäuscht war, den Ort nicht als erster entdeckt zu haben.

David und ich aßen am Rande der Stadt in einem Gartenrestaurant neben einem Springbrunnen zu Mittag, und dann ging ich auf Erkundigungen.

Das erste, was mir in den engen Gassen auffiel, waren die dicken hölzernen Haustüren, die mit Messing und großen runden Türklopfern geschmückt waren. Über einer Tür entdeckte ich ein Schild, worauf stand, daß hier der britische Forscher Gordon Laing gewohnt hatte, der erste Europäer, der 1826 nach seiner Wüstendurchquerung von Tripolis aus Timbuktu erreichte. Aber Laing konnte die Erzählungen der Reisenden von der Märchenstadt nicht mehr bestätigen, denn er wurde auf der Rückreise von seiner arabischen Eskorte in der Sahara ermordet. Das Haus war klein und halb zerfallen. Es hatte einen Raum unten und eine Vorderterrasse, oben führte ein geschlossener Balkon zu einem weiteren Raum. Ich kletterte über die Steine des herabgebrochenen Mauerwerks und spähte trotz einer Warnung vor den einsturzgefährdeten Böden hinein. Ich besichtigte auch das Haus Heinrich Barths, eines deutschen Forschers, das größer und in besserem Zustand war. Von hier aus wanderte ich zur ältesten Moschee in Timbuktu, im Jung-Gareva-Viertel; sie bot nichts Besonderes, bis auf ihre Schmucktüren, also ging ich weiter zum zentralen Markt, um Proviant einzukaufen.

Zurück zum Flugplatz nahm mich ein adretter junger Holländer namens Tom mit, der bei einem Bewässerungsprojekt der UNICEF für den Reisanbau mitarbeitete. Da David noch nicht am Flughafen eingetroffen war, fuhr ich zum Mittagessen mit Tom zum Haus eines italienischen Kollegen. Mit von der Partie waren ein Franzose, eine Araberin und ein ostafrikanisches Mädchen aus Burundi. Michele, unser italienischer Gastgeber, hatte ein fantastisches Essen aus „spaghetti aglio olio e peperoncino“ und „parmigiana di melanzane“ vorbereitet. Das Gespräch drehte sich um Reisschälmaschinen, die Tom gerade einführte, und Michele erzählte, was an seinem Projekt so einmalig sei, daß nämlich die drei Millionen Dollar von sozialistischen Arbeitern aus Italien gestiftet worden waren, die auf ihren Stundenlohn verzichtet hätten. Außerdem wurden für die Brunnen Solarpumpen installiert. „Aber wir sagen den Leuten nicht, die Pumpe sei ein Geschenk; wir sagen, sie sei geliehen und koste jedes Jahr eine Gebühr. Die Pumpe hält nur etwa acht Jahre, und die Gebühr beträgt ein Achtel der Kosten für eine neue Pumpe. Wir legen das Geld für sie zurück und kaufen davon eine neue, wenn die alte kaputt ist.“ Was für eine kluge Art, das System in Gang zu halten.

Sie arbeiteten außerdem nach dem Prinzip „Arbeit gegen Lebensmittel“, aber im nächsten Jahr wollte Michele versuchen, die Regel „Arbeit gegen Bargeld“ einzuführen, weil der Import der Lebensmittel für die hiesige Wirtschaft nicht hilfreich war, Bargeld dagegen den einheimischen Markt ankurbeln könnte. „Arbeit gegen Lebensmittel“ bot außerdem zu viele Möglichkeiten unauffälliger Bereicherung: Zuerst zweigte sich der Verteiler etwas ab, dann nahm der Fahrer, der den Nomadenfamilien ihre Säcke bringen mußte, zwanzig Prozent, und jeder kleine Beamte oder Mann an einer Straßensperre verlangte seinen Anteil. Geldbeträge blieben wahrscheinlich eher vollständig.

Nach dem Kaffee mußte ich leider zum Flugplatz zurück. Tom bot an, mich zu fahren, und Michele sagte, wenn ich etwas später wiederkäme, würde er mir sein Pferd ausleihen, einen Tamaschekhengst.

Am Flugplatz fand ich David bei der Arbeit am Vergaser, er brauchte voraussichtlich noch eine weitere halbe Stunde. Da wir auch noch keinen Flugplan angemeldet hatten, was eine Stunde vor Abflug geschehen mußte, erschien es uns vernünftig, den Weiterflug auf den folgenden Morgen zu verschieben; so hätte David Zeit, seine Arbeit zu beenden und mir noch eine kurze Unterrichtsstunde zu geben, und ich könnte noch einmal zu Michele gehen und mit seinem Pferd ausreiten.

Ich flog schlecht, meine Landungen waren entsetzlich und meine Anflüge schief. Die weißen Dünen, die Staubkorn für Staubkorn aus dem Herzen der Sahara geweht wurden und unaufhaltsam auf Timbuktu zuwanderten, zogen mich magisch an. Micheles Haus lag am Rand dieser Dünen, von da aus konnte man meilenweit nach Osten reiten, in einer schier endlosen Sandwüste. Ich konnte mich nicht aufs Fliegen konzentrieren. Bei der dritten Platzrunde hatte ich mit der Kurve und den Checks zum Landen alle Hände voll zu tun und vergaß, den Fuß vom Gas zu nehmen, so daß Pegasus zu steigen anfing, anstatt zu sinken. Dadurch setzte ich schon in 300 m Höhe zum Landeanflug an, doppelt so hoch wie normal. Ich hätte den Bogen vergrößern und vieles ganz anders machen müssen, aber ich tat es nicht. Die Landung mißlang derart, daß ich sie David schließlich überließ.

Aber als der Hengst aus seinem Stall tänzelte, fühlte ich mich erleichtert, davon verstand ich etwas. Michele zeigte auf die vier weißen Hufe und sagte, die Tuareg hielten das für ein Zeichen besonderer Qualität: ein Pferd für einen Häuptling. Ganz anders in Italien, fügte er hinzu, dort glaube man, vier weiße Füße brächten Unglück. Das Zaumzeug war aus rotem Leder mit Troddeln und dem üblichen harten Gebiß. Das Pferd trug einen traditionellen Tamascheksattel mit hohem Knauf und Rücken, der in der Regel ohne Gurt aufgelegt wird. Die Tuareg satteln ihr Pferd nicht schon vor dem Aufsitzen, sie greifen mit einer Hand an den Hals des Pferdes, halten in der anderen den Sattel, schieben im Sprung den Sattel unter und landen genau darauf auf dem Rücken des Pferdes. Den Sattel halten sie dann mit den Steigbügeln im Gleichgewicht.

Ich ritt nach Westen in die weißen Dünen hinaus. Das Pferd war ausgeruht, und ich kam in den Senken und Mulden schnell voran; schon bald lag die Stadt weit hinter mir. Außer einigen ausgetretenen Ziegenpfaden waren im Sand keine Spuren zu sehen. Ich verlangsamte meinen Ritt und erstieg die Dünen diagonal, ich wollte zu einigen ultraweißen Sandbergen, noch zwei Kilometer weiter.

Ich umrundete sie und gelangte in einen ausgetrockneten Wadi, dessen ebener Grund ideal zum Reiten war, das Pferd konnte in jeder beliebigen Geschwindigkeit dahintraben. Der Sand nahm die Farbe des Abendhimmels an. Vor uns lagen Uferklippen; als ich daran vorbeiritt, wurde es allmählich dunkel. Ich machte mir keine

Gedanken, denn ich war sicher, daß mein Pferd den Nachhauseweg kannte. Ich lenkte es ostwärts in Windungen zwischen den Dünen hindurch, das Pferd suchte sich geschickt und schnell seinen Weg im weichen Sand. Die Nacht brach an, aber ich konnte die Lichter von Timbuktu in der Ferne sehen.

Als ich an Micheles Gartentor anlangte, konnte sein Hausbursche mir nicht öffnen, weil er in einer Hand eine Babyflasche mit Milch und in den Armen ein eintägiges Zicklein hielt. Ich stieg ab, nahm das Geißlein und übergab ihm das Pferd, damit er es trockenrieb. Das Tier nuckelte an meinen Händen und trank gierig aus der Flasche, während ich es ins Haus trug und durch die Räume wanderte und den für Timbuktu typischen Grundriß einer Wohnung studierte: es gibt einen zentralen Wohnraum, um den ein Korridor läuft, von dem wiederum andere Zimmer abgehen. Der Korridor war gut durchlüftet, so daß die Zimmer kühl blieben.

An den Wänden des Wohnzimmers hatte Michele seine Sammlung von Masken, großen Kamelkörben und primitiven Werkzeugen aufgehängt. Ich ließ mich auf die malischen Teppiche am Boden sinken, um mich auszuruhen; zwei Kätzchen kamen in Sprüngen herbei, um zu spielen. Die kleine Ziege hatte die Flasche geleert, und ich stellte sie neben den Kätzchen auf die Füße, die sofort um sie herumjagten. Das Zicklein tat ein paar unsichere Schritte, machte einen kleinen Luftsprung und landete mit gespreizten Beinen auf dem Bauch. Die Kätzchen berochen sie und tapsten mit den Pfötchen an ihr herum, bis sie den Kopf schüttelte, aufstand und sich mit einem Sprung in meinen Schoß in Sicherheit brachte.

Michele, David und ich aßen bei Tom zu Abend. Wir verbrachten schöne Stunden bei noch mehr italienischem Essen und Gesprächen über das Modell eines Flaschenzuges mit Zahnrädern, den Michele als Alternative zu den Wasserpumpen vorschlug. „In Marokko sind noch 180 000 Stück davon in Gebrauch, und hier in Mali existierten sie auch, bis das Land 1959 unabhängig wurde und man sie als veraltet wegwarf.“

„Seit 1959 gibt es hier so gut wie keine Grundwasserüberwachung mehr. Ich arbeite mit einem Luftbild von 1952 und mit Archivunterlagen über die Höhe des Grundwasserspiegels. Wir müssen wissen, wie die Strömungen verlaufen, und es würde mich interessieren, ob sich ein Ultraleichtflugzeug zur Überwachung aus der Luft und zur Lokalisierung möglicher Wasserquellen eignet.“

Das löste eine neue Diskussion aus, die sich bis spät in den Abend hinein ausdehnte.

Tom und Michele kamen zum Flugplatz und winkten uns zum Abschied. Wir starteten sehr früh, wir hatten mehr als 200 Kilometer Wüste vor uns. Irgendwo würden wir zwischenlanden und auftanken müssen, wir hatten unser Reservebenzin dabei. Es durchrieselte mich heiß, als David das Funkgerät einschaltete und unseren Ruf durchgab: „Tombouctou, this is Golf Mike Tango Lima Golf, ready to take off.“ Es war kein Reisefieber, eher das Bewußtsein, wirklich da zu sein und schöne Erinnerungen mitzunehmen. Timbuktu war für uns nicht mehr nur ein Name auf der Landkarte. Wir hatten den 16. Februar, genau drei Monate waren seit unserer Ankunft in Afrika vergangen.

Die Maskentänzer von Bandiagara

Wir flogen nach Süden zum Niger, der zehn Kilometer von der Stadt entfernt vorbeifließt. „Ist das nicht eines von Toms oder Micheles Bewässerungsprojekten?“ fragte David, als wir einige sauber angelegte Reisfelder mit Strohzäunen als Windbrecher sahen. Dahinter lag der Fluß, dann nur noch Wüste, Reihen paralleler Dünen mit roten Kämmen und weißen Tälern dazwischen. An den Hängen vermischten sich die Farben in rosa Schattierungen.

Die Motortemperatur wies Unregelmäßigkeiten auf, einer der Zylinder schien viel zu heiß. Wir hofften auf einen Fehler der Meßuhr. Wenn David auf das Glas drückte, fiel die Nadel auf den Normalwert hinunter. Ich schlug vor, weiterzufliegen, bis sie einen sicheren Wert anzeigte.

Wir glaubten, auf direktem Weg in Richtung Douentza zu fliegen, aber wie üblich war es unmöglich zu sagen, wie sehr uns der Wind in dieser Höhe von unserem Kurs abbrachte. Es gab wenige Orientierungspunkte am Boden. Nach eineinhalb Stunden hätten wir eigentlich die Westspitze des Garou-Sees und den Niangay-See überfliegen müssen. Aber nach eindreiviertel Stunden hatten wir immer noch keinen See erblickt, nur Gestrüpp und Wüste. Der Niangay-See ist 37 Kilometer breit, wie hätten wir ihn verfehlen können?

David glaubte, die Umrisse eines eingetrockneten Sees erkannt zu haben, nach seiner Meinung der Niangay-See. In Timbuktu hatte man uns versichert, daß es die Seen noch gebe. Aber selbst wenn sie nicht, wie die Karte angab, das ganze Jahr Wasser hatten, sondern nur während der Regenzeit, konnten darin doch keine Büsche mit vielen Blättern wachsen!

Dann erblickten wir ein verlassen aussehendes Dorf, das zu Davids Theorie von den ausgetrockneten Seen paßte. Ich weigerte mich, dem zuzustimmen, studierte die Karte und behauptete, das Dorf könne eines der weiter östlich liegenden sein, die wir überflogen hätten, wenn wir weniger Seitenwind als angenommen gehabt hätten. Es frustrierte mich immer noch, daß ich nicht in der Lage war, unsere Geschwindigkeit über Grund oder die seitliche Abdrift zu bestimmen. Unter uns lag wieder ein weites Gebiet paralleler Dünen in Rosa und Weiß. Zwanzig Minuten später entdeckten wir einen See, der dort eigentlich nicht liegen sollte. Seine Form stimmte mit gar nichts auf unserer Landkarte überein.

David stellte schnell ein paar Berechnungen an und erklärte dann, daß wir, falls dies zufällig Niangay war, bei Gegenwind flogen und Douentza nie erreichen würden. Wir stiegen auf 1400 m hoch, um eine bessere Übersicht zu bekommen, dann kreisten wir und suchten nach Landzeichen. In einem mit Büschen bewachsenen Becken glaubte ich, einen Elefanten zu sehen; aber wir waren zu weit nördlich für Elefanten, sagte ich mir, es war vermutlich eher ein Termitenhügel. Ich konzentrierte mich wieder auf die Suche nach Formen, die sich auf der Karte wiederfinden ließen. Aber wie vorher paßte rein gar nichts von dem, was ich entdeckte, zu irgendeiner Eintragung auf unserer Karte. Wir mußten schließlich zugeben, daß wir uns verflogen hatten.

Nach unserer Kraftstoffanzeige hatten wir noch zehn Liter, wir mußten landen und aus den Reservekanistern nachtanken. Unsere Muskeln waren steif von den zweieinhalb Stunden Flug. Wir landeten auf einem ausgedehnten, dunkelroten Kiesgrund neben einigen Termitenhügeln und vielen toten Bäumen, die wie weiße Skelette in der Sonne leuchteten. Während wir im Schatten unseres Segels saßen und über den Landkarten brüteten, erschienen einige Stammesangehörige der Peul in wogenden Gewändern und mit Schwertern über den Schultern. Ich fragte hoffnungsvoll, ob sie wüßten, wo wir seien.

Leider konnte keiner von ihnen Französisch, nur Fulfulde. Vor zwölf Jahren hatte ich einige nützliche Worte in Fulfulde wie zum Beispiel: „Wo ist...?“ gelernt, und ich zermarterte mir den Kopf danach. „Ipi“ fiel mir ein, aber das war vermutlich Zulu. Allmählich tauchten Wörter wie „ndiam“ auf, das hieß: See oder Wasser, „dar larde“ = im Busch, und „me ander“ = ich weiß nicht. Damit und indem wir die Reaktion der Peul auf Gebietsbezeichnungen beobachteten und klärten, welche davon nur lokal gebraucht wurden und indem wir dann in die entsprechende Richtung zeigten, versuchten wir herauszufinden, wo wir uns etwa befanden. Die Männer waren ratlos, aber hilfsbereit, obwohl ihre Richtungsvorstellungen völlig irreführend sein konnten, wie wir schon früher festgestellt hatten.

Der Mann neben mir hatte eine zierliche silberne Tabakspfeife hervorgezogen, die aussah wie eine kleine Trompete. Das dicke Ende trug ein wunderschönes eingraviertes Muster. Nachdem er sie mit pulverisiertem Tuaregtabak gefüllt hatte, zündete er sie an, indem er mit einem Messer aus einem Feuerstein, den er über ein Stückchen flaumigen Zunders hielt, Funken schlug.

Entgegen unserer Vereinbarung, nie in der Mittagsthermik zu fliegen, entschieden wir, genau dies zu tun, weil es immer noch besser war, als in der Hitze der Wüste herumzusitzen. Also starteten wir, und David hielt eine Flügelspitze in eine Windhose hinein, die uns beim Hochsteigen half.

Pegasus surrte gemütlich vor sich hin, streckenweise war die Luft ruhig, dann wieder schaukelten wir auf leichter Thermik dahin. Aus dem hellen Sand unter uns schauten dunkle, glatte Felsen wie Steindünen. Manchmal sah der ganze Boden aus wie eine verbrannte Kuchenkruste.

In südlicher Richtung fliegend, kamen wir über einige Gestrüppgürtel. Vielleicht war dies das Benzema-Becken, denn dort waren auf unserer Karte Wasserstellen verzeichnet. In Benzema gab es noch Elefantenherden, angeblich Reste der großen Herden, aus denen sich Hannibal seine Elefanten zur Überquerung der Alpen holte.

Eine Stunde später erblickten wir unmittelbar vor uns ein 900 Meter hohes Gebirgsmassiv. Das war sehr beruhigend, denn nach unserer Karte konnten wir ihm nach Westen folgen, es würde uns nach Douentza führen. Es waren die Berge, an deren Südseite wir bereits entlanggeflogen waren, als wir eine Nacht in der Windfalle kampiert hatten.

Die Nordseite war nicht besser. Turbulenzen brachen um uns herum los, und mit einem fürchterlichen Stoß wurden wir so schnell nach oben katapultiert, daß unser Höhenmesser nicht folgen konnte. Wir waren noch einige Kilometer von den nach Norden weisenden Steilwänden des Gebirges entfernt, aber offensichtlich mitten in brodelnde Luftströmungen geraten, die von der Wand zurückkamen. Als wir plötzlich seitlich taumelten, griff ich nach etwas zum Festhalten; dann sackten wir nach unten durch, und noch einmal, da schnallte ich mich fester.

Die Luft war voller Löcher, es war, als schienen wir plötzlich nicht mehr zu fliegen, sondern senkrecht zu fallen. David schwieg und konzentrierte sich. Zweimal gingen wir in „negative Richtung“, wo die Schwerkraft menschliches Können zunichte macht, und ich wunderte mich, wieviel unser Ultraleichtflugzeug aushielt, ohne auseinanderzubrechen.

Wir versuchten, nach oben aus den Turbulenzen herauszusteigen. In 1800 m Höhe hörte die Inversionsschicht auf. Die Luft war sehr kalt, aber weniger unruhig. Es war beeindruckend, auf gleicher Höhe mit dem Plateau oben auf dem Gebirgsmassiv zu fliegen; unter uns fielen die Felswände senkrecht in die Tiefe, und neben uns erhoben sich vereinzelte kegelförmige Felstürme aus dem Hochplateau, die uns um 300 m überragten.

Die Sicht verschlechterte sich rapide, dichter Staub erfüllte die Luft. Wir waren müde geworden; nun flogen wir bereits viereinhalb Stunden, und ich wußte nicht, war ich durstig oder hungrig oder war mir von den ständigen Turbulenzen schlecht. Wir bissen die Zähne zusammen und flogen weiter.

Unsere Erleichterung war groß, als wir endlich in Douentza landen konnten. Am Abend traf ich jemanden, der mir erzählte, der Niangay- und der Do-See hätten seit 1973 kein Wasser mehr, und als ich nach dem See fragte, den wir im Süden gesehen hatten, antwortete er: „Oh, ja, das ist Benzema, ein überflutetes Wasserloch.“

Also hatten wir beide recht gehabt: Der Niangay-See lag da, wo David die Umrisse entdeckt hatte, aber weil er schon so lange kein mit Wasser gefüllter mehr war, waren Büsche darin gewachsen. Sogar der Elefant war am richtigen Ort gewesen. Dieses Erlebnis verstärkte meinen Glauben an Davids Navigationskünste; er hatte sich heute nirgends wirklich verflogen und als Pilot diese schwierigen Bedingungen mit Bravour gemeistert.

Bei Sonnenuntergang saß ich, damit ich es kühler hatte, auf dem Dach von Fionas Haus und schrieb eifrig, da hörte ich Musik, ein rhythmisches Stampfen, das von den Lehmwänden widerhallte. Es rührte von den vielen Frauen her, die mit ihren Holzmörsern Hirse zerstießen. Dazwischen hörte man Händeklatschen oder Fingerschnipsen, mit dem manche der Frauen ihre ausholenden Bewegungen untermalten, begleitet von kurzen, heulenden Begeisterungsschreien, mit denen sie sich gegenseitig anspornten. Das Ganze vermischte sich zu einer rhythmischen Harmonie.

Mein Tagesanbruch auf dem Dach wurde wiederholt von Gebetsrufen unterbrochen: „Allah-ah-hab! Allahaaah-washbar!“ Die letzten beiden Silben erklangen mit Inbrunst und endeten in abruptem Stakkato.

An diesem Morgen steuerte ich, um über die Schrecken unseres letzten Fluges hinwegzukommen. Beim Startlauf brauste Pegasus nicht wie üblich über die Bahn, um dann leicht vom Boden abzuheben, er schien nur widerwillig hochzugehen. David erklärte mir, daß er die Aufhängestange der Gondel ins vordere Loch versetzt habe. Damit hatte er den Winkel des Segels verändert, und es dauerte länger, bis wir Fluggeschwindigkeit erreichten. Das kostete zwar etwas mehr Kraftstoff, machte uns aber beim Fliegen schneller und bedeutete, daß das Flugzeug rascher auf meine Impulse am Steuerbügel reagierte.

Wir flogen mit gutem Rückenwind in südwestlicher Richtung zurück nach Sevaré und ins Delta. Die Sicht war großartig, man konnte alle Spalten in dem Gebirgszug neben uns erkennen. Tiefe kahle Schluchten zeichneten messerscharfe Schattenrisse. Aus den schmalen Enden der Schluchten liefen Zungen weißen Sandes, ausgetrocknete Bäche, die in der Regenzeit ein kurzes Stück weit in die Wüste flossen.

Eine leichte Turbulenz trug uns rasch in 900 m Höhe hinauf, wo die Luft ruhig war. Es war ein herrlicher Flug. Nordwärts konnte man etwa sechzig Kilometer weit über unendliche Dünenkämme sehen, die in Wellen und Schnecken verliefen. Nach einer Stunde stieg plötzlich starke Thermik vom Boden auf und erfaßte uns heftig, trotz unserer Höhe.

Es war harte Arbeit, den Ultraleichtsegler auf Kurs zu halten. Wir wurden wild in der Luft herumgeworfen. „Nicht dagegen ankämpfen“, sagte David, also gab ich nach und entdeckte, daß ich, wenn ich den Bügel leicht, aber entschieden führte, spüren konnte, wie ich fliegen mußte.

Nach eineinhalb Stunden sahen wir unter uns den Niger und das Glitzern der Seen im Delta. Meine Muskeln schmerzten von der wiederholt nötigen Kurskorrektur, und je stärker die Sonnenhitze über dem Boden wurde, desto mehr Turbulenzen entstanden.

Der Windsack auf dem Flugplatz in Sevaré wehte horizontal, zeigte einen Seitenwind von fünfzehn Knoten, als wir abstiegen und die Landebahn prüfend überflogen, da unser Funkgerät nicht funktionierte. Der Fluglotse konnte uns nicht hören; aber wir hörten, wie er sagte: „Sie sind nicht zu verstehen. Wiederholen Sie, Sie sind nicht zu verstehen."

Dann erblickte er uns, erkannte uns und gab uns Landeerlaubnis.

In den nächsten beiden Tagen erhöhten David und ich meine Flugstundenzahl auf zwanzig. Ich hätte eigentlich schnellere Fortschritte machen müssen, aber die Bedingungen waren nicht immer günstig gewesen. Unter den durchgespielten Notlandungen waren zwei mit echtem Motorausfall. Daraus lernte ich sehr hautnah, warum man den Gleitflug richtig beherrschen sollte.

David mußte inzwischen den Motor wieder auseinandernehmen und entrußen. Wir schoben das Trike in die Passagierhalle des Flughafens und verwandelten sie vorübergehend in eine Werkstatt. David würde für die Arbeiten mehrere Tage brauchen, das gab mir die Möglichkeit zu einer Spritztour zur Falaise, zu den Steilfelsen von Bandiagara.

Gegen Mittag stand ich an der Straße und versuchte, ein Auto anzuhalten. Der Morgenwind hatte sich in einen Staubsturm verwandelt, der über die unbefestigte Piste heulte und dicke Wolken von Steinsplitt aufwirbelte. Ich zog die Schultern zusammen und den Hutrand ins Gesicht.

Eine alte, mit Passagieren vollgestopfte Klapperkiste zuckelte vorüber, gefolgt von einem brandneuen Toyota, der meinetwegen anhielt. Der Fahrer war ein italienischer protestantischer Missionar; aus seinem Stereokassettenrecorder ertönte eine Art himmlischer Popmusik, Chorgesang mit Orgelbegleitung. Auf beiden Seiten von uns wirbelten Windhosen dahin, die fünfzig Meter breit waren.

Südwärts wurde der Boden felsiger, bis die ganze Landschaft fast nur noch aus Felsen bestand: aus flachen, knolligen Auswüchsen, niedrigen Klippen, vom Wind geformten Steinblöcken – und nur ab und zu einer Gruppe Fächerpalmen oder einem Dogon-Dorf. Der Missionar erzählte, daß dieses Gebiet, entlang der senkrecht aufsteigenden Felswände, eine Enklave der Dogon sei; sie sind ein kulturell isoliertes Volk, das in 300 m Höhe in den steilen Felsen lebt, die so unzugänglich sind, daß es nur wenige Wege hinauf oder herunter gibt. Mitten in streng moslemischem Gebiet verehren sie noch immer ihre Ahnen und geben ihrem Glauben in erstaunlichen Begräbniszeremonien Ausdruck, die durch Maskentänzer Berühmtheit erlangt haben.

„Bekehren Sie viele zum Christentum?“ fragte ich, und der Missionar erwiderte, daß es leider nur wenige seien: Genauer gesagt, hatte seine Kirche nur eine Familie bekehrt, und das waren Tuareg, keine Dogon. Aber er war immer noch erfolgreicher als die Mission im Timbuktu, die nur einen einzigen Konvertierten vorweisen konnte.

Nach sechzig Kilometern erreichten wir Bandiagara, das noch 24 km von der Falaise entfernt lag. Am nächsten Tag brachte mich ein junger Mann namens Ibrahim mit seiner Mobylette in den entferntesten südlichen Abschnitt und zu einem Dorf über der Steilwand, das Jiggi-bombo hieß. Hier war etwas los. Auf einem der Hausdächer ging ein Mann rufend und gestikulierend hin und her. Wie Ibrahim erklärte, war das der Beginn eines Tanzes zu Ehren der Toten, und der Mann stand auf dem Haus des Verstorbenen und rief die guten Taten aus, die dieser in seinem Leben vollbracht hatte. Man glaubt, daß die Geister der Menschen in den Steilwänden hausen und Zwietracht in die Dörfer bringen können. Der Tanz soll sie versöhnlich stimmen und ihnen helfen, sich damit abzufinden, daß sie tot sind.

Maskierte Figuren in schwarzen Baströcken kletterten über eine Leiter auf das Flachdach, und jeder begann, kaum daß er den Fuß oben aufgesetzt hatte, einen wilden Solotanz mit vielen hohen Luftsprüngen. Das kleine Dach war bald voller kostümierter Figuren, die nicht aufhörten zu tanzen, und nun schloß sich ihnen ein zweiter Maskentyp an: Männer mit langmäuligen schwarzen Kästen, die sie sich über den Kopf gestülpt hatten. Die Augenlöcher waren mit Kaurimuscheln umrandet, und oben drauf prangte eine Art Hahnenkamm, der auch mit Kaurimuscheln geschmückt war. In den Armbändern steckten Strohgräser, die bis zur Höhe des Kopfes reichten. Die Tänzer zogen die Knie sehr hoch, stampften und schwenkten die Arme hin und her.

Am Boden vor den Hütten, die den offenen, sandigen Platz umstanden, versammelte sich die Menge. Maskierte Männer duckten sich, tauchten weg und stellten sich eilig in Position. Jeder wartete, bis er an die Reihe kam, um in den freien Raum hinauszutreten und allein oder in der Gruppe zu tanzen. Sechs Eidechsenmasken erschienen und begannen Pirouetten zu drehen.

Zwei Männer tanzten mit Masken auf mich zu, aus denen drei Meter hohe Stöcke mit roten Büscheln am oberen Ende in die Luft ragten. Die Männer balancierten die Stangen vorsichtig, während sie sich in gleichmäßigem Rhythmus bewegten. Hinter ihnen wirbelten und kreisten einige Kuhmasken, die sich immer wieder bückten und ihre hölzernen Hörner gegen den Boden stießen. Eine andere drehte sich um die eigene Achse und rammte ihre Hörner wie ein wütender Stier in den Staub.

Wie Ibrahim erzählte, konnte jeder Tänzer seine eigene Maske wählen, sie selbst anfertigen oder vom Dorfschmied machen lassen. Nur die besten Tänzer konnten hohe Masken tragen. Ihr Tanz bestand aus genau vorgeschriebenen Schrittfolgen, je nach der symbolischen Bedeutung ihrer Maske.

Den Masken wird die Fähigkeit zugeschrieben, ihren Träger zu verwandeln, indem sie die Grenzen des Menschlichen durchbricht und verschiedenen Seiten der Natur zum Durchbruch verhilft. Ein Mann, der die Maske einer Kuh, eines Hasen, einer Schlange, eines Baumes, einer anderen Person oder sogar eines Gebäudes trägt, schlüpft in dessen oder deren Charakter und verliert zeitweilig seinen eigenen. Einige Masken, die ich nicht zu identifizieren vermochte, bezeichnete Ibrahim mit Kanaga und Sirige, 4,50 m hohe Masken aus der religiösen Mythologie der Dogon.

Einem der Männer verrutschte die Maske, und er zog sich zurück, um sie wieder zu befestigen, dabei half ihm ein Freund mit einer Hyänenmaske, der sich mit dem üblichen Händeklatschen der Dogon-Geheimbündler vorstellte. Maskentänzer dürfen mit anderen nicht in normalen Worten sprechen, sie haben eine besondere Sprache, Sigi So genannt. Sie darf nur von eingeweihten Männern beim mythologischen Geschichtenerzählen benutzt werden oder wenn sie maskiert sind. Sobald sie die Maske tragen, kommt ihnen Sigi So fließend von den Lippen, selbst jenen, die diese Sprache nie wirklich gelernt haben.

Manche Zuschauer trugen kegelförmige Strohhüte und alte Gewehre. Andere hatten Trommeln, auf die sie schlugen, während ein Chor sang und zwei sehr kleine Frauen aus vollem Hals trillerten. Maskierte Bastteufel gingen durch die Menge, um rebellische Frauen zu suchen und zu erschrecken. Einer suchte mich aus und umsprang mich zur Warnung, damit ich mich gut benahm und mich mit dem Fotografieren zurückhielt.

Zwei Männer auf 1,50 m hohen Stelzen bewegten sich über den Köpfen der Menge. Die Stelzen hatten keine Handgriffe, sondern waren an den Füßen verbreitert und mit Tuchstreifen bis zu den Knien hoch festgebunden. Darüber waren rote Bastfransen befestigt. Die Männer trugen lange schwarz Baströcke und mit Kaurimuscheln geschmückte Masken, deren Stoffkinn bis zu den Knien herabreichte. Die Stelzenmenschen fingen mit einer Respektbezeugung gegenüber den Ältesten des Dorfes an, wobei sie ihre Ellbogen berührten und ihre Hände auf den Rücken legten, damit baten sie symbolisch um die Erlaubnis, zu tanzen. Der Verstorbene, der mit diesem Fest geehrt wurde, war bereits vor etwa drei Jahren verschieden; aber bei den Dogon-Familien war es üblich, bis zu drei Jahre lang auf dieses Fest zu sparen. Bei der „dama"-Zeremonie, die alle paar Jahre stattfindet, erhalten die Enkel die Namen der toten Männer; damit wird Unglück von ihnen ferngehalten, und die Toten werden als Ahnen offiziell etabliert.

Eine Prozession setzte sich durch das Dorf in Bewegung, und Ibrahim gab mir einen Wink, zu folgen. Die engen Gassen wanden sich zwischen hohen quadratischen Speicherhäuschen mit spitzen Strohdächern hindurch. Ibrahim wartete neben einem halbfertigen Speicher auf mich, dessen Lehmboden in vier Kästen aufgeteilt war. Außen hatte er eine Reihe Markierungspunkte, die anzeigten, wieviel Getreide er fassen konnte. Unter der Tür sah ich weiße Tropfen; mein Freund erklärte, das seien Opfergaben – Saft aus wilden Trauben, der mit Hirsemehl vermischt und vergoren und von außen an die Tür des Speichers gesprengt wird, damit das Getreide lange hält. Am Rand des Dorfes bemerkten wir isolierte Menstruationshäuser für Frauen; auch deren Wände waren mit Zauberformeln gegen böse Einflüsse beschmiert.

Das auffallendste Gebäude war das Haus des geistigen Führers, des Hogon, der den Leuten sagt, was sie opfern müssen, wenn er ein böses Omen sieht, und der die Ahnen besänftigt, die bei den Göttern um Gnade bitten können. Der Hogon geht selten aus, außer um zu opfern; er wird von einem jungen Schüler versorgt. Das Haus des Hogon heißt Ginna, das bedeutet „Mutter der Häuser". Dieses hier hatte eine hohe Vorderfront mit vielen quadratischen Mauernischen, in denen Opfergefäße standen. Der Anthropologe Marcel Griaule beschrieb es so: „Es sollten acht Reihen mit je zehn Nischen sein; das stellt Lebe dar, die acht Urahnen der Dogon und ihre Nachkommen. Diese Nischen sind die letzte Bleibe der Geister der Urahnen und müssen stets offen bleiben, damit die Ahnen frische

Luft atmen können. Die zehn kreisförmigen Löcher darüber enthalten Schwalbennester, denn die Schwalbe ist der Vogel der Ahnen." Dieses Ginna war auch mit einer Reihe von Kuhhörnern geschmückt, die einzeln in Augenhöhe aus einem Fries aus dekorativen Steinen herausstanden.

Von hier führte mich Ibrahim zum Dorfrand und zeigte mir den Fetischschrein, einen kleinen grauen Hügel aus rissigem Lehm, umgeben von Steinen und gegabelten Stöcken. Wir durften nicht näher herangehen, denn ich war keine Eingeweihte. Ibrahim sagte, in dem Hügel befinde sich eine Statuette, die ab und zu mit dem Blut schwarzer Kühe besprengt wird.

Vom Hauptplatz drang noch der Klang der Trommeln herüber, obwohl die meisten Tänzer sich inzwischen zerstreut hatten. Es wurde heiß und Zeit für uns, noch zwei Kilometer weiter zu wandern und den Abstieg durch die 300 m hohen Sandsteinwände hinab in die Ebene zu suchen.

Ibrahim kannte den Weg; er folgte einem ausgetrockneten Bachlauf über leicht abschüssige Felsbuckel und kletterte dann senkrecht neben einem Wasserfall in die Tiefe. Im oberen Stück waren Löcher in den Stein gemeißelt, die geradewegs nach unten führten und in einer großen Höhle mündeten. Am Fuß des Wasserfalls bogen wir um den Rand einer tieferen Klamm. An die bloße Felswand gepreßt, quetschten wir uns zwischen Steinblöcken hindurch auf einer Art Naturtreppe nach unten. Buckel in den Felsen und Simse aus Eisenstein gaben Händen und Füßen Halt, aber ich mußte immer wieder stehen bleiben und Dornen aus den Sohlen meiner Sandalen ziehen, die ich erst bemerkte, wenn ich draufgetreten war und die Spitzen mir in die Fußsohlen stachen.

Ibrahim glitt aus meinem Blickfeld und rief, ich solle nach einem eingekerbten Baumstamm tasten, der als Leiter diente. Allmählich gelangten wir in die letzte Schlucht, und der Weg wurde deutlicher, die Stufen besser plaziert. Einige eng an den Fuß des Steilhanges geduckte Hütten und ein verlassenes Hogon-Haus kamen in Sicht. Um ein Uhr mittags langten wir unten an; es war heiß, und ein heißer Wind wehte. Nach eineinhalb Kilometern erreichten wir das Dorf Kani Kombole und besuchten einen Freund Ibrahims, der mir half, ein Pferd zu mieten. Ich wollte ein paar Tage am Fuße der Falaise entlangreiten und das ungewöhnliche Leben der Dogon kennenlernen, danach hoffte ich noch etwas von der Ebene zu sehen. Auf den 190 km entlang der Falaise gibt es 300 Dörfer, eine ungewöhnliche Konzentration.

Unser Mittagessen aus süßem Hirseschleim, „la crème de mille“, erwies sich als überraschend sättigend. Dann legten sich alle hin und schliefen. Nach dem Pferd hatte man bereits geschickt. Ich schlief auch ein und erwachte erst am Nachmittag, als der Ruf zum Gebet von der Felswand widerhallte.

Blackhorse III. traf ein, eine kleine Stute. Ihr rot-gelber Ledersattel war bequem, der Steigbügel groß, aber am Zaumzeug fehlten die Zügel, es hatte nur ein Halfterseil und ein Metallgebiß. Doch die Stute war selbst mit dem Seil leicht zu lenken, man brauchte es nur vom Hals weg oder dagegen zu ziehen.

Ich ritt gemächlich ein Stück unter Affenbrotbäumen dahin, die zwischen herabgestürzten Felsbrocken wuchsen. Man hatte die Rinde zweimal ringförmig entfernt; die Fasern wurden für die Bastkostüme verwendet, die ich gesehen hatte. Die Äste und Zweige trugen keine Blätter mehr, nur ganz oben, wo die Leute nichts mehr mit Steinen herunterschlagen konnten, stand noch ein rundes Büschel. Affen und Eichhörnchen flüchteten über die Felsen, winzige rote Vögel schossen an den Steinwänden entlang, ich sah einen großen türkisfarbenen Eisvogel und Wiedehopfe mit krummen Schnäbeln in ihrem typischen Sturzflug.

Es gab wenige Dörfer, und diese waren so natürlich getarnt, daß man sie kaum entdeckte. Ein Junge schrie gegen die steile Felswand, ich dachte erst, er sei verrückt, bis von dem Geröllhang eine Stimme antwortete und ich merkte, daß dort, fast unsichtbar, ein Dörfchen klebte. Weiter dahinter, wo das Geröll an die Felswand stieß, sah ich Ruinen von Tellemdörfern.

Die Falaise ist schon seit etwa 500 v. Chr. besiedelt. Die Dogon kamen erst im 15. oder 16. Jahrhundert hierher, vermutlich aus dem Königreich Mali, dessen Untergang damals begann. Sie fanden hier eine blühende Tellemkultur vor und übernahmen einfach deren Territorium, Bräuche, Kunst, Schnitzereien und Masken. Alles, was ich von der Dogonkultur gesehen hatte, stammte ursprünglich von den Tellem.

Blackhorse III. ging sehr leicht und willig, was ihre niedrige Kopfhaltung Lügen strafte. Sie war gutmütig und folgsam; wenn ich ihr Seil hängen ließ, blieb sie stehen und wartete geduldig, ohne wegzulaufen, während ich zu Fuß umherschlenderte. Das Wiederaufsitzen wurde allerdings kompliziert, denn man konnte den Sattelgurt nicht fest anziehen, und jetzt, da sie ihren Bauch nicht mehr herauspreßte, hing der Gurt lose unten durch. Der Sattel verrutschte, als ich aus dem Stand aufzuspringen versuchte, also sah ich mich nach einem Bock zum Aufsteigen um.

Am nächsten war ein Termitenhügel. Ich führte die Stute hin, stieg auf den Hügel hinauf, aber im entscheidenden Moment brach der Haufen ein. Mein Fuß stieß ins Hohle und brannte wie Feuer. Ich sprang zur Seite, schlug die Termiten herunter und stampfte wie besessen, bis alle verschwunden waren. Dann fand ich einen Felsblock, stieg aufs Pferd und ritt in südwestlicher Richtung weiter. Ein leichter Wind wehte am Abend, ohne jedes Anzeichen von dem Staubsturm, den ich am Morgen erlebt hatte.

Im Dorf Kani Bonzon, berühmt als erste Siedlung der Dogon, bemerkte ich an den Seitenwänden der Hirsespeicher einige wunderschön geschnitzte kleine Holztüren, auf denen maskierte Männer und mythische Tiere dargestellt waren. Und eine der Türen hatte einen Riegel, der aus einem schön gearbeiteten sich umarmenden Paar bestand.

Einige Kinder rannten mir nach, als ich aus dem Dorf ritt, und da ich nicht behelligt werden wollte, versetzte ich Blackhorse in Galopp. Der Sattel schlitterte zu meinem Schrecken auf den Pferdenakken vor. Ehe ich das ganze Theater mit dem Satteln und Wiederaufsitzen nochmal durchmachte, suchte ich mir lieber einen steilen Hang, so daß ich beim Hinaufreiten den Sattel unter mir nach hinten schieben konnte. Zum Glück waren wir ganz nah bei einem Berg aus leuchtend rotem Lehm, der sich kilometerlang hinzog; das traf sich gut, denn ich wagte nicht mehr, bergab zu reiten. Auf seinen Hängen ritt ich bis nach Kani Kombole, wo ich die Nacht zugebracht hatte. Mein Gastgeber Boureima war Lederhandwerker. Satteltaschen aus Schafsleder, geschmückt mit Troddeln, lagen über seinen Knien; er nähte mit Ahle und Lederschnur, schnitt Streifen für Ledertroddeln und arbeitete mit einem gekrümmten Werkzeug auf einem tief ausgehöhlten flachen Stück Holz. Seine Frau Howah siebte Hirse, und die Ziegen hampelten um sie herum und schnappten nach jedem Korn, das zu Boden fiel. Ich lauschte den Dorfgeräuschen: laute Stimmen schallten von der Felswand, und Gemurmel umschwirrte uns. Ich schlief auf dem Dach, weil es dort kühl war. Als Leiter diente ein unregelmäßig eingekerbter Baumstamm.

Das Morgengrauen kroch über die Dächer des Dorfes. Frauen mit schattenhaften Tontöpfen auf dem Kopf gingen allein oder zu zweit zum Brunnen. Die Frau des Nachbarn trug ihr Baby unterm Arm und säugte es im Gehen. Alle tauschten einen Morgengruß mit einem alten Mann, der auf einen Stock gelehnt an der Wegecke stand. Jeder Gruß hatte einen bestimmten Rhythmus, Töne, die sich in unterschiedlichen Intervallen wiederholten. Es begann mit zwei Stimmen, dann eine und noch eine, dann eine neue Stimme, jede antwortete im gleichen Muster, beginnend mit: „Na?“, „Sewo“, „Gisewo“, „Sewo“, „Yapo“, „Sewo“. Übersetzt heißt „sewo“: gut, schön; „yapo“: du kommst Wasser/Essen holen; „gisewo“: ohne Kinder; „nisevey“: mit Kindern. Die Melodie entstand vielleicht durch die Art, wie die zweite Stimme den Part der ersten übernahm und eine neue Stimme grüßte, oder Stimmen im Chor antworteten; und wenn zwei Gruppen einander begegneten, hörte ich ein doppeltes Lied, das auseinanderlief, wenn jede ihren Weg fortsetzte und weiter weg neue Stimmen grüßte.

Ich brach früh mit Blackhorse auf. Es war eine herrliche Landschaft: senkrecht aufsteigende Wände, kolossale, überhängende Felsvorsprünge, spärliche Dörfer in halber Höhe und weiter oben Ruinen der Tellem, zu denen kein Weg mehr hinführte. Die Hirsespeicher dieser nun unerreichbaren Orte hatten keine Dächer mehr und zerbröckelten; nur noch hohe, rechtwinklige Kästen ragten auf den schmalen Steinsockeln empor. Die Holzbalken und herunterhängenden Stangen warfen verwinkelte Schattenlinien auf die Speicherwände.

Man benutzte auch Stangen, um Tote in die Felswände hoch über den Dörfern hinaufzuziehen, ein Begräbnisritus, den es hier heute noch gibt. Der Körper wird, in ein Leichentuch gehüllt, mit langen Seilen aus Baobabrindenfasern auf einer provisorischen Bahre hochgezogen und in einer Felsnische oder in einem Grab mit Lehmwänden zum Schutz vor den Vögeln eingemauert. Neben den Toten stellte man die Dinge, die er vielleicht brauchte: Öl, Maske, Gewehr, Hut und Hacke. Sterben bedeutete einfach: der Mensch geht in die Felsen hinauf. Die Ahnen sind Gott näher und können bei ihm für die Lebenden Fürsprache einlegen. Männer, Frauen und Kinder haben getrennte Nischen, und es heißt, daß auch die Opfer von ansteckenden Krankheiten in separaten Höhlen untergebracht werden.

Die Steilwände wurden immer höher. Blackhorse suchte sich ihren Weg durch die herabgestürzten Felsbrocken. Es war glühend heiß und windig, aber es gab genügend Wasser. Ab und zu kamen wir an einem Dorf vorbei. Im Schatten eines Baumes rasierte ein Mann einem Jungen den Kopf; über der Stirn, genau in der Mitte, ließ er ein Haarbüschel stehen. Er erklärte, jede Familie habe ihre eigene Haartracht, damit man die Kinder auseinanderhalten und zuordnen könne.

Ich ritt zum Markt von Ennde, wo ich in einem hübschen ummauerten Hof Rast machte, der voller kleiner Lehmöfen mit Tunnelöffnungen und voller gedrungener quadratischer Speicher mit schmucken Holztüren war. Ich kaufte einen Ballen Heu für Blackhorse und ging zum Marktplatz. Die auffallendsten Frauen dort trugen über dem Nabel Bäume und Arabesken eintätowiert.

Später kletterte ich zu den Felswänden hinauf, um einige Tellemruinen und ein altes Hogon-Ginna zu besichtigen. Eine dunkle Höhle lockte, und darin fand ich einige alte Tellemstelzen und dazu Bastkostüme, die aussahen, als würden sie bei Berührung zu Staub zerfallen.

Als die Hitze am Nachmittag nachließ, ritt ich noch einmal an den senkrecht aufsteigenden Felswänden entlang, bis die untergehende Sonne rote Dolche über den Himmel schickte. Der Klang von Blackhorses Hufen auf dem hartgebackenen Lehm weckte einen Augenblick tiefer, reiner Freude in mir. Er versetzte mich um zwölf Jahre zurück, als ich in Kamerun meinen allerersten Rappen ritt, der Diabolo hieß. Damals begriff ich zwar, daß das Reisen zu Pferde etwas ganz Besonderes ist, aber ich wußte noch nicht, an welch herrliche Plätze es mich tragen würde: durch den Großen Graben in Kenya, über das Hochland von Neuguinea und vom Vansee zum Ararat.

Zwei Hengste, die frei neben einem Dorf grasten, sahen beim Hufschlag meiner Stute auf und begannen, uns zu folgen. Sie holten auf, einer wurde zudringlich und besprang Blackhorse von hinten; ich mußte die Peitsche zu Hilfe nehmen, um ihre Ehre zu schützen und ihr die Hengste vom Leib zu halten.

Die Nacht wollte ich in Sadia verbringen, das eine interessante Moschee haben soll. Als ich ankam, stellte ich fest, daß gerade ein Fest abgehalten wurde, mit dem man die Beschneidung kleiner Mädchen feierte. Etwa zwölf von ihnen – sie waren erst fünf Jahre alt – waren vor einer Woche beschnitten worden und wurden nun der Gemeinde vorgestellt. Der Marabout saß mit gekreuzten Beinen in der untergehenden Sonne vor der schönen Moschee mit ihren vielen Lehmpfeilern. Ich fragte jemanden, ob der Marabout gleichzeitig der Hogon sei, aber die Leute verstanden mein Französisch nicht. Mit Geduld gelang es mir, zu erfahren, daß die Beschneidung von einer alten Frau des Dorfes vorgenommen wird, der Wissenden. Jungen werden im Alter von etwa sieben Jahren beschnitten. Daß Mädchen beschnitten wurden, begründete man so: „Es muß sein, eine Frau muß sich sonst schämen. Kein Dogon würde ein unbeschnittenes Mädchen heiraten. Dadurch ist gewährleistet, daß sie treu bleibt. Wenn eine Frau untreu wird, singen ihre Freunde Lieder über ihre Schlechtigkeit. Untreue ist selten."

Die kleinen Mädchen standen nervös in einer Reihe vor der versammelten Dorfbevölkerung; wahrscheinlich wußten sie nicht, was als nächstes mit ihnen geschehen würde. Frauen traten vor und hängten ihnen Halsketten aus glänzenden Steinen um, fügten ihrem bereits herausgeputzten Äußeren eine weitere Lage Schmuck hinzu. Wir sahen zu, wie der Marabout die Kleinen segnete. Alle hoben, so wie er es ihnen vormachte, die Hände zum Gebet hoch, beschrieben einen Kreis und gaben betend Antwort.

Gegenüber der Moschee, hinter den Kindern, stand das „case de palaver", das Versammlungshaus der Männer, in dem diese jeden Tag die Dorfereignisse besprechen. Das Dach aus einer dicken Schicht von gebündelten Hirsestengeln ruhte auf dicken, gegabelten Pfosten, aus denen Brüste herausgeschnitzt waren. Diese erotischen Pfeiler symbolisieren die acht Ahnen, deren Urvater und Schöpfer Amma ist.

Ich vereinbarte mit Amadou, dem Händler des Dorfes, daß ich bei ihm übernachten konnte. Er besaß auch ein Pferd. Wir banden Blackhorse mit dem Vorderfuß an einem Pfahl fest. Da ich die Stute gut bei Kräften halten wollte, kaufte ich Hirse und Heu, aber kaum hatte ich es vor sie hingelegt, stürzte sich eine Gruppe Schafe darauf. Dem konnte ich nur abhelfen, indem ich einen Jungen anstellte, der sie wegscheuchte. Unzählige Kinder liefen herzu und starrten mich an, also bat ich einige der größeren, die anderen wegzujagen. Die Kleinen stürzten so hastig und blindlings davon, daß ein paar von ihnen geradewegs durch den Strohzaun rannten und Löcher darin hinterließen.

Ein Teejunge begann einen Feuerkorb zu schwenken, um die Holzkohle darin zum Glühen zu bringen: zuerst nach vorn, dann zurück und dann in vollen Kreisen über dem Kopf. Amadous Hengst war auch am Vorderfuß angebunden; er stand am Zaun, in dem ein Loch klaffte, durch das Schafe aus und ein gingen, und jedesmal, wenn eines vorbeikam, versuchte das Pferd, es zu beißen. Auch wenn Kinder durch den Zaun schlüpften, schnappte es nach ihnen. Es war ein ungezähmter Jährling, gutartig, aber von der Fessel gereizt.

Während wir saßen und Tee tranken, sprang plötzlich ein Junge auf und zertrat einen Skorpion, hell wie der Sand und fünf Zentimeter lang.

Sein Stich tut drei Tage lang weh, beruhigte mich der Junge, aber er ist nicht tödlich. Wenn er allerdings ein Küken sticht, ist es innerhalb weniger Minuten tot.

Als ich Amadou nach seinem Alter fragte, antwortete er: „Warten Sie, ich muß auf meiner Geburtsurkunde nachsehen.“ Er zeigte sie mir und prahlte: „Es gibt wenige Männer, die so etwas besitzen.“ Er hatte zwei Frauen, deren eine zu Hause war und mir ihr Zimmer zeigte, das sie durch eine Tür betrat, die von einem Muster aus eingebrannten Kreisen und einer fein gearbeiteten Dogon-Klinke geschmückt war. Die zweite Frau besaß die gleiche Eingangstür zum gleichen, genau gegenüberliegenden Zimmer. Trotz dieser sichtlichen Gleichstellung gab Amadou zu, daß der Besitz von zwei Frauen Unruhe in Haus und Leben bringt. Es ist hier durchaus üblich, daß Mann und Frau mehrere Jahre nach ihrer Heirat noch getrennt leben. Sie besucht ihn, und wenn sie keine Kinder bekommt, können sie sich scheiden lassen. Wenn sie zu ihrem Mann zieht, darf sie ihr erstes Baby oder gar zwei bei den Eltern lassen, um diese für ihr Fortgehen zu entschädigen.

Viele der Frauen in Sadia trugen Nasenringe aus Messing. Unter den Kindern bemerkte ich einige mit aufgedunsenen Bäuchlein; wahrscheinlich hatten sie Würmer, denn von mangelnder Ernährung konnte es nicht sein: ihre Arme und Beine sahen rund und gesund aus. Ich lieh ihnen Kugelschreiber und ließ sie um die Wette zeichnen; das gefiel ihnen sehr. Das Papier mußten sie miteinander allerdings teilen. Einer der Jungen bewunderte meine Hautfarbe und meinte, sie sei viel nützlicher als dunkle, weil man mit dem Kugelschreiber darauf schreiben könne.

Zum Abendessen gab es Hirse mit Fischsoße in einem grünen, dünnen Brei aus Baobabblättern, und ich war so hungrig, daß es mir schmeckte.

Am Morgen half ich Amadous Frau bei ihrer täglichen Arbeit: sie mußte die Hühner mit Termiten füttern. Um die Termiten zu fangen, hatte sie am Vorabend ein mit Kuhdreck gefülltes Tuch in ein Ameisenloch im Boden gelegt. Über Nacht lockte das Tuch Schwärme von Termiten an. Wie sie mir sagte, tut sie das jeden Morgen und jeden Abend. Den Hühnern ist es gleichgültig, was für Ameisen sie kriegen, große oder kleine, obwohl bestimmte Termiten besser schmecken als andere.

Die beschnittenen Mädchen wurden früh am Morgen gewaschen und bekamen die besten Kleider angezogen, denn der nächste Teil des Festes begann. Man hängte ihnen Plastikperlen und Wüstenkiesel um Hüften und Hals. Den Schmuck durften sie allerdings nicht behalten, was mir als etwas ungerecht erschien, nach allem, was sie durchgemacht hatten. Er blieb Eigentum der Mutter und wurde für jüngere Schwestern wieder benötigt, wenn die Reihe an sie kam.

An diesem Tag ritt ich unterhalb der Falaise nach Nordosten. Im Dorf Guimini war Markttag, und ich sah einige Frauen, deren Zähne spitz gefeilt waren, sechs oben und sechs unten. Das erinnerte mich an den Dogon-Zahnarzt, der mir in Douentza meinen Zahn wieder festgedrückt hatte, nachdem ich von den Felsen gefallen war. Eine Frau trug die reinste Punkfrisur: Sie hatte ihr Haar an der Seite in Zöpfen bis zur Mitte des Kopfes hochgeflochten, und darüber stand es steif in die Luft wie der Kamm auf dem Helm eines römischen Soldaten. Ihr Baby fing jedoch bei meinem Anblick an zu schreien.

In der Nähe von Guimini gab es einen der wenigen Zugänge durch den Felsabsturz hinauf auf die Hochebene. Der Gedanke, daß ich auf diesem Weg wieder zurück nach Bandiagara zu Pegasus und David mußte, wenn ich Blackhorse zurückgegeben hatte, stimmte mich etwas traurig.

Der Aufstieg in den steilen Felsen war schwieriger als der Abstieg. Die Mobylette, die ich mietete, um mich von Kani Kombole nach Guimini zu bringen, gab auf halbem Weg den Geist auf, und ich mußte zu Fuß weiter. Ich schloß mich einer Gruppe Frauen an, die in ihr Dorf Yawa oben auf dem Hochplateau zurückkehrte. Sie gingen in einer Reihe, fünf Frauen mit Töpfen und Körben auf dem Kopf, alle gleich groß und alle im gleichen Rhythmus gehend. Ich marschierte hinter ihnen, mit dem deutlichen Gefühl, nicht dazuzupassen. Nach der Hälfte der Strecke mußten wir steil hinaufklettern. Als die Sonne unterging, kletterten wir immer noch auf einem Sims in einer Schlucht entlang. Das Tageslicht verschwand, aber die Sterne leuchteten hell genug. Ich war sehr müde, als wir oben ankamen.

Yawa lag über dem Steilabsturz auf einer großen Felsplatte, die in mehreren Stufen ausgewaschen war. Ich konnte in dem umzäunten Grundstück des Häuptlings kampieren, das die weite Hochebene überblickte. Nach dem Frühstück führte mich eine der Frauen, mit denen ich am Vortag heraufgestiegen war, zum Vater des Häuptlings, damit er mich begrüßte. Er hatte sich mit seinen 98 Jahren nun zurückgezogen. Schließlich zollte ich auch dem derzeitigen Häuptling meinen Respekt, und er bot mir eine Schale cremiger Milch mit Klümpchen köstlicher Joghurtbutter an. Er sagte, er besitze dreißig Kühe und beschäftige einige Peul, um seine Herden im Busch zu weiden. Er hatte außerdem drei Frauen und schlug mir vor, seine vierte zu werden. Die Gegend war so wunderschön, daß ich fast versucht war, einzuwilligen.

Mauretanischer Sand

Als ich später an diesem Tag nach Bandiagara zurückkehrte, mußte ich feststellen, daß nicht alle so schöne Tage erlebt hatten wie ich. Ich fand das Ultraleichtflugzeug und David in der Katholischen Missionsstation, aber David war dem schlimmsten Schurken von Bandiagara in die Hände gefallen, einem Betrüger, der dafür bekannt war, daß er Touristen prellte und ausnahm. Mein Freund Ibrahim hatte versucht, ihn aus dessen gierigen Klauen zu befreien, aber ohne Erfolg. Also hatte er sich auf die Suche nach mir gemacht, weil er fürchtete, ich sei irgendwo in den Felsen hängengeblieben. Einen ganzen Tag lang hatte er mich gesucht, was mir ein sehr schlechtes Gewissen machte. Obendrein war Ibrahim zeitweise aus der Hütte hinausgesetzt worden, die er gemietet hatte, weil deren Besitzer kam und sich darin breit machte. Dieser, halb Malier, halb Marokkaner, galt als ein Nachfahre Mohammeds und brachte die für sein Ansehen angemessene Zahl von Bediensteten und Jüngern mit, so daß für Ibrahim wenig Platz übrigblieb. Ibrahim war darüber sehr unglücklich, denn obwohl der Mann weise und fromm war, hatte er ständig an allem etwas auszusetzen, so daß Ibrahim schließlich seine Sacken packte und heimging.

Wir waren in der Katholischen Mission untergebracht, obwohl sie normalerweise keine Gäste aufnahm. Ich mochte besonders Vater Paul, einen Franzosen, der auch Wünschelrutengänger oder, wie die Einheimischen sagten, „un sorcier de l'eau“ war. Er arbeitete allerdings nicht mit einer Rute, sondern einem Pendel. Bei sauberem Wasser bewegte es sich nach rechts und bei ungenießbarem nach links.

Vater Paul erzählte, daß er ursprünglich gar nicht Wassersucher werden wollte, er habe sogar darüber gespöttelt. Aber als er sich einmal nur so zum Zeitvertreib mit Pendeln beschäftigte, habe er erstaunlich genaue Ergebnisse erzielt. Er unterzog sich deshalb in

Dakar einigen Tests mit Tassen voll Öl, Wasser, Benzin, Dieselöl, Trinkwasser und Schmutzwasser, die unter einem Tuch verborgen waren. Man gab dem Priester Schilder und bat ihn, diese auf die richtigen Tassen zu legen; er ging mit seinem Pendel herum, bis er die jeweiligen Inhalte herausgefunden hatte.

Als offiziell beglaubigter Wassersucher arbeitete er dann mit Geologen zusammen. Sie erklärten ihm die Gesteinsschichten im Untergrund und sagten, in welcher Tiefe Wasser vorkommen könnte; so verbanden sie ihr Wissen mit seiner Begabung. Diese Zusammenarbeit war nicht immer leicht. Bei Bandiagara hatten die Geologen sieben Bohrungen ausgeführt und machten ihn für ihr Scheitern verantwortlich, als sie kein Wasser fanden. Sie hörten kaum zu, als er sagte, es gäbe jede Menge. Aber er bestand darauf, daß sie es nochmal versuchten, und dann stießen sie tatsächlich auf einen artesischen Brunnen, aus dem 0,7 Kubikmeter Wasser in der Sekunde sprudelte.

Aber das Leben eines Wasserpendlers ist ermüdend, sagte Vater Paul. Er hatte Schlafstörungen, sein Unterbewußtsein erhielt ständig ein Gewirr von Botschaften, er wurde ruhelos. Jetzt hatte er es aufgegeben und als einfacher Priester endlich wieder seine Ruhe gefunden.

Nach einem kurzen Flug zurück nach Sevaré, wo wir unser verbliebenes Gepäck einluden, starteten wir zur ersten Etappe unseres 480-Kilometer-Fluges nach Mauretanien und verließen den saubersten Flughafen von Mali, der gerade für den Präsidentenbesuch neu gestrichen wurde.

Bei Sonnenuntergang erspähten wir am Westrand des Deltas unter Affenbrotbäumen einen Weiler im offenen, sandigen Gelände. Wir landeten etwas schwer, unsere Räder gruben sich in den Lehm, stießen gegen irgend etwas, und wir wurden in die Luft katapultiert. Es war ein schlimmer Augenblick, besonders als wir hörten, daß wir unseren neuen Propeller gleich am ersten Tag seines Einsatzes beschädigt hatten. Wir setzten sicher wieder auf, wichen einem Termitenhügel aus und kamen unter einem großen, ausladenden Baobab zum Stehen.

An einem Propellerblatt war ein kleines Stück herausgeschlagen, und David begann sofort, es mit Araldite zu flicken. Wir kampierten unter dem Affenbrotbaum, es gab Feuerholz im Überfluß, und der Himmel war voller Sterne. Es war himmlisch! Leute aus dem Weiler brachten uns Milch, Trockenfleisch und Tee. Es waren Bello, ehemalige Tuaregsklaven. Die meisten sprachen nur Tamaschek, aber einer namens Ali sprach auch Französisch und stellte mich seinem älteren Bruder vor, der ein Holzbein hatte und der Holzschnitzer des Stammes war. Ich fragte ihn, ob er uns ein paar Spitzen aus Hartholz anfertigen könne, um damit die beschädigten Enden unseres Segelgestänges zu reparieren. Sie waren so oft am Boden entlanggeschrabbt, daß sie abzubrechen drohten. Er begann herumzugehen und nach geeignetem Holz zu suchen.

David feilte nach erfolgreichem Überkleben des Propellerloches die Flickstelle glatt, und viele Leute halfen uns, eine provisorische Landebahn zu säubern. Eigentlich konnten sie es nicht verstehen, warum wir den Wüstenboden frei fegten, es wirkte ja auch lächerlich, zugegeben. Trotzdem halfen sie bereitwillig. Einige Männer auf Kamelen tauchten auf, und ich bemerkte, daß sie keine Tuaregsättel hatten, sondern maurische. Die maurische Version war vorne dicker und hatte zwei breite Flügel an den Seiten.

Ehe wir abflogen, hinkte Alis Bruder heran und schenkte mir vier wunderschön geschnitzte Holzgabeln, ein perfekter Aufsatz für die Seitenspitzen unseres Segelgestänges.

Gegen Mittag schaukelten Aufwinde uns über große Reisfelder hinweg. Unser Benzinvorrat erreichte den kritischen Punkt; ich sah die Meßuhr bis auf zwei Zentimeter fallen, das hieß, in etwa sechs Minuten war unser Sprit alle. Wir sanken rasch tiefer – auf etwas zu, das aussah wie flacher, glatter, ausgetrockneter Schlamm. Als wir aufsetzten, bemerkte ich plötzlich quer vor uns einen Bewässerungsgraben.

„Sieh nach vorn“, schrie ich, und David trat aufs Gaspedal, um durchzustarten, denn der Graben war sehr nahe. Im letzten Augenblick drückte David den Steuerbügel nach vorn, so daß das Segel sich aufblähte, und Pegasus hüpfte über das Hindernis. Wir landeten, hatten aber nun eine hohe Geschwindigkeit; da sah ich einen zweiten Graben auf uns zukommen. David versuchte eine Vollbremsung, aber es reichte nicht, um rechtzeitig anzuhalten.

Also beschleunigten wir erneut, gerade so stark, daß es zum Überspringen reichte, denn der Damm am Grabenrand war wie eine Rampe und half uns knapp hinüber. Wieder setzten wir auf und versuchten zu bremsen, aber auch vor dem dritten Graben bestand keine Chance, anzuhalten. Unser Pegasus glitt flach darüber hinweg, zum Glück war der Graben mit Sand gefüllt, so daß wir nur einen Stoß erhielten. Dafür kamen wir dann aber kurz vor dem vierten Kanal zum Stehen. Wir sollten Pegasus vielleicht im nächsten Jahr für das Grand National Springturnier anmelden!

Reisarbeiter hatten uns zugesehen und kamen nun angelaufen. Auf unsere Frage, wo wir seien, erfuhren wir, daß wir nur acht Kilometer nördlich von unserem Ziel waren, und zu unserem nächsten Benzindepot bei der Gendarmerie von Sokolo waren es nur zwölf Kilometer.

Ich suchte den Leiter des Bewässerungsprojektes auf, um mich für unsere Landung in seinen Feldern zu entschuldigen, und stellte fest, was mich nicht überraschte, daß er zu einem holländischen Team gehörte. Er und seine Mitarbeiter äußerten vorsichtige Überlegungen darüber, ob man Ultraleichtflugzeuge zum Spritzen der Felder einsetzen könnte. Sie hatten hier schon gelernt, so erzählten sie, daß man Neuerungen nicht Hals über Kopf einführen konnte. Einmal hatten sie mechanische Vogelscheuchen für die Felder gekauft, die sie jedoch nie einsetzten, weil sie merkten, daß die Hälfte der Kinder am Ort darauf wartete, für genau diese Arbeit angestellt zu werden, weil sie damit einen wichtigen Teil zum Familieneinkommen beitragen konnten.

Zwischen Sokolo und der Grenze bei Nara war auf unserer Karte nichts eingezeichnet – eine vortreffliche Gelegenheit, sich ohne genaue Kenntnis unserer Geschwindigkeit oder Abdrift zu verfliegen, obwohl unser Schatten sehr schnell über den Sand glitt. Noch mehr Thermik stieß uns herum und katapultierte uns derart in die Höhe, daß mir sehr deutlich bewußt wurde, daß ich dieses Stück nicht selbst hätte fliegen können. David brauchte seine ganze Kraft. Als Pegasus nach links ausbrach, schossen Davids Arme nach vorn, um ihn auszubalancieren. Eine erneute Bö stieß uns hinab. Ich wünschte, wir wären am Boden, aber gleichzeitig graute mir vor der Landung bei dieser Turbulenz. Auch David machte sich Sorgen.

Nach eineinhalb Stunden Flug hatten wir noch keinen unserer Navigationspunkte entdeckt und konnten unsere Position auf der Karte nicht orten. Als wir ein Dorf erblickten, landeten wir deshalb im Sand daneben. In der flimmernden Hitze hätten wir fast einen Baumstumpf übersehen – David konnte unser Vorderrad gerade noch rechtzeitig mit einem scharfen Schwenk daran vorbeilenken, und die Drähte unserer Hinterräder glitten ohne Schaden über den

Stumpf hinweg. Die Einwohner sagten, ihr Dorf heiße Nowalena und liege 160 Kilometer südlich von Nara; wir hatten also unsere Marke beträchtlich verfehlt. Nach dem Mittagessen mit den Dörflern orientierten wir uns erst einmal in diesem windzerfurchten Land und bestimmten unseren Kurs neu.

Am späten Nachmittag erblickten wir schließlich Nara und unser letztes Benzindepot in Mali, und am folgenden Tag erledigte ich die Zollformalitäten bei einigen freundlichen Polizisten, die darauf bestanden, daß ich mit ihnen aß – es gab Ziegenkoteletts.

Unsere Navigationspunkte an der mauretanischen Grenze waren ein sichelförmiger, damals ausgetrockneter Schlammtümpel und ein Bachbett ohne Wasser. Aber die Formen, die wir in der offenen Sandwüste entdeckten, konnte man vielfältig auslegen, und bald waren wir bei unseren Vermutungen sehr unterschiedlicher Meinung. Wir glaubten schon, wir müßten uns für den Reste des Fluges ganz aufs Raten verlegen, da sah ich zufällig auf unseren Kartenbehälter und bemerkte zu meinem Entsetzen, daß dieser nach unten aufgegangen war und Lineal und Winkelmesser im Begriff waren, herauszurutschen. Nicht nur, daß wir die Geräte hier nicht wiederbeschaffen konnten, sie drohten auch in den Propeller zu geraten! Ein Propeller war uns bereits zerbrochen, weil eine Schnur sich gelöst und hineingewickelt hatte. David und ich griffen gleichzeitig hin, um die Tasche zu schließen. Jetzt hatten wir genug, und als wir vor uns ein großes Dorf erblickten, landeten wir und fragten nach dem Weg.

Man brachte uns zum Häuptling, einem großen alten Mann, dem angesehensten Marabout in dieser Gegend, der sich rühmte, in direkter Linie vom Propheten abzustammen. Er wohnte in einem Lehmhaus und saß mit gekreuzten Beinen auf einer Empore aus Rohrgeflecht, die mit Pfeilern an jeder Ecke versehen war. Rote und blaue arabische Teppiche bedeckten den Boden, seine Habe war in Zinntruhen und Kasten verstaut, alles ziemlich arabisch.

Mauretanien ist ein streng islamisches Land, und ich war mir bewußt, wie ganz anders es hier ist als in Mali: Viele Männer schüttelten David die Hand, mir nicht. Statt dessen legten sie zum Gruß ihre Hände an die Brust, unfähig, eine fremde Frau zu berühren. Ich mußte besonders höflich sein, da es für einen Mann wie den Marabout eigentlich eine Beleidigung darstellte, mit einer Frau sprechen zu müssen. Männer kamen herein und grüßten den

Marabout; sie knieten nieder, küßten ihm die Handfläche und drückten sich diese danach an die Stirn, während er seine andere Hand über ihren Kopf hielt und eine Segensformel murmelte.

Man bewirtete uns mit einer Holzschale „zrig", gesüßter Kuhmilch, die aussah, als schwämmen saure Kügelchen auf ihr, die aber köstlich schmeckte. Sogar David trank seine Portion; normalerweise hatte er viel zu viel Angst, sich Tuberkulose einzuhandeln. Als nächstes kam ein Tablett voll klebriger Datteln, leider keine getrockneten, an die wir uns inzwischen gewöhnt hatten. Diese hier waren in ranzige Butter getaucht, eine schmackhafte Kombination.

Die Leute sprachen Hassani, einen arabischen Dialekt. Ihre Gesichter waren nicht schmal wie die der Peul, sie hatten auch nicht die breiten Augen der Tuareg; sie sagten, sie seien Mauren. In Mauretanien gibt es mehrere ethnische Gruppen und etwa sieben Kasten. Die führende und nobelste davon ist die der Hassan, Nachkommen arabischer Krieger, die im 16. Jahrhundert einwanderten. Sie beschützten die Marabouts, ihre geistige Aristokratie. Die Marabouts gehörten zur Kaste der Zouaya oder der Tolba, beide berberischer Abstammung, und herrschten hier lange bevor die Araber kamen. Heute betätigen sie sich als Berater der Hassan in Streitigkeiten, als Lehrer oder als Hersteller von Talismanen.

Die Zenaga, eine weniger edle Kaste berberischen Geblüts, waren Landwirte und Herdenbesitzer. Diese vier oberen Klassen galten als Beidanes (weiße Rassen). Die Harratin dagegen waren Schwarze, die von den einfallenden Berbern besiegt worden waren. Sie waren Ackerbauern, die Sklaven hielten. Die Sklavenklasse hieß Abid, und die letzten in dieser Hierarchie waren die Igaouene, fahrende Spielleute, die Maallemine, eine kuriose Kombination von Künstler und Schmied, und die Nemadi, einfache Jäger.

Einer der Männer, mit denen ich mich unterhielt, sagte: „Sie wissen vielleicht, daß die Schwarzen kürzlich versucht haben, unseren Präsidenten zu stürzen? Sie scheiterten, sie mußten scheitern. Würden Sie England von Sklaven regieren lassen?"

Weil der Tag so heiß war, wies uns der Marabout eine leere Hütte zu und schickte nach einigen Teppichen, auf denen wir ruhen konnten. Wir erfuhren, daß wir nur vierundzwanzig Kilometer von unserer nächsten Tankstation, Nema, entfernt waren. Der Boden draußen glühte noch wie eine Bratpfanne, als wir hinausgingen, um die Startformalitäten zu erledigen; und um Pegasus' Segel zu montieren, mußten wir unsere Fliegerhandschuhe aus Leder anziehen, denn das Metall war zu heiß zum Anfassen.

Wir brauchten einen langen Anlauf zum Start, aber dann segelten wir über ein Meer von Sicheldünen. Nach sechs Kilometern trafen wir auf die Teerstraße – „La Route d'Espoir" – ein Symbol der Hoffnung, daß der Handel auch diese hinterste Ecke von Mauretanien erreichen möge. Sie war streckenweise schon versandet und endete in Néma abrupt vor zwei breiten Absperrschildern mit der Aufschrift „Déviation", die in den Sand wiesen.

Der Flugplatz sah nicht gerade international aus; es gab einige verwahrloste Gebäude, in die schon die Dünen hineinwanderten, und einen Feuerlöschwagen ohne Reifen. Die Markierungen der Rollbahn waren halb ausradiert, und der Windsack war in Fetzen, seine Reste zeigten starken Seitenwind an. Unsere Funkrufe wurden nicht beantwortet, also drehten wir eine Runde und landeten vor dem Flugplatzgebäude.

Der Kommandant tauchte auf; sein Kontrollraum stand voller Geräte, die entweder nicht funktionierten oder von niemandem bedient werden konnten. Wie vorherzusagen, gab es keine Paßkontrolle hier, man mußte dazu in die Stadt.

Die Einwanderungspolizei verhielt sich ziemlich einschüchternd, betrachtete uns mit feindlichem Mißtrauen und verlangte meine Fluggenehmigung zu sehen, die ich nicht besaß, weil mir die Zivile Luftfahrtbehörde versichert hatte, ich bräuchte keine. Schließlich gab man nach, behielt aber unsere Pässe über Nacht, weil eine amtliche Unterschrift fehlte. Tourismus ist in Mauretanien noch nicht üblich; nach den Zahlen des vergangenen Jahres waren nur etwa hundert Besucher ins Land gekommen. Wir fanden unsere Benzinkanister beim Präfekten, der uns mit Pfefferminztee bewirtete und gastfreundlich war. Wegen der Hitze schlief alles draußen auf der Veranda; aber es war sehr windig, meine Decken wurden dauernd weggeblasen. Unzählige Ziegen, Hunde und Kinder rollten sich im Windschatten der Erwachsenen zum Schlafen ein, und bei Tagesanbruch weckten mich zwei Zicklein, die auf mir herumhüpften.

Ich wollte von Néma aus nach Oualata, das mich wegen der Geschichten über seinen früheren Glanz und die seltsam bemalten Gebäude anlockte, die nun der Wüstensand bedeckte. Historisch war Oualata einst genauso bedeutend wie die Reiche von Mali,

Ghana und Songhai (Gao), und lange Zeit hatte es mit Timbuktu rivalisiert. Jetzt war es ein unbedeutendes Dorf, fast hundert Kilometer nördlich in der Wüste gelegen und mit Fahrzeugen kaum zu erreichen. David war nicht bereit, hinzufliegen, denn über den Felsabstürzen, die sich von Néma bis Oualata hinzogen, gab es sicher gewaltige Turbulenzen und keinerlei Fahrzeugverkehr am Boden, weil die Straßen von unpassierbaren weichen Sanddünen zugeweht waren. Schließlich fand ich heraus, daß ein Lastwagen des Mauretanischen Instituts für Wissenschaftliche Forschung Proviant nach Oualata bringen mußte. Er nahm auch Passagiere mit. Ich setzte mich hinten auf der Ladefläche auf einen hohen Stapel Säcke, die die Aufschrift „Weizen, Spende aus Kanada" trugen. Nach vielen Gebeten ging es los – durch eine weite, flache Kieswüste, baumlos und voller Steine. Nach zwei Stunden stoppten wir an einem Zeltlager, um einige dunkelhäutige, langhaarige Chervas abzusetzen und etwas Getreide abzuladen. Jemand reichte mir eine Schale „zrig", es war erfrischender als Wasser.

Weiter ging es auf einer alten Reifenspur durch die Wüste, bis wir nach zehn Kilometern einen Weiler erreichten. Die Kinder dort hatten Angst vor mir; wenn ich einen Schritt auf sie zu machte, verzogen sie die Gesichter vor Entsetzen und rissen aus. Ich war versucht, ihnen nachzulaufen und eins einzufangen, aber es war zu heiß für solch anstrengende Spielchen.

Die Wagenspur endete, nun waren wir ganz auf den Instinkt des Fahrers angewiesen. Kurz vor Dunkelheit erspähte einer vor uns ein Straußenpaar, mit einem Hahn, der erstaunlich schnell lief. Die Männer stritten sich über die Richtung, in die wir fahren mußten. Die, die hinten saßen, diskutierten zuerst unter sich, und der Haufen vorn am Führerhaus auch, dann fingen beide Gruppen an, miteinander zu palavern. Arabisch erinnert mich immer an das Kollern von Truthähnen.

Der Mond stieg herauf; er würde bald voll sein. Ich legte mich auf den Säcken zurück und blieb so, auch als der Fahrer den Vierradantrieb einschaltete und wir bergauf, bergab über die Dünen schaukelten, oft einsanken und steckenblieben. Einmal stieg jemand aus und ließ etwas Luft aus den Reifen, vielleicht half es. Nach siebenstündiger Fahrt erreichten wir Oualata.

Das Dorf war schon dunkel, alles schlief. Ich ging zum Haus des Präfekten und fragte, ob ich zur Sicherheit auf seiner Veranda schlafen könne. Es muß für ihn ein Schock gewesen sein, denn er hatte anscheinend seit zwei Jahren keiner Frau mehr gegenübergestanden. Die Frauen von Oualata lebten versteckt, außerdem verbrüderten sich die Einheimischen sowieso nicht gern mit der Verwaltung. Die Frau des Präfekten lebte in Südwestmauretanien bei seiner Mutter, und er sagte, er könne nicht von ihr verlangen, in so ein Nest am Ende der Welt zu ziehen. Offensichtlich hatte keiner der hier stationierten Beamten oder Gendarmen seine Frau dabei, sie ließen sie lieber zu Hause bei ihrer Mutter, die ein scharfes Auge auf sie hatte.

Der Präfekt zeigte mir sein Haus, dessen Hauptwohnraum von einer Kunsthandwerkerin aus Oualata mit Ornamenten in rotem Ocker auf weißem Grund ausgemalt worden war. Rote Bordüren schmückten Türrahmen und Fenster, und alle Wände hatten geometrische Friese. Er schlief drinnen, ich draußen. Die Nacht war wieder windig.

Es war der 29. Februar. Beim Morgengrauen war ich auf den Beinen und wanderte durch die Gassen der Stadt, die so eng gebaut waren, daß man manchmal sogar Eseln den Vortritt lassen mußte. Es gab viele zweistöckige Häuser aus Lehm und Stein. An einigen etwas zurückgesetzten Gebäuden hatte man an die rotverputzten Wände graue Schieferbänke angebaut. Die alten Holztüren waren mit runden Metallscheiben beschlagen und mit dekorativen Mustern gerahmt.

Ich sah einen Mann, der eine Wand neu verputzte, und befragte ihn wegen der Bemalungen. Er sagte, sie würden immer von Frauen oder vom Dorfschmied ausgeführt, und dies, weil Gott ihnen einen Berg aus farbigem Ton geschenkt habe.

Als ich zur Stadtmitte kam, fiel mir auf, daß viele Eingangstüren tiefer lagen als die Straße, und daß steile Zugänge zu ihnen hinunter führten. Ursprünglich war das wohl nicht so gewesen, aber der Sand deckte die Stadt allmählich zu. An den Hauswänden hatten sich Dünen aufgetürmt, der Sand wehte unablässig durch die Fenster hinein und verschluckte langsam das ganze Gebäude.

Ich kämpfte mich auf die Sandwehen in der Stadtmitte hinauf, vorbei an der Moschee aus dem elften Jahrhundert, die schon halb unter dem Sand vergraben war. Oben hinter dem Dorf zogen sich die Ruinen der alten Stadt den Hügel hinauf. Ich kletterte durch die zerfallenen Häuser; es war wie in einem Labyrinth, denn wenn ein

Raum mit Sand gefüllt war, konnte man nicht durch die Tür weitergehen, sondern mußte auf seiner eigenen Spur wieder zurück.

Unten im bewohnten Dorf winkte mich ein Mädchen, das ein weit fallendes hellblaues Gewand trug, durch einen Torbogen in einen Innenhof und den daran angrenzenden Salon. Dort saß eine sehr dicke junge Dame auf dem Teppich; sie war so fett, daß ihr Fleisch sich an Ellbogen und Handgelenken nach innen grub, und als sie ihr Baby säugte, erhaschte ich einen Blick auf die enormen Speckwülste, die ihre Taille umgaben. Sie zeigte mir ihre Weihrauchbüchse und erklärte, so eine würde man nirgendwo sonst in Mauretanien finden. Es war ein kleines Tongefäß mit vier Henkeln. Den Weihrauch mischte sich die Dicke nach einem eigenen Rezept aus Saftkristallen und Parfüm. Ein Mädchen brachte eine Schale Milch herein, und die Frau zog lethargisch etwas Geld heraus und warf es dem Milchmädchen vor die Füße, so daß es die Münzen aufsammeln mußte. Draußen im Hof briet ein Diener kleine Pfannkuchen in drei Pfannen gleichzeitig; um ihn herum spielten Kinder und Haustiere. Alle vier Innenwände des Hofes waren mit leuchtend weißen Emblemen bemalt.

Als ich von Oualata mit dem Forschungslastwagen wieder zurückfuhr, stieg auch ein Mann zu, der offensichtlich sein Zuhause verließ. Seine Mutter stand bei ihm und hielt mit beiden Händen seine Hand, dabei murmelte sie Gebete. Dann legte jeder dem anderen die Spitze seines Zeigefingers an die Stirn, sagte noch ein Gebet, nahm den Finger herunter, küßte ihn und legte ihn wieder zurück an die Stirn; dabei murmelten sie ständig Gebete. Vielleicht hatte er Glück und kehrte wieder. Die Leute sagten, in ein paar Jahren würde die Straße völlig stillgelegt, Oualata wäre dann von der Außenwelt abgeschnitten und könne, da ohne Verbindung nach außen und ohne eigene Hilfsquellen, nicht weiterexistieren.

Auch ein weiblicher Passagier fuhr mit. Völlig verhüllt unter einem dicken schwarzblauen Umhang, lag sie zusammengekrümmt auf dem Boden der Ladefläche. Ihr Mann hatte ein wunderbar starkes, schön geschnittenes Gesicht und trug weite blaue Gewänder, die über den bauschigen, knielangen Hosen von einem breiten Ledergürtel zusammengehalten wurden. Er legte seine Hand auf den Kopf der Frau, um zu prüfen, ob man bestimmt nichts von ihr sehen konnte, und als ihr von der Fahrt schlecht wurde, gab er ihr eine Blechbüchse. Das arme Mädchen würgte die folgenden sechs

Stunden lang. Ich glaube, es wäre ihr nicht so schlimm ergangen, wenn sie hätte aufsitzen und den Kopf in die frische Luft halten dürfen.

Der Lastwagen setzte mich am Flugplatz ab, aber David war nicht da. Ich konnte ein anderes Auto anhalten, mit dem ich das letzte Stück auf der dünenbedeckten Route d'Espoir in die Stadt fuhr. Als der Fahrer sich einer großen Düne näherte, trat er heftig das Gaspedal durch, um mit Schwung hinaufzubrausen. Aber als wir in vollem Tempo den Grat erreichten, sahen wir, daß es auf der anderen Seite fast senkrecht hinunterging. Nach derartigen Erlebnissen kehrte ich immer froh zu Pegasus zurück. Für unsere nächste Etappe bis Ayoun hätten wir zusätzliches Benzin mitnehmen müssen, aber wir beschlossen, statt dessen in Timbédra zwischenzulanden und uns auf unser Glück zu verlassen.

Im Morgengrauen starteten wir und flogen über Dünen und flaches Wüstenland. Wir plauderten per Bordfunk, und David erzählte, daß der Begründer der Rallye Paris–Dakar vor einigen Jahren bei einem mysteriösen Flugzeugunglück in Mauretanien umgekommen sei. Es war verdächtig, denn der Mann galt als ein sehr guter Pilot; es gab Gerüchte, er sei abgeschossen worden. Ich fragte, ob Maschinengewehreinschüsse unser Segel aufschlitzen könnten, und David antwortete: wenn wir Glück hätten, nicht.

Ich dachte an berühmte Fliegerinnen, die auch auf dieser Route Afrika überquert hatten, wie Amelie Earhart, die in den dreißiger Jahren zu einem Alleinflug um die Erde gestartet war. Sie war damals genauso alt wie ich. Als sie drei Viertel ihrer Erdumrundung geschafft hatte, verscholl sie über Papua-Neuguinea; von ihr oder ihrem Flugzeug wurde nie eine Spur gefunden.

Nach eineinhalb Stunden erreichten wir Timbédra und landeten, da wir Benzin brauchten. Wir benutzten die provisorische Landebahn neben der Stadt; das aber war ein Fehler, und wir hätten es inzwischen wissen müssen. Die Bevölkerung umdrängte uns voll Begeisterung; ich überließ ihnen David und ging zu Fuß eine Tankstelle suchen, ein Teil der Menge folgte mir in die Stadt. Die Tankstelle war am anderen Ende, zu weit entfernt, um fünfundzwanzig Liter durch die Hitze zu schleppen, also heuerte ich einen Eselskarren als Taxi an.

Meine Hoffnung, die mich begleitende Menschenmenge würde sich zerstreuen, zerschlug sich, und ich sah entsetzt, daß sie immer größer und immer erregter wurde. Ich saß neben dem Karrenlenker auf der Pritsche, und sein Esel trottete los. Die Leute schrien und rannten hinter uns her, sie veranstalteten ein solches Spektakel, daß der Esel anfing, die Hauptstraße hinunterzugaloppieren. Die Menge war begeistert und lief schneller, um Schritt zu halten; schließlich legte der Esel die Ohren an und ging durch.

Ich sammelte meine Benzinkanister auf und wurde vor die Polizei zitiert. Nicht, daß sie mir drohten, sie sahen nur alle wie Terroristen aus. Der Junge mit dem Esel weigerte sich, mich noch irgendwohin zu fahren. Aber es gelang mir schließlich doch, zu David zurückzukommen, dem es auch nicht besser ergangen war. Es war jetzt ein Uhr mittags, und wir beschlossen, sofort die Flucht anzutreten; die Thermik konnte auch nicht schlimmer sein als die Schwierigkeiten am Boden.

Aufseufzend vor Erleichterung, hoben wir ab, um eineinhalb Stunden lang von einer Thermik in die andere gestoßen zu werden, die von der glühendheißen Wüste aufstiegen. Einmal hob uns ein Thermikschlauch 460 m an einem Stück hoch.

Wir landeten in der Wüste, um zu Mittag zu essen, und machten uns Feuer zum Kaffeekochen. Dann wurde unsere Ruhe von einem Staubsturm unterbrochen, der fast drei Stunden lang immer wieder abebbte und auflebte. Als er sich um fünf Uhr erneut etwas legte, sagten wir uns: jetzt oder nie, wir fliegen weiter. Am Boden zu bleiben, ist nicht immer das Klügste. Unter gewissen Umständen empfiehlt es sich, gegen alle Regeln zu fliegen. Die Bedingungen hier überforderten zwar eindeutig meine Fähigkeiten als Pilotin, aber David würde bestimmt damit fertig. Wegen der dicken Staubwolken, die durch die Luft wirbelten, mußten wir beide den Steuerbügel packen und das Segel unter Kontrolle halten, während wir durch den Sturm rollten. Sand peitschte uns ins Gesicht, aber nicht lange, denn schon nach neun Metern Startlauf hoben wir vom Boden ab.

Während wir aufstiegen, fragte ich mich, ob wir eigentlich verrückt waren, bei diesem Staubsturm zu fliegen. Aber David war immer gewissenhaft, er wußte, was er tat. Rechts und links von uns war die Sicht nicht schlecht, nur der Boden war total zu, und vor uns sah es ganz schön schwarz aus. Wir gewannen an Höhe, und – Glück für uns – der Sturm tobte tatsächlich nur in Bodennähe. Oben wurde der Himmel klar. Kilometer schwanden dahin, ich sah auf die

Benzinuhr und warnte David: wir hatten nur noch für eine Viertelstunde Treibstoff. Aber Ayoun war nicht mehr weit.

Fünf Minuten später erblickten wir die Stadt, die in der Abenddämmerung auf einem Felsplateau lag. Laut Karte mußte es ein paar Kilometer nördlich davon einen Flugplatz geben; aber wir konnten ihn nicht finden. Das Tageslicht schwand rasch, und unser Benzin reichte nur noch für vier Minuten Flug. Wir kreisten über dem nördlichen Plateau mit seinen hohen, dünnen Felstürmen. Auch aus der Wüste dahinter ragten dramatische Steingebilde empor. Schließlich zeigte die Benzinuhr gar nichts mehr an. Der Motor spuckte, und genau in diesem Augenblick entdeckten wir die Landebahnmarkierungen.

Am Flugplatz war ein alter Wachmann, der nur Hassani sprach, und ein zweiter, der sich sehr wichtig vorkam und uns ständig im Weg herumstand, als wir die Tragfläche abmontierten. Ich verdrückte ein Grinsen, als ich sah, wie er sich in lässiger Pose an das Auspuffrohr von Pegasus lehnen wollte, das glühend heiß war, und mit einem gellenden Schrei wegsprang. Als er ging, machten wir es uns im Sand neben einem Schuppen bequem. Der Wachmann brachte uns etwas Milch, und ich kochte uns auf trockenem Dornenholz einen Eintopf zum Abendessen. Das Reisig roch gut, die grünen Zweige hatten zarte, gelben Blütenbällchen. Über der Wüste im Westen blitzte es, der Vollmond ging auf.

Ich wühlte mich in einem Sandhaufen zurecht und schlief erschöpft ein.

Am folgenden Morgen gingen wir zur Präfektur, um unser Benzin zu holen, und ich mußte mein Mißtrauen gegenüber den Mauretaniern revidieren, denn in Ayoun waren alle hilfsbereit und vollkommen liebenswert. Als ich fragte, ob wir ein Geländemotorrad mieten könnten, um die Felsformationen zu erkunden, bekam ich zur Antwort: „Unser Motorrad können Sie nicht mieten, aber wir leihen es Ihnen sehr gerne."

Also liehen wir es uns aus und machten einen Ausflug, zwanzig Kilometer auf Wagenspuren durch Wanderdünen aus weichem Sand nach Norden. Unsere Versuche, über Sandwehen zu fahren, waren zermürbend, denn beide Räder rutschten in entgegengesetzter Richtung weg. David meinte, mit mehr Tempo kämen wir besser voran als bei langsamer Geschwindigkeit. Er war zwar schon jahrelang nicht mehr Motorrad gefahren, und noch nie durch losen Sand, aber er schien gut damit zurechtzukommen. Im nächsten Augenblick lagen wir beide unterm Motorrad, weil es uns weggerutscht war. Als uns das zum dritten Mal passierte, reagierten wir beide so schnell, daß wir im richtigen Moment abspringen konnten. Wir gratulierten uns gegenseitig dazu, daß wir die Kunst, vom Motorrad zu fallen, so schnell gelernt hatten.

Auf unserer holprigen Fahrt nach Norden kamen wir an einzelnen Bergen vorüber, die wie abgebrochene Arme des Plateaus aussahen: oben abgeflachte, sechzig Meter hohe Inseln, die aus der Sandwüste ragten. Einige waren eng eingeschnürt und trugen eine Pilzkappe aus Stein. Der erste, an dem wir stoppten, war durch die Erosion ausgehöhlt und hatte im oberen Teil tiefe Kammern mit Felsplatten aus mehrschichtigem Sandstein, die natürliche Tische und Sitze bildeten. Die gebänderten Wände waren mit alten Schriften bedeckt, Zeichen, die dem Arabischen ähnelten und mit vielen Mustern durchflochten waren. Das war Grebi Nimish, vor vielen Jahrhunderten bewohnt. Ein Mann in Ayoun sagte uns, die Inschrift dort berichte von Größe, Reichtum, Taten und Kühnheit dieser verschwundenen Rasse. Perlen und Goldstücke habe man dort gefunden, aber ich entdeckte nur Tonscherben.

Einer der Räume erinnerte an einen Ratssaal, er sah weit über die Ebene, und in seiner Decke waren natürliche Rauchabzugslöcher. Wir kletterten in einem Kamin hinauf auf das pilzförmige Dach, wo David einen flachen, polierten, tischgroßen Stein mit vier Löchern darin entdeckte. Vielleicht hatte er einmal zum Zerstoßen besonderer Ingredienzen gedient oder als Altar, oder als Spielbrett für diensthabende Wachen.

Einen Kilometer weiter besichtigten wir ein riesiges natürliches Steintor, so groß wie Marble Arch, das Eingangstor zum Hyde Park. Davor lag eine Sanddüne, und dahinter sah man halb versteckt ein Tal mit Sand und Bäumen, umgeben von senkrechten Felsen. In der Nähe standen einzelne Steinsäulen mit Taillen wie Apfelstrünke. Eine märchenhafte Gegend. Nach Süden hin schmiegte sich eine kleine Oase aus Palmen und ein Nomadenlager mit Kamelen und Ziegen in den Sand. Nur widerstrebend machten wir uns auf den Rückweg, aber es wurde bald Abend, und wir hatten kein Licht am Motorrad. Unterwegs hielten wir an einem Felsen und sahen uns den herrlichen Sonnenuntergang zwischen glühend erleuchteten Wolken an. Wir waren beide von dieser fantastischen Sandsteinlandschaft so angetan, daß wir einen weiteren Tag blieben, um noch mehr von ihrer unglaublichen Schönheit zu erkunden. Es war mir unbegreiflich, wie in meinem Führer stehen konnte, hier gäbe es nichts Sehenswertes.

Zum Atlantik

Unser nächstes Ziel von Ayoun aus war Kiffa, etwa 240 Kilometer entfernt, das hieß unterwegs auftanken. Der Mond schien noch, als wir lange vor Tagesanbruch aufstanden, um unser Ultraleichtflugzeug aufzutakeln und zu beladen, Kaffee zu machen, und als die Sonne über die Hochebene emporstieg, tuckerten wir auf die Rollbahn hinaus. Ein steifer Seitenwind wehte bereits, und mit unseren zusätzlichen fünfundzwanzig Litern Benzin hatten wir etwas Übergewicht. Pegasus löste sich vom Boden und schwirrte mühelos in die Lüfte, es schien, als hätten wir alle Motorprobleme weit hinter uns gelassen. Daß er nun trotz Übergewicht so gut funktionierte, war der Beweis, daß die Schwierigkeiten an unserer mangelnden Erfahrung mit Abgas gelegen hatten, nicht am Motor.

Wir drehten noch eine Schleife, um Höhe zu gewinnen und einen letzten Blick auf Grebi Nimish zu werfen, das im Morgengrauen schwarz und golden dalag, dann flogen wir über dem Rand der Hochebene an den märchenhaften Felsabstürzen entlang, die in rosa Dünen versanken, und hinaus in die Wüste. Die Sicht reichte über 150 Kilometer weit.

Die Luft schien ruhig, also übernahm ich den Steuerbügel. Pegasus war durch das Benzin nasenlastig und neigte zum Sinken. Ich versuchte die Höhe aus dem Gefühl heraus zu halten, indem ich das Übergewicht durch leichten Druck des Bügels nach vorn ausbalancierte, aber da wurden wir langsamer. Plötzlich riß es mir den Bügel fast aus der Hand, eine heftige Luftströmung hatte uns erfaßt und in der nächsten Sekunde noch eine. Da die Stöße sich sprunghaft wiederholten, gab ich David den Steuerbügel zurück. Er sagte, wir seien in eine Luftscherung geraten, in der zwei Schichten miteinander in Konflikt sind. Die Heftigkeit der Turbulenz war beunruhigend und sehr unangenehm. Wir stiegen auf 1200 m hoch, um herauszukommen. Die Sicht war immer noch großartig, man konnte fast 200 Kilometer lange Canyons in den Gebirgen überblikken. Der Flug war ein Vergnügen, und ich genoß das Privileg, in der Ferne einzelne Berge und Felstürme sehen zu können, die dem Reisenden auf der Straße verborgen blieben. Ich finde das, was die Natur geschaffen hat, viel eindrucksvoller als alles, was der Mensch je zuwege bringen kann.

In 1200 Metern Höhe war es äußerst kalt. Ich zog die Hosenbeine meines Fliegeranzugs über die Fußknöchel und die Manschetten über die Handschuhe, und trotzdem hörte ich nicht auf zu frösteln. Es war allerdings auch etwas Angst dabei, denn die Luft war immer noch turbulent, und wir wurden heftig herumgestoßen. „Das ist ein Mist hier“, bemerkte David, „und morgen wird's noch schlechter, wenn wir das Gebirge bei Kiffa überfliegen.“ In der Tat war zu erwarten, daß es dort entsetzlich würde. Er schlug vor, Frau und Gepäck vorauszuschicken, und ich konterte prahlerisch, das wäre doch eine gute Gelegenheit für meinen ersten Soloflug mit Pegasus.

Es war immer noch sehr kalt, und David überließ mir für eine Weile den Steuerbügel, damit er seine Hände wärmen konnte. Keiner von uns konnte sich konzentrieren, denn die Kälte hatte uns auf die Blase geschlagen und ließ uns nichts sehnlicher wünschen, als eine Minute zu landen, aber eine Landung in den Canyons wäre schiere Dummheit gewesen. Wir erreichten einen weiten, ausgetrockneten See und folgten der Uferlinie; Gegenwind bremste uns auf fast 30 Stundenkilometer Geschwindigkeit herunter. Da wir innerhalb von zwei Stunden fünfundzwanzig Liter Benzin verbraucht hatten, war Pegasus jetzt hinten leichter und noch stärker nasenlastig. Wir näherten uns einem nicht ganz ausgetrockneten Fluß, dann einem See voller grüner Bäume, deren lebendiges Grün mit dem Blau ein herrliches Zusammenspiel ergab, und mitten in der sandigen Wildnis erhoben sich ein paar weiße Nomadenzelte. Plötzlich entdeckten wir neben dem See eine Landebahn außer Dienst.

Wir landeten und sausten beide in die Büsche, dann füllten wir Benzin nach und beschlossen, weiterzufliegen. Am Boden blies ein Nordostwind, während oben eindeutig ein Südwestwind wehte, also entschieden wir uns für Tiefflug. Unser Startlauf war kurz, Nomaden hasteten vor uns aus der Bahn, und dann folgten wir dem Flußlauf. In der Umgebung von Wasserlöchern sah man vereinzelt kleine Flecken bebauten Landes, Palmenhaine und eine große Zahl von

Nomadenfamilien, die gerade ihr Lager verlegten – unter den riesigen Gepäckladungen konnte man ihre Kamele kaum noch erkennen. Dann bogen wir in eine endlose flache Sandwüste ab, die nur in der Ferne von kegeligen Bergen unterbrochen wurde. In niedriger Höhe kamen wir gut voran, und ich übernahm für die letzte halbe Stunde das Steuer.

Die Stadt Kiffa und ein hoher Gebirgszug kamen in Sicht. Der Flugplatz lag ein paar Kilometer südlich der Stadt, für uns weit genug entfernt, so daß wir unbemerkt landen, uns ungestört entspannen, Feuer machen, Kaffee und Mittagessen kochen und Siesta halten konnten. Dann war David an der Reihe, Benzin für uns aufzutreiben.

Er kehrte mit einem UNO-Team aus Staudammtechnikern und Ernährungsexperten zurück, die uns Benzin besorgten und uns zum Abendessen einluden. Daran nahm auch ein katholischer Priester teil, dessen 3200 km^2 große Gemeinde sechzig Christen zählte. Eines lernte ich bei diesen Entwicklungshilfeprojekten: nur ein Drittel wurde kostenlos gewährt, der Rest wurde aufgrund internationaler Abkommen von den Betreuern verkauft, die sich verpflichtet hatten, das Geld in andere Projekte zu stecken. Das war sehr vernünftig, wenn man berücksichtigte, wie die einheimischen Märkte darunter litten, wenn das Land mit kostenlosen Lebensmitteln überschwemmt wurde.

Während des Abendessens besprachen wir unser nächstes Problem, unseren Flug über den Gebirgszug hinter Kiffa. David meinte, wir könnten die Turbulenzen vermeiden, wenn wir auf 2400 m hoch gingen; aber ich war davon nicht begeistert. Ich fühlte mich erschlagen vor Müdigkeit und wachte am nächsten Morgen mit hämmernden Kopfschmerzen und Fieber auf. Das löste unser Problem, David konnte allein übers Gebirge setzen, und ich würde ihn ein Stück weiter unten in Mokta el Hajar wieder treffen, wo unser nächstes Benzindepot lag.

Also pflegte ich mein Fieber, nahm den Bus und döste vor mich hin, während wir die Straße hinunter in ein weites tiefes Tal hineinratterten.

Vier Berge standen wie Zuckerhüte in einer Reihe an der Seite, die letzten zwei hatten 300 m hohe Sanddünen an ihrer Leeseite. Aus einem Vordergrund von blütenweißen Dünen ragten orangerote Sandberge wie ein aufgewühltes Meer. Die Sicht war gut, aber am Boden fing der Staub an zu wehen. Allmählich verengte sich das Tal, und wir fuhren durch eine „Pforte“. Sie führte über einen Bergkamm und dann hinunter zu einer Reihe Palmenoasen.

Der Bus hielt, um einen Passagier einsteigen zu lassen, und ich erkannte die Stimme, die nach „Mokta el Hajar“ wollte: es war die Davids. Er hatte acht Kilometer vor dem Ziel landen müssen, weil ihm das Benzin ausgegangen war.

Von Mokta el Hajar aus flogen wir durch Staubstürme. Wenn ich mein Visier hochhob, spürte ich, wie mir der Sand ins Gesicht peitschte. In Boutilimit, unserer nächsten Station zum Übernachten und Auftanken, saßen wir den schlimmsten Teil aus. Sand knirschte zwischen meinen Zähnen. Ich verkroch mich, wie David es bereits getan hatte, unter dem abmontierten Segel. Am Morgen wurde der Sturm noch stärker, Sand peitschte gegen das Segeltuch, der Wind heulte und pfiff durch die Gestänge.

Dann hörten wir neue Laute: Kamele. Ich spähte unter dem Segel hervor und sah etwa hundert Kamele in breiter Ruhe durch den Sandnebel direkt auf uns zukommen. In zwanzig Schritt Entfernung teilte sich die Karawane und zog rechts und links an uns vorüber, wir versanken zwischen ihren verschwommenen, sogar aus der Nähe fast dunklen Silhouetten. Zwanzig Schritte hinter uns schloß sich die Reihe wieder und zog schwerfällig stampfend mit knurrenden Grunzlauten weiter. Zuerst verschwammen ihre Füße, dann waren nur noch die Köpfe und Höcker zu sehen, bis sie ganz verschwanden.

Allmählich ließ der Wind nach, aber die Luft war noch dick voll Staub. Wir tauchten aus unserem jeweiligen Schlupfwinkel hoch. Unser Gepäck war teilweise von Sandwehen zugedeckt. Wir aßen ein ziemlich knirschendes Mittagsmahl, Schwärme von Fliegen umschwirrten uns; und da wir noch warten mußten, bis die Sicht besser wurde, bevor wir wieder in die Lüfte konnten, unternahm ich einen Spaziergang durch eines der breiten Täler zwischen den Sanddünen. Der Talboden war bedeckt von weißen Muschelschalen, Wellhornschnecken und Herzmuscheln, und mir wurde bewußt, daß der Atlantische Ozean nur hundertfünfzig Kilometer entfernt war.

Am Nachmittag machten wir uns für die Weiterreise fertig: Pegasus sah verdreckt aus, das Gepäck war auch nicht in besserem Zustand, ich fühlte mich schmuddelig, und Davids Gesicht trug eine dicke orangerote Staubschicht. Wenn wir so an der Küste in Nouakchott ankamen, würde sicher niemand bezweifeln, daß wir die Wüste durchquert hatten.

Der Talgrund mit den Muschelschalen gab eine gute Startbahn ab, und wir kamen leicht vom Boden hoch. Pegasus stieg langsam auf 2100 m und höher. Wir durchflogen alle Schichten schmutzigen Dunstes, ließen die Sonne hinter uns und glitten allmählich in den strahlenden Sonnenschein hinaus – 2400 m, 2700 m, höher, als wir jemals geflogen waren. Der Himmel war tiefblau, ich fühlte mich großartig. Ich übernahm für eine Weile den Steuerbügel; die Luft war seidig weich, aber extrem kalt. Wir sehnten uns nach dem Ozean. Erst wenn wir ihn erreicht hätten, könnten wir uns wirklich rühmen, die Reise erfolgreich abgeschlossen zu haben. Doch im Augenblick trennten uns immer noch etwa 800 Kilometer von ihrem Ende. Wir freuten uns darauf, an der mauretanischen Küste entlang gemächlich nach Senegal hinunterzufliegen, am Strand zu kampieren, uns Zeit zu lassen, denn wir hatten noch zwei Wochen übrig und nur noch eine Aufgabe zu erledigen: Ich mußte anfangen, allein zu fliegen. Wir hofften, daß ich soweit war.

Unter uns fingen die Staubwolken die Sonne wie ein perlmuttfarbiges Tuch auf. Schließlich erblickten wir den Ozean und Nouakchott, wo uns der dortige Direktor von Mobil und seine Peulfrau wunderbar bewirteten. Es stellte sich heraus, daß sie die Nichte des stattlichen Marabout war, bei dem wir in der Nähe von Nema gelandet waren.

Am 9. März verließen wir Nouakchott und flogen an der Küste entlang, nach einem Flugplan, der uns mehrere Tage Spielraum ließ. Silbriger Sand zog sich in gerader, ununterbrochener Linie zwischen Meer und Wüste dahin. Auf den ersten dreißig Kilometern entdeckten wir vier Schiffswracks, eines lag weit auf dem Ufer, die anderen halb im Wasser, von Gischt umsprüht. Jenseits der Brandung war der Ozean jadegrün, gelegentlich schwammen Quallen darauf und Boote mit Fischern, die ihr Lager nicht weit davon im Sand aufgeschlagen hatten.

Ich übernahm wieder für eine halbe Stunde das Steuer, kam gut voran und blieb in 150 m Höhe. Die Küste verlief immer noch gerade, nun tauchte eine Folge von Salzseen zwischen Strand und Wüste und eine struppige Buschreihe auf. Schwärme von Austernfischen waren auf Nahrungssuche, und ein einzelnes, hundeähnliches

Tier versuchte an der Flutlinie eine Krabbe zu fangen. Als es unseren Motor hörte, sauste es in eigenartigem Zickzack zurück in die Büsche. Es war bestimmt kein Hund. Fünf Minuten später sahen wir noch eines auf Krabbenjagd, wieder allein und weitab von jedem Fischercamp, und kurz danach ein drittes. Jedes floh, aber diesmal erkannte ich, daß es Hyänen waren.

Die Gegend war verlassen und windig, für Camping nicht ideal, aber nach eineinhalb Stunden erreichten wir eine blinde Lagune mit großen Dünen am Nordrand, in denen wir einige geschützte Mulden entdeckten. Es war Ebbe, also landeten wir auf dem festen feuchten Sand. Als wir versuchten, den Strand hinaufzufahren, sanken die Räder ein. Starten konnten wir also nur, wenn bei Niedrigwasser das Ufer hart geworden war. Wir suchten uns ein gemütliches Plätzchen in den schönsten Dünen, mit Ausblick über Meer und Lagune, wo Flamingos und Pelikane im seichten Wasser herumwateten.

Es war heiß und wolkenlos, aber ein kalter Wind pfiff. Ich entspannte mich und ging etwas herum. An der Flutlinie fand ich einen toten Stechrochen und brauchbares Feuerholz.

Plötzlich gellte Davids Stimme zu mir herüber: „Schnell, hilf mir, die Flut kommt!“ Pegasus stand noch im weichen Sand, und die Wellen hatten ihn schon fast erreicht. Der feste Sand war bereits überspült.

David versuchte verzweifelt, Pegasus herauszuschieben. Das Vorderrad hatte sich schon tief eingegraben. Ich rannte zur Lagune hinüber, um zu prüfen, ob dort der Boden hart genug für eine zweite Landung war. Er war es, und wir schoben und zogen an unserem festgefahrenen Ultraleichtflugzeug. Die Wellen kamen immer näher, und als sie zurückliefen, erkannten wir, daß David nur eine Chance hatte, wenn er auf dem feuchten Sand zwischen dem Kommen und Gehen der Wellen startete. „Ich muß es versuchen“, rief er und drehte Pegasus mit der Nase gegen den Wind. Mit Vollgas brauchte er keine sechs Meter, bis er abhob und aus dem Schlamassel heraus war.

Am Nachmittag flogen wir dreißig Kilometer nach Osten zum nächsten Dorf, in dem Mobil unseren letzten Benzinvorrat in Mauretanien deponiert hatte. Auf dem Etikett des Benzinfasses stand „fünfundachtzig Liter“; wir gaben also die entsprechende Menge Zweitakteröl für unsere Mischung hinzu, da merkten wir, daß nur fünfzig Liter im Faß waren. Der Motor würde mit so viel Öl vermutlich sehr leicht laufen, aber wir waren nicht sicher, ob er unser gesamtes Gewicht schaffen würde.

Am Abend absolvierten wir eine ziemlich normale Flugstunde, obwohl ich mir ständig sagen mußte, daß der Wind immer noch sehr stark, das Benzin überreich und die Rollbahn so weich war, daß man einsank. Als ich abhob, fiel ein Schwarm Pelikane in die Lagune ein, ein kleiner Vortrupp voraus, gefolgt von einer dichten Reihe. Wir wiederholten mittlere Schleifen, steigende und sinkende Kreise, Höheneinschätzung und Ausschweben bei der Landung. Mein erster Landeversuch scheiterte, weil ich, obwohl ich den Landepunkt richtig angepeilt hatte, hinter den Dünen in einen komischen Wirbelwind geriet; also gab ich wieder Gas und zog noch eine Schleife. Den zweiten erschwerte mir David, weil er einen Motorausfall simulierte, und als ich dann landete, ließ er mich noch etwas näher an unser Lager heranfliegen, so daß wir mit einem Rad an eine Muschelbank stießen. Aber es ging gerade noch gut – ich war froh, als ich wieder auf dem Boden stand. Seevögel umflogen uns kreischend und wild mit den Flügeln schlagend; sie suchten sich ihr Abendbrot bei Ebbe.

Auch die Flamingos fischten wieder in der Lagune, sie leuchteten rosa auf dem silbrig blauen Wasserspiegel. Die Abendluft fühlte sich nach der Wüste sehr feucht an, unsere Kleider waren klamm, und nach Sonnenuntergang fiel starker Tau. Aber es war eine idyllische Nacht.

Die nächste Etappe war St. Louis, die alte Kolonialhauptstadt des Senegal an der Mündung des Senegalflusses. Von hier aus war es nur noch ein Tagesflug bis Dakar, dem Ende unserer Reise.

Wir starteten, ich als Pilot, und hörten beide sofort, daß der Propeller anders klang. Ein Blatt mußte beim Start von einem Stein oder einer Muschel beschädigt worden sein. Aber es klang nicht so ernst, daß wir wieder hätten landen müssen. Ich blieb knapp über dem Meer, um der Thermik über dem Sandstrand zu entgehen. Ein Mann auf einem Kamel trottete an der Flutlinie entlang. Der Senegalfluß tauchte auf, er wand sich schon viele Kilometer vor der Mündung in St. Louis längs der Küste. Die Stadt liegt teils auf einer Insel in der Mündung und teils auf dem Festland; Palmen und breite Boulevards umgeben die alten Villen mit ihrer verblichenen Eleganz.

Am Flughafen ordnete ich mich in den Luftverkehr ein. Ein kleines Flugzeug kam auf die Startbahn herausgerollt, und als der Kontrollturm ein anderes Flugzeug erwähnte, glaubte ich, es sei damit gemeint. Es startete, und ich konnte nicht verstehen, warum der Tower fragte, ob ich es sehen könne. Beim Anflug suchte ich den Luftraum ab, ob noch ein anderes Flugzeug in die Platzrunde einschwenkte, fand alles frei und ging in steilem Sinkflug zum Landen hinunter. Plötzlich begann der Lotse zu schreien: „Sie landen erst an zweiter Stelle, unter ihnen kommt ein Flugzeug herein."

Ich schwenkte heftig nach links, die übliche Ausweichaktion, und ein kleines Flugzeug flitzte unter mir hervor. Es war kein Beinahzusammenstoß, denn ich war sicher, der andere Pilot hatte mich gesehen und hätte nach rechts ausweichen können. Aber es war eine wertvolle Lehre, ich hatte mich nicht richtig nach dem anderen Verkehr umgesehen. Es war ein Fehler, den ich mir nicht noch einmal leisten konnte.

Das Einchecken bei den Beamten des Flughafens verlief überraschend leicht, wenn man bedenkt, daß Ultraleichtsegler in Senegal verboten sind. Zum Glück hatten wir eine Sondererlaubnis. Während ich im Kontrollturm war, traf David einige Leute vom Aeroclub, die uns in ihrem Hangar einen Platz für Pegasus gaben und uns in ihrem Clubhaus übernachten ließen.

Am nächsten Tag standen Intensivkurse für mich auf dem Plan, trotz rauher Turbulenzen unterhalb 150 m und einem Wind von zwanzig Knoten oberhalb. Das Einschwenken zum Landen war entsetzlich, denn wir fielen senkrecht gegen den Wind ab und gerieten dann in „tsugs", Luftlöcher hinter den Böen. In jedem „tsug" sackten wir wie ein Stein nach unten.

„Du mußt Gas geben, wenn du in der Bö bist, damit du nicht in den ‚tsug' fällst", schrie David, als in acht Meter Höhe eine neue Bö unter mein Segel griff. Ich verfehlte fast die Landebahn, wurde zur Seite gedrückt und landete auf dem Kiesstreifen am Rand. Aber David freute sich über meine Fortschritte. In der ersten Stunde absolvierten wir zwölf Landungen.

Die nächste Lektion dauerte eineinhalb Stunden, wieder voller Turbulenzen und Böen, und David gab zu, daß er noch nie einen Schüler mit meinem Kenntnisstand bei solch schlechten Bedingungen hatte fliegen lassen; wahrscheinlich hatten sogar die meisten frischgebackenen Piloten noch nie mit solch tückischen Verhältnissen gekämpft. Wir übten Motorausfälle in 45 und 15 m Höhe und beim Start. Der kritischste war bei 15 m, denn man muß sofort Geschwindigkeit zugeben, während der Boden auf einen zurast. Ehe man den Boden berührt, muß sich das Segel schnell und kräftig aufblähen, um den Sinkflug abzufangen; dann muß man das Ausschweben beherrschen und weitergleiten und im Augenblick des Aufsetzens mit einem letzten Aufblähen die Landung sanft abrunden.

Am folgenden Morgen flog ich hundert Kilometer flußaufwärts zu den Plantagen in Richard-Toll. David hatte mir jetzt die Verantwortung für das Steuer ganz übertragen; er sagte, von nun an wäre das meine Aufgabe. Zuerst nahm ich das nicht ernst und ging davon aus, daß er die Berechnungen gemacht hatte – mit dem Ergebnis, daß wir ohne vorher festgelegte Navigationspunkte durch die Gegend flogen und ich wenig Ahnung hatte, wie ich die Landebahn am Zielort finden sollte.

Ich verlegte mich aufs Raten und mauschelte mich durch, zum Glück war die Luft ruhig, aber die Sicht war miserabel. David tadelte mich, denn nach den Flugvorschriften hätte ich überhaupt nicht starten dürfen. Aber ich muß gut geflogen sein, denn er entspannte sich und schlief ein.

Zuckerrohrplantagen erstreckten sich in Richard-Toll bis zum Horizont, es war der Hauptsitz von CSS, der Senegalesischen Zuckergesellschaft, die uns zu einem Besuch und einem Demonstrationsflug mit Pegasus eingeladen hatte.

Nach einem ausgezeichneten, viergängigen Mittagessen absolvierten wir einen Rundflug über der Plantage, denn David wollte, daß ich mich mit der Umgebung vertraut machte, ehe ich zum Alleinflug startete. Die Zuckerrohrfelder waren durch Feldwege oder Bewässerungskanäle voneinander getrennt; so entstand ein Kaleidoskop aus Grünflächen in verschiedenen Schattierungen, je nach Reifegrad des Zuckerrohrs. Die Ernte hatte schon begonnen, und auf einigen Feldern bereitete man das Abbrennen der Blätter durch ein schnelles, sehr heftiges Feuer vor, das die Rohre nicht beschädigte. Als ich sah, wie sich die Luft mit hellem Rauch und Asche füllte, bog ich ab, ich hatte unseren Rückflug in Kamerun noch im Gedächtnis, wo Buschfeuer eine schreckliche Thermik verursacht hatten.

Während der eine Arbeitertrupp noch Zuckerrohr abschnitt, hatte ein anderer schon mit der Neupflanzung für die nächste Saison begonnen. Dazu verwendeten sie, wie bei dem Burgugras in Mali, Stengelstücke, die an jeder Blattansatzstelle Wurzeln bildeten. Die neubepflanzten Furchen wurden dann bewässert, von oben sah es aus wie Reihen von Orgelpfeifen: viele nebeneinanderliegende Wasserreihen in verschiedener Länge, die in der Sonne glänzten. David achtete ständig darauf, daß ich ein Auge auf mögliche Notlandebahnen hatte.

An diesem Abend feierten wir seine tausendste Flugstunde; er hatte die Gratulationen verdient, ein weniger guter Pilot hätte das nicht ohne Schaden überstanden. Meinen Soloflügen sah ich mit gemischten Gefühlen entgegen: Ich hatte ein bißchen Angst, aber ich freute mich auch darauf. Ich wünschte mir nur bessere Bedingungen, denn der Wind war stark und böig und blies immer quer über die Rollbahn, und ich hätte so gerne eine normale, klassische Landung hingelegt.

Am nächsten Morgen übte ich erneut Landungen mit Seitenwind, versuchte, nicht auf den zerfurchten rechten Rand der Landebahn zu geraten, und flog durch Turbulenzen. Bei der letzten Landung wurde der Propeller angeschlagen, also blieb David zurück, um ihn zu reparieren, und ich ging mir die Zuckerfabrik ansehen.

Man hatte sie gebraucht in Indien gekauft, zerlegt und hierher verschifft und am neuen Standort wieder zusammengebaut. Drinnen war es sehr laut, und manchmal blieb man am Fußboden kleben; aber der Betrieb lief reibungslos, und die Belegschaft war freundlich und fleißig. Die riesigen Öfen wurden mit den zerstoßenen Fasern der vorher ausgepreßten Zuckerrohre beheizt. Saft schäumte durch die Rohre, blubberte in Bottichen, und Turbinen trieben Zentrifugen an, in denen aus den Kristallen Zuckergranulat gemacht wurde.

Am Nachmittag befestigte David einen Kanister Wasser auf dem Rücksitz unseres Pegasus als Ballast. Die Zeit für meinen ersten Alleinflug war gekommen. Der Windsack hatte sich um das obere Ende seiner Stange gewickelt. Sechs Helfer zogen ihn mit langen Stöcken für mich frei. Ich tuckerte ans Ende der Rollbahn, dann wartete ich.

Die Leute dachten vielleicht, ich hätte Angst vor dem Start; das war zwar nicht ganz unzutreffend, aber in Wirklichkeit mußte sich der Motor auf die nötige Temperatur aufheizen, bevor ich mit Vollgas losfahren konnte.

Als ich das Gaspedal durchtrat, preschte Pegasus los; ich drückte den Bügel nach vorn, er löste sich vom Boden und stieg. Seine Nase stand so nach oben, daß ich nicht nach vorn sehen konnte, aber wenn ich meinen Fuß vom Gaspedal nehmen würde, bevor ich 150 m Höhe erreicht hätte, würde ich überziehen. Ich zog den Bügel mit Gefühl etwas zurück, um die Nase herunterzubekommen und den Segler im Griff zu haben, falls der Motor ausfiele. Mein Hauptproblem war, daß das Gaspedal hing und nicht recht ansprach. Meine erste Landung geriet viel zu schnell. Ich fing den Sinkflug mit einem zusätzlichen Segelaufblähen ab, hatte mich aber irgendwie verrechnet, kam am Boden auf, prallte ab und wurde drei Meter hoch in die Luft zurückgeworfen. Dann fielen mir Gleitwinkel und Ausschweben wieder ein, und ich brachte Pegasus sauber auf die Erde.

Bei meiner zweiten Alleinlandung verpaßte ich die Landebahn und setzte schräg daneben auf dem Seitenstreifen auf. Bei der dritten Landung wurde erneut der Propeller beschädigt, und ich war froh, daß ich wegen der Reparatur die nächsten Flüge verschieben mußte. Dann machte ich weiter mit einer Stunde Alleinflug am Morgen; das Gaspedal ging immer noch schwer, aber das kannte ich ja inzwischen. Ich absolvierte Standardübungen über der Piste, dann flog ich über Land und zog Kreise über dem CSS-Club. Plötzlich schwappte eine Turbulenz wie eine scharfe Welle hoch, und mir blieb die Luft weg. Aber außer mit dem Gaspedal hatte ich keinerlei Schwierigkeiten.

Später machte David Rundflüge mit dem CSS-Geschäftsführer und dem Verkaufsdirektor, die sich dafür begeisterten, ein Ultraleichtflugzeug zur Überwachung der Plantage einzusetzen, und ernsthaft überlegten, ob sie eines oder zwei bestellen sollten. Es machte ihnen nichts aus, daß Ultraleichtflieger in Senegal verboten waren, denn da die CSS mehr Arbeitskräfte als jede andere Privatfirma beschäftigte und indirekt zur Wohlfahrt jedes vierten Senegalesen beitrug, hofften sie, eine Genehmigung zu bekommen.

Ich vervollständigte meine Berechnungen und Winddreiecke für den nächsten Tag, für unseren letzten Flug: nach Dakar über St. Louis. Bei der Zeitberechnung kam ich auf insgesamt vier Stunden. Am Morgen war die Sicht schwach, aber nicht so schlecht, daß wir nicht fliegen konnten. Ich erledigte den Vorflugcheck, und bald waren wir weg. Leider dachte ich nicht daran, auf die Startbahn zurückzuschauen und den Kompaßkurs in bezug auf Windstärke und Windrichtung zu überprüfen, worunter meine Navigation dann litt. Ich verflog mich über der offenen Landschaft, beschloß, dem Fluß zu folgen und die Biegungen abzuschneiden, was bedeutete, daß ich Benzin vergeudete und meine sämtlichen Orientierungspunkte verfehlte. Aber dafür bot sich uns plötzlich ein außergewöhnlicher Anblick: als wir an einer Wolke vorbeiflogen, zeichnete sich auf ihr ein hoher Regenbogen ab, und mitten im Bogen flog der Schatten meines Pegasus.

St. Louis kam in Sicht. Ich landete auf dem Flugplatz, um aufzutanken, und merkte, wie ganz anders sich Pegasus voll beladen bei Turbulenzen in niedriger Höhe verhielt: er war stabiler, sank rascher. Während David auftankte, legte ich den Flugplan nach Dakar vor und erhielt Piste vier zugewiesen, die Leichtflugzeugen vorbehalten war.

Wir flogen die Küste hinunter und sahen in den nächsten zwei Stunden nur ein paar Fischerdörfer und Boote, die draußen auf dem Meer kreisförmige Netze mit Schwimmern auslegten. Hinter den Stranddünen lagen einige Seen, einer davon war leuchtend rosa – Lake Rose. Es war seine natürliche Farbe, aber in dem hellbeigen Sand neben dem grünen Ozean wirkte er unnatürlich. Dieser See war mein letzter Navigationspunkt, und ich wußte, daß wir nun in den Luftraum von Dakar einflogen. Die Batterie unseres Funkgeräts war wieder fast erschöpft, aber es gelang uns noch, mit dem Kontrollturm Verbindung zu bekommen.

Dakar liegt auf einer Halbinsel, dem westlichsten Punkt Afrikas. Der Flughafen kam in Sicht; er hatte eine sehr große Start- und Landebahn und daneben mehrere kleinere. Der Kontrollturm gab uns Landeerlaubnis mit der Anweisung: „Nehmen Sie Landebahn Nummer eins." Ich sah auf die riesige Bahn – die richtige Größe für Jumbo Jets und Concordes! Ob der Lotse vielleicht nicht sehen konnte, wie klein wir waren? Aber David sagte: „Widersprich dem Tower nicht, tu, was er sagt."

Ich flog zur Platzrunde ein und begann den Landeanflug. Auf der großen Landebahn war kein Verkehr; ich mußte hinuntergehen und aus dem Weg rollen, ehe die Boeing kam, die gerade über uns kreiste. Ich zog unsere Nase tief und schwebte wie eine Concorde ein, genau auf Peilung, die weiße Markierung der Piste sauste unter uns weg. „Abfangen bei 15 m, und nochmal abfangen", murmelte ich, konzentrierte mich genau auf mein Ziel, und mit einem letzten Aufblähen des Segels setzten wir perfekt auf.

Mittag war vorüber, die geteerte Rollbahn führte zwischen zwei Reihen monströser Flugzeuge hindurch, und ich kam mir so klein vor wie eines ihrer Räder. „Stellen Sie Ihr Flugzeug in Parkbucht zehn ab", wies mich der Fluglotse an, aber diesmal gehorchten wir nicht, denn die Wirkung eines vorbeirollenden Jets hätte katastrophale Folgen gehabt. Also stellte ich Pegasus mit der Nase am Kontrollturm ab und stieg hinauf, um meine Papiere vorzulegen.

Die Leute von Mobil freuten sich über unsere Ankunft, und wir feierten alle kräftig. Sie hatten uns auf der ganzen Reise hervorragend unterstützt, sie alle, vom Direktor bis zum einfachsten Tankwart. Alle Benzindepots waren an Ort und Stelle gewesen, und auf der ganzen Route war ihnen kein einziger Fehler unterlaufen. In solch schwierigem, unterschiedlichem Terrain war das wirklich eine Meisterleistung und ein Beweis für die Effizienz ihrer Tätigkeit in Westafrika.

Nun mußten wir nur noch Pegasus zerlegen und in zwei Kisten verstauen, die per Luftfracht nach England zurückgingen. Als wir das erledigt hatten, flog auch David zurück, und ich folgte ihm einen Tag später. Es war ein seltsames Gefühl, in einem normalen Passagierflugzeug zu sitzen. Als wir über die große Bahn eins zum Start hinausrollten, ging ich im Kopf die CHIFWAP-Checks durch. Bei „W" = Windstärke, mußte ich laut lachen, weil mir einfiel, wie uns einmal der Fluglotse versichert hatte: „Der Wind ist ruhig" – und dabei hatte der heulend über die Piste gepfiffen. Diesmal gab es keine Benzinuhrkontrolle, keinen möglichen Motorausfall, kein Gefühl des Abenteuers. Ich saß wohl verwahrt hinter einem Fenster und flog mit achthundert Stundenkilometern durch die Lüfte, es war zu einfach.

Selbst als wir in eine Turbulenz gerieten, hörte man nur die Stewardess sagen „Bitte, schnallen Sie sich an", und das große Flugzeug durchschnitt sie, ohne wie Pegasus zu schaukeln oder zu tanzen.

Vielleicht habe ich mir während der letzten vier Monate und der elftausend Kilometer die Bezeichnung Pilot verdient, dachte ich.